D1730206

Werner Lachmann

Volks-
wirtschafts-
lehre 1

Grundlagen

Zweite, verbesserte Auflage

Mit 95 Abbildungen

Springer-Verlag

Berlin Heidelberg New York
London Paris Tokyo
Hong Kong Barcelona
Budapest

Prof. Dr. Werner Lachmann
Friedrich-Alexander-Universität
Erlangen-Nürnberg
Volkswirtschaftliches Institut
Lange Gasse 20
D-90403 Nürnberg

ISBN 3-540-56933-2 2. Auflage Springer-Verlag Berlin Heidelberg
New York Tokyo
ISBN 3-540-52924-1 1. Auflage Springer-Verlag Berlin Heidelberg
New York Tokyo

Vorwort zur zweiten Auflage

In dieser Auflage wurden keine wesentlichen Änderungen vorgenommen. Alle Daten wurden überprüft und aktualisiert. Bei den Korrekturen haben mich meine wissenschaftlichen Mitarbeiter Frau Silke Bremer, Herr Jörg Clostermann und Herr Richard Reichel unterstützt, denen ich hiermit für ihren Einsatz danke.

Nürnberg, im April 1993

Vorwort zur ersten Auflage

Dieses Buch entstand aus Vorlesungen an der Johannes Gutenberg-Universität zu Mainz. In diesen Veranstaltungen sollten sowohl theoretische Grundlagen gelegt, als auch auf die wirtschaftspolitischen Konsequenzen zur Lösung wirtschaftlicher Probleme eingegangen werden. Auch neuere Entwicklungen, wie die Wiederentdeckung der Wirtschaftsethik, sind in dieses Buch aufgenommen worden.

Die meisten Einführungsbücher vernachlässigen den geschichtlichen Aspekt. Die volkswirtschaftlichen Fragestellungen und Ergebnisse werden oft ahistorisch dargestellt, als würden sie sich ungeschichtlich wie ein Naturgesetz ergeben. In der gesellschaftlichen Wirklichkeit folgt die ökonomische Analyse meist den wirtschaftlichen Problemen. Daher wurde Wert auf den geschichtlichen Bezug und insbesondere auf den Werdegang wirtschaftswissenschaftlicher Überlegungen, Theoreme und Probleme gelegt.

Der Verfasser bemühte sich, für die Behandlung wirtschaftspolitischer Fragestellungen eine ausreichende analytische und theoretische Grundlage zu bieten, diese sowohl im mikroökonomischen als auch im makroökonomischen Bereich. Naturgemäß können dazu nur einige Grundsteine gelegt werden.

In einem zweiten Band sollen einige gegenwärtige Fragestellungen problemorientiert ausführlicher und tiefer ausgelotet werden. Beide Bände zusammen sind dazu geeignet, einige wesentliche Aspekte der Volkswirtschaftslehre abzudecken. Anhand konkreter Fälle und Problemlagen soll das in diesem Band vermittelte Wissen angewendet und auch mit Hilfe von Literaturhinweisen vertieft werden. Der Autor hofft, daß durch diese Doppelkonzeption einer allgemeinen Einführung und eines zweiten Vertiefungsbandes eine Marktlücke geschlossen werden kann.

Ganz herzlich möchte ich dem Verlag für das Zuwarten danken und meiner Sekretärin, Frau Ingrid Khetia, für ihre Sorgfalt und Geduld beim Tippen mehrerer Versionen dieses Buches. In den Dank einschliessen möchte ich meine wissenschaftlichen Mitarbeiter, die durch ihre Kritik dazu beitrugen, dieses Werk zu verbessern. So danke ich Frau Christiane Heitmeyer, Herrn Reinhold Rickes, Frau Dorothea Ebbing und Frau Christiane Suthaus. Alle Fehler gehen selbstverständlich zu meinen Lasten.

Last but not least möchte ich meiner Familie danken, die mir, wenn auch machmal unter zunehmendem Protest, erlaubte, an der Fertigstellung dieses Buches zu arbeiten. Sie hatte hohe Alternativkosten zu tragen, indem sie auf den Vater zeitlich verzichtete. Deshalb sei ihr dieses Buch gewidmet: Für Doris, Dorothee, Sven, Judith, Regine, Esther aber auch Jens und Christine sowie meine Eltern Hildegard und Hermann Lachmann.

Dexheim, April 1990

Inhaltsverzeichnis

Einführung 1

**1 Volkswirtschaftslehre als Wissenschaft:
Gegenstand und Methoden** 5
  1.1   Was heißt Wirtschaften 5
  1.2   Nutzen und Konsequenzen der Arbeitsteilung 7
  1.3   Die Akteure im Wirtschaftsprozeß 10
  1.4   Der Wirtschaftskreislauf 11
  1.5   Produktionsprozeß und Produktionsfunktion 14
  1.6   Wie wächst eine Wirtschaft? 17
  1.7   Zur Methode der Volkswirtschaftslehre 22
  1.8   Zur Arbeitsteilung in der Wirtschaftswissenschaft 24

2 Die Ordnung der Wirtschaft 26
  2.1   Wirtschaftssystem und Wirtschaftsordnung 26
  2.2   Die idealtypische Klassifizierung 29
  2.3   Das Modell der Marktwirtschaft 31
  2.4   Das Modell der Zentralverwaltungswirtschaft 33
  2.5   Zum Wandel von Wirtschaftssystemen 36

3 Wirtschaft – Ethik – Wirtschaftethik 39
  3.1   Warum das Interesse an Wirtschaftsethik? 39
  3.2   Ethik – eine Begriffsklärung 40
  3.3   Ethik und Wirtschaft
      – Wo sind die Berührungspunkte? 42
  3.4   Die Bedeutung der Ethik für die Wirtschaft 44
  3.5   Wie kann der Einfluß der
      Wirtschaftsethik aussehen? 46
  3.6   Die Soziale Marktwirtschaft – ethisch betrachtet 48

4   Dogmengeschichtlicher Überblick 51
4.1   Inhalt der Dogmengeschichte 51
4.2   Frühe Staatstheorien 53
4.3   Merkantilismus, Kameralismus und Physiokratie 55
4.4   Die Klassiker 57
4.5   Der Sozialismus 58
4.6   Historische Schule und Grenznutzenschule 60
4.7   Neoklassik, Keynes und die Entwicklung
       der Nationalökonomie im 20. Jahrhundert 61

5   Preisbildung und Marktformen 63
5.1   Vollständiger Wettbewerb als Theorierahmen 63
5.2   Nachfrage, Angebot und Preisbildung 64
5.3   Das Marktgleichgewicht 69
5.4   Die Funktionen des Preises 71
5.5   Marktformen und Marktverhalten 73

6   Das Nachfrageverhalten der einzelnen Haushalte 76
6.1   Die Nutzentheorie 76
6.2   Subjektive Wertschätzung der Güter:
       Indifferenzkurven 78
6.3   Objektive Konsummöglichkeiten: Budgetgeraden 80
6.4   Konsumoptimum, Preis-Konsum-Kurve
       und spezielle Nachfragekurve 82
6.5   Die generelle Nachfragefunktion 87
6.6   Gesamtnachfrage am Markt 91

7   Das Angebot der Unternehmung 93
7.1   Unternehmensentscheidungen:
       Modellannahmen und Entscheidungsrahmen 93
7.2   Produktionsfunktionen 97
7.3   Kostenfunktionen 102
7.4   Der optimale Produktionsplan bei
       vollständiger Konkurrenz 105
7.5   Die aggregierte Angebotskurve 109
7.6   Monopol und Oligopol 110

8   Volkswirtschaftliche Gesamtrechnung 115
8.1   Grundlagen der Volkswirtschaftlichen
       Gesamtrechnung 115

8.2   Aufgaben der Volkswirtschaftlichen
       Gesamtrechnung 116
8.3   Wichtige Begriffe der Volkswirtschaftlichen
       Gesamtrechnung 118
8.4   Methodische Probleme der VGR 124
8.5   Sozialprodukt als Wohlstandsindikator 127

9   Ökonomische Schulmeinungen 130
9.1   Einführung 130
9.2   Ursprung und Inhalt der
       Fiskalismus-Monetarismus-Kontroverse 131
9.3   Theoretischer Hintergrund: (Neo)Klassik 133
9.4   ... und Keynes 140
9.5   Monetaristische und fiskalistische
       Wirtschaftstheorie 151
9.6   Monetaristische und fiskalistische
       Wirtschaftspolitik 155

10   Ursachen der Arbeitslosigkeit 158
10.1   Das Problem 158
10.2   Mögliche Ursachen und Arten der Arbeitslosigkeit .. 160
10.3   Arbeitslosigkeit in der BRD 163
10.4   Einige ordnungspolitische Überlegungen 173

11   Die Ziele der Wirtschaftspolitik 174
11.1   Allgemeine Einführung 174
11.2   Warum Wirtschaftspolitik? 176
11.3   Gesellschafts- und wirtschaftspolitische Ziele 178
11.4   Die Ziele des Stabilitäts- und Wachstumsgesetzes 182
11.5   Zielbeziehungen 190
11.6   Von den Zielen zu den Instrumenten 193

12   Stabilisierung durch Fiskalpolitik 195
12.1   Die Unstetigkeit der Wirtschaftsentwicklung 195
12.2   Staatliche Einnahmen und Ausgaben im
       gesamtwirtschaftlichen Zusammenhang 200
12.3   Zur neueren Entwicklung der Fiskalpolitik 204
12.4   Die Wirkungsweise einiger fiskalpolitischer
       Instrumente 206
12.5   Die Grenzen der diskretionären Fiskalpolitik 210

13   Geldpolitik 213
  13.1 Wesen und Funktionen des Geldes 213
  13.2 Geldnachfrage 218
  13.3 Geld- und Kreditangebot 219
  13.4 Geldpolitik: Geldversorgung und monetäre
         Steuerung 224
  13.5 Probleme der Geldpolitik 227

14   Sozialpolitik 230
  14.1 Begründung der Sozialpolitik 230
  14.2 Sozialpolitische Aktionsfelder 234
  14.3 Sozialpolitik als ökonomische Disziplin? 236
  14.4 Sicherungsprinzipien 238
  14.5 Soziale Sicherungssysteme der BRD:
         Alterssicherung 242
  14.6 ... und Gesundheitswesen 245

15   Internationaler Handel 249
  15.1 Vorteilhaftigkeit (und Risiken) des
         internationalen Handels 249
  15.2 Außenwirtschaftliches Gleichgewicht 255
  15.3 Feste oder flexible Wechselkurse? 259
  15.4 Außenwirtschaftspolitik 265

16   Entwicklungspolitik 267
  16.1 Merkmale der Unterentwicklung 267
  16.2 Ursachen der Unterentwicklung 269
  16.3 Entwicklungspolitische Strategien 273
  16.4 Entwicklungshilfe 277

Sachverzeichnis 281

Einführung

Wir alle kennen das stolze Wort des griechischen Philosophen Diogenes, der, als ihm von Alexander dem Großen ein Wunsch freigestellt wurde, nur bat: „Geh mir ein wenig aus der Sonne". Auch ist uns das Märchen vom Schlaraffenland bekannt: Dort gibt es ökonomischen Wohlstand, die Vögel fliegen gebraten umher, die Brunnen sind voll besten Weines, und auf den Bäumen hängen die schönsten Kleider. Wer will, kann alle Tage Generaldirektor oder Professor sein. Was ist diesen Geschichten gemein? Was haben sie mit dem Wirtschaften zu tun?

Beide, Diogenes und die Einwohner des Schlaraffenlandes, brauchen sich über wirtschaftliches Handeln keine Gedanken zu machen. Die Einwohner des Schlaraffenlandes leben in einer Überflußgesellschaft – ökonomisch gesprochen: alle Güter und Dienstleistungen stehen im Übermaß zur Verfügung. Zum Nulltarif kann man alles erhalten, es gibt keine Versorgungsprobleme. Auch Diogenes kennt keine ökonomischen Probleme. Da er kaum wirtschaftliche Bedürfnisse hat – ökonomisch gesprochen: die Nachfrage ist erheblich geringer als das Angebot – braucht auch er bei seinen philosophischen Überlegungen nicht auf „profane" wirtschaftliche Zusammenhänge zu achten.

Zwischen diesen beiden Extremsituationen liegt das Reich des Wirtschaftwissenschaftlers. Menschen haben im allgemeinen Bedürfnisse, die über das, was die Natur von sich aus kostenlos zur Verfügung stellt, hinausgehen. Sie sind also gezwungen, die vorhandenen knappen Güter bestmöglich zu nutzen. Schon früh hat man dabei festgestellt, daß eine Arbeitsteilung bei der Umwandlung und Bereitstellung von Gütern sowie ihr Tausch eine Erhöhung des Wohlstands bewirkt. Diese Wohlstandssteigerung ist durch Spezialisierungsgewinne bedingt, die unterschiedlich begründet werden können, aber insgesamt eine Steigerung der Produktivität (der Ergiebigkeit der Produktion) bewirken.

Die Arbeitsteilung, die sich aus der notwendigen Spezialisierung ergibt, bringt aber gesellschaftliche Probleme mit sich.

Der Mensch kann sich in einer arbeitsteiligen Gesellschaft nicht mehr allein mit allen nötigen Produkten versorgen, er wird vom wirtschaftlichen Handeln seiner Mitmenschen abhängig. Insbesondere ist es nun notwendig, in einem größeren Gesellschaftsverband zu entscheiden, wie die Früchte der Arbeitsteilung verteilt werden sollen, wer welche Tätigkeiten übernehmen soll und wie er dafür entlohnt wird.

Damit sind wir bei einem zentralen Thema der Wirtschaftswissenschaften: *es muß darüber befunden werden, wer, was, wann, wie, wo, für wen, womit produziert.* Ziel ist dabei die bestmögliche Ausnutzung der knappen Ressourcen, die uns auf dieser Erde zur Verfügung stehen. Die Feststellung, in welcher Verwendung die knappen Ressourcen bestmöglich genutzt werden, ist jedoch nicht so leicht möglich; wir werden fragen müssen, was denn die Indikatoren der bestmöglichen Verwendung sind. Woher weiß man, ob ein Pfund Äpfel Herrn Müller oder Herrn Meier einen größeren Nutzen bringt? Wie kann man feststellen, ob Herr Schmitz in der Landwirtschaft oder im Kfz-Gewerbe arbeiten soll und in welchem Bereich die Arbeitskraft von Frau Schulte am besten genutzt wird? Damit kommen wir zu einem der wesentlichen Probleme in der Volkswirtschaftslehre: wenn wir davon ausgehen, daß es keine allwissende, zentrale Instanz gibt, die diese Entscheidungen am besten fällen kann, müssen wir überprüfen, aufgrund welcher Anreize wirtschaftlich gehandelt wird und wie diese Anreize zu setzen sind, damit das bestmögliche Ergebnis (das im allgemeinen noch nicht bekannt ist) erreicht werden kann. Bei allen wirtschaftspolitischen Entscheidungen kommt es primär darauf an, daß die Signale richtig gesetzt werden, um Fehlentwicklungen zu vermeiden. Gesetzmäßigkeiten über die Wirkungsweise bestimmter Signale herauszufinden und Aussagen darüber zu treffen, welche Signale für bestimmte festgesetzte Ziele verwendet werden sollen, dies ist ein wesentlicher Aufgabenbereich des Wirtschaftwissenschaftlers.

Wir werden uns zuerst mit den Grundproblemen jeder Volkswirtschaft und den Methoden der Wirtschaftswissenschaften beschäftigen. Es liegt nahe, sich zunächst mit dem Koordinationsmechanismus der unzähligen wirtschaftlichen Einzelentscheidungen zu befassen. Hier geht es um die ordnungspolitische Frage der Wirtschaftssysteme, nämlich darum, wie die Signale für ein optimales wirtschaftliches Miteinander gesetzt werden können und wer sie setzt. Wie sich die wirtschaftspolitischen und wirtschaftswissenschaftlichen Vorstellungen über die Zeit hinweg entwickelt haben, werden wir nach einigen wirtschaftsethischen Bemerkungen darstellen.

Nach den dogmengeschichtlichen Überlegungen beschäftigen wir uns mit der Preisbildung in unseren westlichen quasi-marktwirtschaftlichen Systemen. Dabei muß insbesondere auf das Nachfrageverhalten der Haushalte und das Angebotsverhalten der Unternehmungen eingegangen werden.

Nachdem wir den ökonomischen Bereich „im kleinen" analysiert haben – nämlich das Verhalten einzelner Wirtschaftssubjekte – ist es notwendig, auf die wirtschaftlichen Zusammenhänge „im großen" einzugehen; in der Wirtschaftswissenschaft wird zwischen der Mikroökonomik und der Makroökonomik unterschieden. Im Rahmen der Makroökonomik muß zuerst darüber nachgedacht werden, wie man die Ergebnisse des wirtschaftlichen Handelns statistisch erfassen, also eine Zustandsbeschreibung erstellen kann. Wenn in den Medien von Wachstumsraten, Inflationsraten oder Arbeitslosenquoten die Rede ist, fragt man sich, wie solche Daten entstanden und was darunter zu verstehen ist. Dies ist das Gebiet der Volkswirtschaftlichen Gesamtrechnung.

Bevor wir dann ins Detail der Wirtschaftspolitik übergehen, werden wir uns vorher mit den Vorstellungen einiger wichtiger ökonomischer Schulen beschäftigen, um die theoretischen Hintergründe der folgenden wirtschaftspolitischen Ziele und Instrumente besser verstehen zu können. Die Bekämpfung der Arbeitslosigkeit ist seit einigen Jahren eines der wichtigsten wirtschaftspolitischen Ziele; daß aber immer auch nach den Hintergründen der wirtschaftlichen Probleme gefragt werden muß, wird exemplarisch anhand einer Ursachenanalyse für die Arbeitslosigkeit gezeigt.

Aber nicht nur die Arbeitslosigkeitsbekämpfung ist ein wirtschaftspolitisches Ziel; auch mit anderen wichtigen Zielen müssen wir uns beschäftigen. Außerdem werden wir uns dann mit den Instrumenten staatlicher Wirtschaftspolitik auseinandersetzen.

Wir behandeln zuerst die Stabilisierungsbemühungen mit Hilfe der Fiskalpolitik; dann werden wir uns den Problemen des Geldes und der Geldpolitik widmen. Da wir es in einer Wirtschaft nicht nur mit der bestmöglichen Nutzung der knappen Ressourcen zu tun haben, sondern auch Verteilungsprobleme und Überlebenschancen eine Rolle spielen, ist es wichtig, auf die Sozialpolitik einzugehen. Wir hatten schon gesehen, daß eine Arbeitsteilung den Wohlstand in einer Gesellschaft erhöht. Wir werden uns deshalb auch mit der internationalen Arbeitsteilung beschäftigen und fragen, welche neuen Probleme durch ein Öffnen der Wirtschaft für den internationalen Handel auftauchen. Wir werden sehen, daß eine bestimmte Gruppe von Ländern nicht an diesem internationalen Wohlstand partizipiert. Die speziellen Probleme dieser Entwicklungsländer sollen daher auch kurz angerissen werden.

1 Volkswirtschaftslehre als Wissenschaft: Gegenstand und Methoden

1.1 Was heißt Wirtschaften

> Was sind Triebfeder und Ziel des Wirtschaftens? Wann müssen wir wirtschaftlich handeln?
>
> Begriffe: knappe und freie Güter, ökonomisches Prinzip, Nutzen

„Wirtschaften heißt, das Geld so ausgeben, daß man keinen Spaß daran hat!", definierte Armand Salacrou, französischer Dramatiker und Mitarbeiter der l'Humanité. Christian Nestel Bovée sagte: „Wirtschaften ist für die Armen, die Reichen können auch ohne". Kurt Tucholsky sinnierte: „Nationalökonomie ist, wenn die Leute sich wundern, warum sie kein Geld haben. Das hat mehrere Gründe, die feinsten sind die wissenschaftlichen!"

Unser Untersuchungsgegenstand ist das Wirtschaften. Was ist das? Warum müssen wir wirtschaften? Nach welchen Prinzipien sollten wir wirtschaftlich handeln? Wer wirtschaftet eigentlich? Wie gelangt die Volkswirtschaftslehre zu ihren Erkenntnissen? Dies sind Fragen, mit denen wir uns zuerst befassen wollen.

Beginnen wir mit einer Definition:

> „Wirtschaften" umfaßt alle Maßnahmen, die darauf ausgerichtet sind, die begrenzten Mittel so der Vielfalt von Verwendungsmöglichkeiten zuzuführen, daß der menschliche Bedarf nach Gütern bestmöglich gedeckt wird.

Die menschlichen Bedürfnisse sind die Ausgangstatsache wirtschaftlichen Handelns. Warum sie bestehen, ob sie berechtigt sind und wie sie ethisch zu bewerten sind, ob die Produktion von Alkohol und Zigaretten besser oder schlechter ist als die Herstellung von Bildbänden oder Speisequark, darüber befindet die Wirtschaftswissenschaft nicht.

Sie nimmt die Bedürfnisse als gegeben hin und befaßt sich bis auf wenige Ausnahmen auch nur mit den Bedürfnissen, die durch Zahlungsbereitschaft geäußert werden; diese mit Kaufkraft ausgestellten und artikulierten Bedürfnisse nennen wir die *Nachfrage*.

Wirtschaftliches oder ökonomisches Handeln entsteht aus dem Bewußtsein, daß die meisten Güter und Dienstleistungen, die der Bedürfnisbefriedigung dienen (wir können auch sagen: die *Nutzen stiften*) nur beschränkt verfügbar sind; diese *Knappheit der Güter* begründet ökonomische Probleme.

Es gibt auch „*freie Güter*", die (zum Nulltarif) im Überfluß vorhanden sind: Dazu zählen Wind, Licht, Regen. Auch Wasser und Land waren einmal freie Güter, deren Zahl jedoch – insbesondere in diesem Jahrhundert – kontinuierlich abgenommen hat. Mit Gütern, die im Überfluss verfügbar sind, braucht man nicht ökonomisch umzugehen.

Nach welchem Grundsatz sollen nun aber die knappen Mittel bewirtschaftet werden? Es geht darum, angesichts der Vielzahl von Bedürfnissen die begrenzten Mittel so *rational* („mit Verstand") einzusetzen, daß ein möglichst hoher Nutzen erzielt wird – oder, daß der notwendige Aufwand zur Erreichung eines gegebenen Ziels minimiert wird. Das *ökonomische Prinzip* lautet also:

entweder
– setze die gegebenen Mittel so ein, daß ein maximaler Erfolg erzielt wird; (*Maximumprinzip*)

oder
– erreiche ein gesetztes Ziel mit dem geringstmöglichen Mitteleinsatz (*Minimum- oder Sparsamkeitsprinzip*);

d.h. allgemein:
– maximiere das Verhältnis von Nutzen zu Mitteleinsatz! (*generelles Extremumprinzip*)

Eine Verquickung des Maximum- mit dem Minimumprinzip (erreiche ein Maximum bei einem Minimum an Einsatz) ist falsch, weil logisch nicht möglich: Entweder sind die vorhandenen Mittel bekannt, und ich versuche durch eine geschickte Nutzung den maximalen Nutzen zu erreichen, oder mein Ziel ist bekannt, und ich versuche, dieses vorgegebene Ziel mit einem möglichst geringen Aufwand zu erreichen.

1.2   Nutzen und Konsequenzen der Arbeitsteilung

Welche Vorteile ergeben sich aus der Arbeitsteilung? Welche Formen der Arbeitsteilung gibt es? Inwiefern ergeben sich Funktions- und Gestaltungsprobleme durch die Arbeitsteilung für eine Wirtschaft?

Begriffe: Arbeitsteilung, Spezialisierung, Produktivität

Der rationale Einsatz der begrenzten Mittel zielt darauf ab, die Diskrepanz zwischen den vielfältigen Wünschen und Bedürfnissen der Menschen und der begrenzten Menge der zur Verfügung stehenden Güter zu verringern. Schon früh wurde erkannt (hier sind insbes. Plato, Aristoteles und, in neuerer Zeit, ganz besonders Adam Smith zu nennen), daß eine *Spezialisierung* mit gleichzeitiger *Arbeitsteilung* die *Produktivität* - d.h. die Ergiebigkeit bei der Bereitstellung und Umwandlung von Gütern – in der Wirtschaft erhöht; Arbeitsteilung bedeutet Handeln nach dem ökonomischen Prinzip und somit Wohlfahrtsverbesserung.

Ursprünglich bestand die Arbeitsteilung nur zwischen Mann und Frau, wie es oft noch bei Naturvölkern beobachtet wird. Die Sammeltätigkeit wurde von den Frauen und die Jagd von den Männern betrieben. Dann kam es zur Ausbildung verschiedener Berufe, die im Laufe der wirtschaftlichen Entwicklung wiederum aufgespalten wurden. Aus dem einfachen Schmied wurde bspw. ein Hufschmied oder Nagelschmied. Wir sprechen in der Volkswirtschaftslehre von einer *Berufsdifferenzierung*.

Aber auch der Produktionsprozeß selbst kann in Teilprozesse zerlegt werden; man spricht von einer *technischen Arbeitsteilung*. Berühmt geworden ist hier das Beispiel von Adam Smith, das er in seinem bahnbrechenden Werk „The Wealth of Nations" (1776), das die Grundlage der Volkswirtschaftslehre darstellt, erzählt: demnach konnte ein durchschnittlicher Schmied – mit den Mitteln damaliger Technologie – zwischen 800 und 1000 Nägel pro Tag produzieren, wenn er sie neben seinen anderen Arbeiten herstellte. Ein Landschmied, der diese Arbeit nicht gewohnt war, konnte dagegen höchstens 300 oder 400 Nägel pro Tag herstellen. A. Smith schildert nun, wie sich die Produktivität des einzelnen erhöhen kann, wenn sich mehrere zusammenschließen und gemeinsam Nägel produzieren; so hat er beobachtet, daß selbst ungelernte Arbeiter (junge Burschen unter 20 Jahren, die nichts anderes als Nägel in ihrem Leben herstellten) durch ihre Zusammenarbeit in der Lage waren, mehr als 2.300 Nägel pro Kopf und pro Tag zu produzieren.

Die Produktivitätsgewinne resultierten dabei aus einer größeren Fingerfertigkeit, die man durch mehrfaches Wiederholen einer Handlung erhält; aus der Zeitersparnis, weil man sich auf eine Sache konzentrieren kann und aus der Verwendung von Maschinen, die der einzelne für diesen Produktionsgang erfinden kann.

Die Arbeitsteilung kann aber auch territorial ausgedehnt werden, so daß sich ganze Gebiete oder ganze Volkswirtschaften spezialisieren. Wenn wir uns mit Fragen der Außenhandelswirtschaft beschäftigen, werden wir feststellen, daß sich jedes Land auf jene Produktionszweige spezialisieren sollte, für die es am besten geeignet ist. Diese *internationale Arbeitsteilung* hat in den letzten Jahrhunderten zu einer Erhöhung der Weltwohlfahrt beigetragen.

> Wirtschaften nach dem Rationalprinzip erfordert Arbeitsteilung. Durch Arbeitsteilung in der Produktion wird durch Spezialisierung die Ergiebigkeit (Produktivität) gesteigert.

Welche gesellschaftlichen Konsequenzen folgen nun aus der Arbeitsteilung? Je ausgeprägter die Arbeitsteilung ist, desto größer ist die Zahl der Einzelschritte, in denen sich die Umwandlung der uns von der Natur kostenlos zur Verfügung gestellten Ressourcen zu konsumfähigen Gütern vollzieht. Entsprechend unüberschaubar ist das Netz ökonomischer Aktivitäten, durch das die einzelnen Gesellschaftsmitglieder miteinander verknüpft sind. Durch die Spezialisierung wird der einzelne Mensch abhängig von den Leistungen anderer Mitglieder der Gesellschaft. Allerdings ist diese Abhängigkeit reziproker Natur – jene Menschen sind auch auf seine speziellen Kenntnisse angewiesen. Die (gegenseitige) Abhängigkeit wird weniger empfunden, wenn der einzelne nicht von einem einzigen Partner abhängig ist, sondern mehrere Alternativen hat. Je größer also die Konkurrenz zwischen Anbietern und Nachfragern bestimmter Güter oder Dienstleistungen ist, desto geringer wird die wirtschaftliche Abhängigkeit erfahren.

Jede Spezialisierung und Arbeitsteilung bringt nun gesellschaftliche Gefahren:

a) Bei fortschreitender Spezialisierung besteht für die Gesamtgesellschaft die Gefahr, daß sie von Spezialisten abhängig und damit erpreßbar wird. Verwiesen sei hier auf Spezialistenstreiks, die wir häufiger bei Fluglotsen beobachtet haben.

b) Wegen der Komplexität der wirtschaftlichen Beziehungen ist auch der Wirtschaftsprozeß selbst für den einzelnen unüberschaubar geworden; Richtung, Umfang und Struktur des gesamtwirtschaftlichen Prozesses sind für ihn unbeeinflußbar und auch größtenteils unbekannt. Seine Interessen kann er nur noch im begrenzten Rahmen der gegebenen Bedingungen durchsetzen. Dadurch kann es zu einer Entfremdung kommen, die insbesondere Karl Marx in seiner Analyse herausgearbeitet hat.

c) In jeder Volkswirtschaft muß nun entschieden werden, wer, was, wann, wo, wie, womit, für wen produziert. Damit ergeben sich Lenkungs- und Verteilungsprobleme für jede spezialisierte Gesellschaft. Nach welchen Prinzipien soll ferner das gemeinsam erzielte Sozialprodukt verteilt werden? Mit welchen Maßnahmen kann man erreichen, daß dieses Sozialprodukt so groß wie möglich wird? Das sind Fragen, die wir später noch behandeln werden.

d) Die Spezialisierung führt dazu, daß der einzelne nur noch einen kleinen Teilbereich des wirtschaftlichen Prozesses ausfüllen und übersehen kann. Die dadurch entstehenden Entfremdungseffekte können die Motivation zur Arbeit mindern, die Selbstverwirklichung des Menschen wird in ihre Schranken gewiesen. So ist das Aufkommen alternativer Formen des Wirtschaftens zu verstehen, die die Beziehung zwischen dem Produzenten und dem Gut wieder herstellen wollen.

e) Durch die Anhäufung von Fähigkeitspotentialen (als solche sind Bildungs- oder auch Informationsvorsprünge Beteiligter zu sehen) und von Verfügungsrechten über Produktionsmittel (die aus Finanz- oder Sachmitteln bestehen können) bilden sich in einer Gesellschaft Machtpositionen. Diese Machtpositionen sind eine wirtschaftspolitische Herausforderung und bedürfen regelnder Maßnahmen, damit sie nicht zu Lasten der Gesellschaft ausgenutzt werden.

> Arbeitsteilung wirft neue gesellschaftliche und wirtschaftliche Probleme auf: Durch Spezialisierung entstehen Abhängigkeiten und Machtverhältnisse, die überdacht werden müssen; die Beziehungen der Menschen zueinander, zu den Gütern und Institutionen sind zu ordnen.

1.3 Die Akteure im Wirtschaftsprozeß

Warum werden Gruppen von Wirtschaftssubjekten klassifiziert?
Welche Kriterien liegen dieser Klassifizierung zugrunde? Welche
Probleme ergeben sich durch die Aggregation?

Begriffe: Wirtschaftssubjekt, Mikroökonomie, Makroökonomie,
Wirtschaftsprozeß

Das Zusammenwirken von Personen oder Personengruppen und das
Ergebnis dieser wirtschaftlichen Handlungen wird als *Wirtschaftsprozeß* bezeichnet; die wirtschaftlichen Personen oder Gruppen nennen
wir *Wirtschaftssubjekte* oder Wirtschaftseinheiten.

Um den Wirtschaftsprozeß analysieren zu können, müssen wir
wirtschaftliche Handlungen – je nach unserem Untersuchungszweck –
sinnvoll zusammenfassen.

Die Wirtschaftstheorie ordnet bestimmte Handlungen bestimmten
Typen von Wirtschaftssubjekten zu: bspw. werden Wirtschaftssubjekte, die private Konsumentscheidungen treffen, zum Sektor Haushalte
zusammengefaßt, Wirtschaftseinheiten, die in erster Linie mit der
Produktion befaßt sind, werden dem Unternehmungssektor zugeordnet.
Das *Aggregationsniveau* – d.h. die Summe aller Wirtschaftssubjekte
oder auch Handlungen, die zusammengefaßt werden – ist dabei umso
höher, je allgemeiner die Fragestellung ist. Für die gesamtwirtschaftliche Theorie (*Makrotheorie*) interessieren volkswirtschaftliche Aggregate wie gesamte Ersparnisse, Investitionen, der gesamte Konsum etc.,
während für eine bestimmte Branche bspw. das weiter aufgeschlüsselte
Konsumenten- oder Unternehmerverhalten wichtig ist, mit dem sich die
Mikrotheorie (einzelwirtschaftliche Theorie) beschäftigt.

> Die Mikrotheorie befaßt sich mit den einzelwirtschaftlichen Entscheidungen der
> aggregierten Haushalte und Unternehmen, während die Makrotheorie die Ent-
> wicklung gesamtwirtschaftlicher Aggregate analysiert. Hierbei müssen neben den
> Haushalten und den Unternehmen auch der Staat und das Ausland einbezogen
> werden.

Die Wirtschaftstheorie gruppiert die wirtschaftlichen Akteure also
in Haushalte, Unternehmen, Staat und Ausland.

– gemeinsames Kriterium der *Haushalte* ist die Verbrauchsentschei-
  dung: jeder Haushalt versucht nach dem Rationalprinzip die gegebenen Mittel zur maximalen Bedürfnisbefriedigung zu disponieren.

- Die *Unternehmen* fällen die Produktionsentscheidungen.
- Der *Staat* oder öffentliche Haushalt (Land, Gemeinden, Bund) nimmt aufgrund seiner hoheitlichen Aufgaben eine Sonderstellung ein; mit der Bereitstellung öffentlicher Güter und seiner Funktion als Träger der Wirtschaftspolitik werden wir uns später noch beschäftigen.
- Ein weiteres Aggregat, mit dem es eine offene Volkswirtschaft zu tun hat, ist das *Ausland*, worunter wiederum Unternehmen, private und öffentliche Haushalte fallen.

Diese Aggregation der Akteure ist sinnvoll, wenn wir deren Beziehungen untereinander analysieren wollen. Allerdings ergeben sich daraus auch Probleme. Das geringste Problem ist dabei, daß sich menschliches Verhalten nicht verallgemeinern läßt – in der Aggregation kompensiert sich vom Durchschnitt abweichendes Verhalten, zumindest teilweise. Schwerwiegender sind Fehler in der Beurteilung des Verhaltens – konkret in der Übertragung einzelwirtschaftlicher Maßstäbe auf gesamtwirtschaftliche Tatbestände: was für den einzelnen vorteilhaft ist, muß nicht auch gesamtwirtschaftlich gut sein – bspw. kann Sparen einzelwirtschaftlich nützlich sein, gesamtwirtschaftlich aber Nachfrageausfall bedeuten; soziale Sicherung kann den einzelnen im Notfall abfangen, für die Gesamtwirtschaft aber eine starke Belastung bedeuten, wenn jeder diese Hilfe beansprucht. Einzel- und gesamtwirtschaftliche Überlegungen müssen also immer auseinandergehalten werden!

1.4 Der Wirtschaftskreislauf

In welcher Beziehung stehen die Akteure im Wirtschaftsprozeß zueinander? Inwiefern ist der Wirtschaftskreislauf die notwendige Folge der Arbeitsteilung? Was sind die konstitutiven Elemente des Wirtschaftskreislaufs?

Begriffe: Transaktion, Geld- und Güterströme, offene und geschlossene Wirtschaft, Kreislaufaxiom

Noch nicht lange sind die Wirtschaftswissenschaftler in der Lage, die Zusammenhänge einer Wirtschaft zu begreifen. Angeregt durch die Entdeckung des Blutkreislaufs entwarf ein französischer Arzt, François Quesney, der Leibarzt der Marquise de Pompadour, später Leibarzt

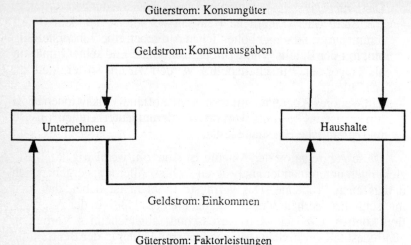

Abb. 1.4.1. Modell eines Wirtschaftskreislaufs

Ludwig XV. (der sich erst nach seinem 60. Lebensjahr mit ökonomischen Fragen beschäftigte) 1758 sein berühmtes „Tableau Economique". Dort wurde zum erstenmal – wenn auch rudimentär – ein volkswirtschaftlicher Kreislauf von Gütern und Zahlungsmitteln dargestellt. Auf die Einzelheiten seines Modells können wir nicht eingehen; von den zahlreichen Weiterentwicklungen wollen wir hier die „Lehrbuchversion" einer geschlossenen Wirtschaft ohne Staat darstellen.

Von einem Kreislauf sprechen wir deshalb, weil alle Wirtschaftssubjekte im ständigen Tauschverkehr miteinander stehen. Wir beschränken uns hier auf die Abbildung einer geschlossenen Wirtschaft (ohne Auslandsbeziehungen) ohne staatliche Aktivitäten, können aber das Kreislaufprinzip leicht erkennen: Haushalte und Unternehmungen sind durch zu- und abfließende Ströme miteinander verbunden. Wir erkennen Güterströme – den *Güterkreislauf,* und in entgegengesetzte Richtung verlaufende Geldströme – den *Geldkreislauf.*

Betrachten wir diesen Tauschverkehr näher: Die Haushalte geben Arbeitsleistung an die Unternehmen ab oder überlassen den Unternehmen ihre Produktionsmittel (Kapital, Boden) zur Nutzung (Güterstrom Faktorleistung); als Gegenleistung beziehen die Haushalte Löhne, Gehälter, Mieten, Pachten, Zinsen oder Dividenden (Geldstrom Einkommen). Gleichzeitig beziehen die Haushalte Güter und Dienstleistungen (Güterstrom Konsumgüter) von den Unternehmen, ihr Einkommen fließt – hier in voller Höhe – als Konsumausgaben zurück zu den Unternehmen.

Dieser wirtschaftliche Vorgang des Tausches (*Transaktion*) ist durch die Arbeitsteilung bedingt: im Unternehmenssektor findet die spezialisierte, aus den Haushalten ausgegliederte Produktion statt, die Haushalte verkaufen ihre Arbeitskraft. Der Geldkreislauf, der jedem Güterkreislauf gegenübersteht, dient nur dazu, die Transaktionen leichter – durch ein allgemeines Tausch- und Rechenmittel – abzuwickeln. Wenn jetzt noch der Staat und/oder das Ausland in das Kreislaufschema einbezogen würden, würde sich das Beziehungsnetz entsprechend erweitern, wobei aber immer – in einem geschlossenen Kreislauf – die Summe der herausfließenden Ströme bei einem Akteur gleich der Summe der hereinfließenden Ströme ist (*Kreislaufaxiom*). Dies besagt nichts anderes als daß das, was ausgegeben wird, auch eingenommen werden muß und vice versa.

> Ein Wirtschaftskreislauf entsteht dadurch, daß aufgrund der Arbeitsteilung die Wirtschaftssubjekte durch eine Vielzahl von Transaktionen miteinander in Verbindung stehen; jeder tritt als Anbieter (ausgehende Geld- und Güterströme) und als Nachfrager (eingehende Geld- und Güterströme) auf. Durch Ausgleich von Angebot und Nachfrage wird dieser Kreislauf geschlossen.

Später – im Rahmen der volkswirtschaftlichen Gesamtrechnung – werden wir sehen, daß die Erfassung der gesamten Ströme einer Volkswirtschaft auch im konkreten Fall sehr nützlich ist: alle unsere gesamtwirtschaftlichen Statistiken werden mit Hilfe eines Rechenwerks ermittelt, das auf der Kreislaufbetrachtung beruht.

1.5 Produktionsprozeß und Produktionsfunktion

Welche wirtschaftlichen Aktivitäten umfaßt der Begriff der Produktion? Was ist eine gesamtwirtschaftliche Produktionsfunktion? Was sind die gesamtwirtschaftlich relevanten Produktionsfaktoren? Wie ist die Produktion mit anderen wirtschaftlichen Vorgängen verbunden?

Begriffe: originäre und derivative Produktionsfaktoren, Sozialprodukt, Realkapital

Ein weiteres Kreislaufschema, dessen Elemente nun nicht die Akteure, sondern die wichtigsten wirtschaftlichen Vorgänge sind, möge die zentrale Stellung der Produktion in der Wirtschaft erläutern:

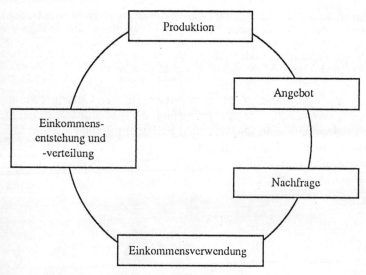

Abb. 1.5.1. Ein allgemeines Kreislaufschema

Durch die arbeitsteilige Produktion wird einerseits das Angebot an Gütern und Dienstleistungen erstellt, womit andererseits die Schaffung von Einkommen (Löhne, Gehälter, Zinsen etc.) verbunden ist; die Verwendung dieser Einkommen zu Konsum- oder Investitionszwecken führt wiederum zur Nachfrage, die Angebot und Produktion beeinflußt.

Unter *Produktion* wird allgemein die Herstellung und Bereitstellung von Gütern zur Bedarfsdeckung verstanden. *Produktion im weiten Sinne* umfaßt die Urerzeugung (bspw. Landwirtschaft, Bergbau), die Umformung von Gütern (Be- und Verarbeitung) zur Erstellung anderer Güter, die Bereitstellung von Dienstleistungen (Frisör) sowie Transport, Lagerung und Verteilung der erstellten Güter – also den gesamten Weg eines Gutes bis zu den Haushalten, die es letztendlich konsumieren. *Produktion im engen Sinne* ist demgegenüber der technische Vorgang der Erzeugung oder Umformung, mit dem sich hauptsächlich die Betriebswirtschaftslehre befaßt.

Im *Produktionsprozeß* werden die Produktionsfaktoren Arbeit, Boden und Kapital (Input, Faktoreinsatz) nach dem ökonomischen Prinzip so miteinander kombiniert, daß das Verhältnis von Output (erstellte umgewandelte Güter) zum Mitteleinsatz maximiert wird.

Die Menge aller in einer Periode erstellten Güter ist das *Sozialprodukt*. Wenn wir gesamtwirtschaftliche Zusammenhänge betrachten, ist dies der für uns relevante Output.

Die gesamte Produktion läßt sich auf die beiden Faktoren Arbeit (Mensch) und Boden (Natur) zurückführen: Aus diesen *originären Produktionsfaktoren* wurde der dritte Faktor Kapital geschaffen. Unter *Kapital* verstehen wir die produzierten Produktionsmittel; Kapital ist also ein abgeleiteter oder auch *derivativer Produktionsfaktor*.

Die *gesamtwirtschaftliche Produktionsfunktion* stellt den Zusammenhang zwischen dem Einsatz der Produktionsfaktoren und der Ausbringung des Sozialprodukts formal dar:

$$Y = Y (A, B, K, T)$$

Wobei die Buchstaben die folgende Bedeutung haben:

Y – Sozialprodukt
A – Arbeit
B – Boden
K – Kapital
T – Technischer Fortschritt

Diese Bezeichnung besagt: das maximal erstellbare Sozialprodukt wird durch die gegebenen Faktormengen Arbeit, Boden und Kapital sowie durch den gegebenen technischen Fortschritt bestimmt.

Der Produktionsfaktor *Arbeit* umfaßt jede Form menschlicher Leistung – physischer und geistiger Art – die im Produktionszusammenhang erbracht wird. Nur ein Teil des Produktionsfaktors Arbeit ist heute noch originärer Natur; qualifizierte Arbeit, die durch Ausbildung produktiver geworden ist, wird manchmal auch *Humankapital* genannt. Zur Humankapitalbildung kann die formale Bildung beitragen, sowie der Erfahrungsschatz eines Menschen, der ihm aus seiner wirtschaftlichen Tätigkeit zufällt. In der Tat ist der Wirtschaftswissenschaftler geneigt, den Arbeitslohn aufzuteilen: nämlich in einen Teil, der für die einfache, nackte Arbeit aufgewendet wird, und in eine Entlohnung für die aufgewendeten Ausbildungs- und Fortbildungskosten (Humankapital).

Unter *Kapital* werden die Produktionsmittel verstanden, die zum Zwecke der Gütererzeugung geschaffen wurden (materielle Infrastruktur, Produktionsanlagen etc.). Wir sprechen auch häufig von Sach- oder *Realkapital*, um einer Verwirrung mit anderen Kapitalbegriffen (Geld- oder Finanzkapital) vorzubeugen.

Der Produktionsfaktor *Boden* müßte eigentlich umfassender als „Natur" bezeichnet werden: hierunter fallen alle wirtschaftlich nutzbaren Naturkräfte (natürliche Ressourcen); nicht nur der Boden als Standort, Baugrund, land- und forstwirtschaftliche Nutzfläche oder als Quelle von Rohstoffen, sondern auch als Klima, Gewässer, (die bspw. als Wasserwege genutzt werden) oder die Sonne als möglicher Energiespender. Auch für den Faktor Boden gilt, daß nur noch ein kleiner Teil in seiner originären Form besteht, üblicherweise ist auch dieser Produktionsfaktor durch den Einsatz von Arbeit und Kapital (Rodung etc.) in seiner Qualität (bezogen auf die Nutzbarkeit) verbessert worden.

Ob der *technische Fortschritt* als eigenständiger Produktionsfaktor anzusehen ist, ist umstritten. Durch seinen Einfluß auf die Qualität des Realkapitals (bspw. die Entwicklung von der Dampfmaschine bis hin zum Computer) kann er bereits im Faktor Kapital oder im veredelten Boden und als technisch-organisatorischer Fortschritt (bspw. Managementstrategien) bereits im Humankapitalanteil des Faktors Arbeit enthalten sein.

> Die gesamtwirtschaftliche Produktionsfunktion stellt eine funktionale Beziehung zwischen der gesamtwirtschaftlichen Güterproduktion (Sozialprodukt) und den verfügbaren Produktionsfaktoren Arbeit, Boden und Kapital bei gegebenem Stand des technisch-organisatorischen Wissens dar.

1.6 Wie wächst eine Wirtschaft?

Welche Produktionsfaktoren bestimmen das wirtschaftliche Wachstum? Warum ist die Entscheidung zwischen konsumptiver und produktiver Verwendung des Sozialproduktes wichtig, wenn es um das Wachstum geht? Was besagt das Gesetz der zunehmenden Opportunitätskosten?

Begriffe: extensives und intensives, quantitatives und qualitatives Wachstum, Transformationskurve (Kapazitätslinie), Opportunitätskosten

Jede Volkswirtschaft steht nun vor der Frage, wie die einzelnen Produktionsfaktoren kombiniert werden – eine Frage, die im Rahmen der Mikroökonomie behandelt wird. Aber allein der Blick auf das Produktionsergebnis läßt schon einen Zielkonflikt erkennen: das Sozialprodukt kann nämlich in einer bestimmten Periode verzehrt (konsumiert) oder produktiv (als Kapital) verwendet werden. Die Träger der Wirtschaftspolitik haben nun zu entscheiden, wieviele Güter in einer Periode in die Verfügungsgewalt der Haushalte übergehen sollen und wieviele im Produktionsprozeß als Kapital verbleiben sollen.

Mit anderen Worten: es muß die Aufteilung zwischen Konsum- und Produktionsgütern festgelegt werden. Diese Entscheidung kann für eine Volkswirtschaft extrem wichtig sein; sie bestimmt nämlich u.a. Ausmaß und Richtung des Wachstums. Anhand einer *Transformationskurve* können wir uns diese wirtschaftspolitische Problematik verdeutlichen (siehe Abb. 1.6.1.).

Die Kurve AEB beschreibt die maximal mögliche Produktion zweier Güterbündel in einer Volkswirtschaft unter der Annahme der Vollbeschäftigung aller Produktionsfaktoren. Aus Vereinfachungsgründen wird dabei unterstellt, daß die Güter einer Volkswirtschaft in Produktionsgüter und Konsumgüter unterschieden werden können. Alle Punkte auf der Kapazitätslinie werden als effiziente Punkte bezeichnet. Eine Erhöhung der Produktionsgüterproduktion ist demnach – wenn die Wirtschaft sich auf der Kapazitätslinie befindet – nur zu Lasten der Konsumgüterproduktion möglich und umgekehrt.

Der Punkt A bezeichnet dann eine Situation, in der nur Produktionsgüter hergestellt werden; in Punkt B werden nur Konsumgüter produziert. Es versteht sich von selbst, daß beide Punkte illusorisch sind: eine Ökonomie braucht immer Konsumgüter und wird wohl auch immer Produktionsgüter herstellen.

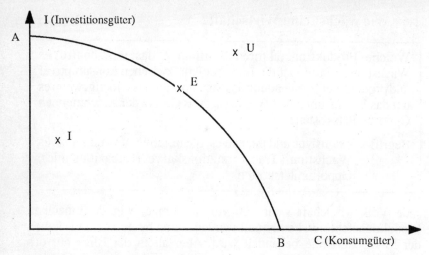

Abb. 1.6.1. Gesamtwirtschaftliche Kapazitätslinie (Transformationskurve)

Der Punkt U ist für die Volkswirtschaft nicht erreichbar, weil er außerhalb der Kapazitätsbegrenzung liegt. Der Punkt I ist inferior; an einem solchen Punkt gibt es entweder Arbeitslosigkeit oder Kurzarbeit, die Kapazitäten sind nicht ausgelastet. Wir sprechen dann von einer ineffizienten Kombination der Produktionsfaktoren; mit Hilfe einer besseren Allokation der knappen Ressourcen ist es möglich, mehr von einem oder gar beiden Güterbündeln zu produzieren. Der Punkt E zeigt, daß bei Vollbeschäftigung aller Faktoren eine Veränderung der Produktionspalette nur zu Lasten des einen und zugunsten des anderen Gutes möglich ist.

> Die Transformationskurve zeigt alternative Kombinationen der Erstellung zweier Güterbündel in einer Wirtschaft mit vollbeschäftigten Produktionsfaktoren. Eine Bewegung auf dieser Kurve zeigt, auf welche Gütermengen einer Gütergruppe verzichtet werden muß, wenn die Produktion einer anderen Gütergruppe ausgedehnt werden soll. Kombinationspunkte außerhalb dieser Kapazitätsgrenze sind nicht realisierbar, da die Kapazitäten nicht ausreichen; hingegen zeigen Produktionspunkte innerhalb der Begrenzung Ineffizienzen an.

Aus dem Schaubild der Kapazitätslinie bzw. Transformationskurve läßt sich ein wichtiger ökonomischer Begriff ableiten: der Begriff der *Opportunitätskosten.*

Wir sehen, daß bei einer Bewegung entlang der Transformationskurve (also bei Vollbeschäftigung) die Ausdehnung der Konsumgüter-

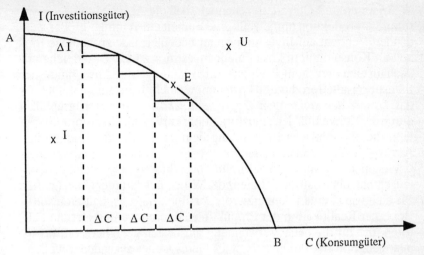

Abb. 1.6.2. Ableitung der Opportunitätskosten

produktion nur möglich ist, wenn auf die Erstellung von Investitionsgütern verzichtet wird. Der Verzicht auf diese Investitionsgüter ist also der Preis für die Erhöhung der Konsumgüterproduktion; mehr Konsumgüter „kosten" eine gewisse Menge an Investitionsgütern.

Allgemein gilt:

Bei Wahlentscheidungen zwischen mehreren Handlungsalternativen und der Entscheidung zugunsten eines bestimmten Vorhabens muß notwendigerweise auf andere Alternativen verzichtet werden; der Nutzenentgang, der aufgrund des Verzichts auf die bestmögliche Alternative entsteht, wird als *Opportunitäts- oder Verzichtskosten* bezeichnet.

Beispiele: Was ist der Preis der Anwesenheit eines Studenten in der Vorlesung? Was wäre der Nutzen der bestmöglichen Alternative? Student A sieht bspw. die beste Alternative darin, zu „jobben"; die Opportunitätskosten dieser Vorlesungsstunde betragen also für ihn DM 20,– die er alternativ verdienen könnte. Auch wenn sich der Nutzen der bestmöglichen Alternative nicht in Geld bewerten läßt, können wir von Opportunitätskosten sprechen: Studentin B verzichtet bspw. zugunsten der Vorlesung auf den persönlichen Nutzen in Form von Entspannung oder Freude, den sie aus einem Tennismatch hätte.

In unserem 2-Güter-Fall sehen wir, daß die Ausdehnung der Konsumgüterproduktion um jeweils eine Einheit einen immer größer werdenden Verzicht auf Investitionsgüter bedeutet: jede zusätzliche Einheit an Konsumgütern kostet mehr Investitionsgüter. Das gleiche gilt auch für eine Bewegung in umgekehrte Richtung: Eine Ausdehnung der Investitionsgüterproduktion kostet immer mehr Konsumgüter. Dies ist das *Gesetz der steigenden Opportunitätskosten*, das sich graphisch durch die Konvexität der Transformationskurve zum Ursprung erklären läßt; die ökonomische Begründung liegt darin, daß die Produktionsfaktoren in ihrer Leistungsfähigkeit bzgl. der Erstellung eines Gutes unterschiedlich sind – die Produktionsfaktoren sind nicht beliebig einsetzbar, ohne daß die Effizienz der Wirtschaft darunter leidet (stellen Sie sich bspw. einen Zahnarzt vor, der eine Straße asphaltieren soll!). Bei einer Reallokation der Produktionsfaktoren werden erst die Faktoren, die für die neue Verwendung am besten geeignet sind, herangezogen. Soll die Produktion eines Gutes weiter ausgedehnt werden, müssen immer weniger effiziente Faktoren in den Produktionsprozeß übernommen werden, so daß die Kosten, als Opportunitätskosten, überproportional ansteigen. So erklärt sich der typische konvexe Verlauf dieser Kurve.

Mit Hilfe der Transformationskurve läßt sich auch die dynamische Entwicklung einer Volkswirtschaft darstellen. Transformationskurven sind nämlich nicht stationär, sie können sich über die Zeit hin verlagern. Die Verlagerung selbst hängt von der Verwendung der Output-Bündel ab.

Wachstum äußert sich in einer Außenverschiebung der Transformationskurve – was eine Ausweitung der gesamten Produktionsmöglichkeiten anzeigt. Die Produktionsmöglichkeiten können aber nur erhöht werden, wenn sich der Kapitalgüterbestand erhöht, wenn also in der jetzigen Periode auf Konsum zugunsten einer größeren Produktionsgütererstellung verzichtet wird. Die Wahl eines verhältnismäßig hohen Anteils an Produktionsgütern (Konsumverzicht) ermöglicht in den nächsten Perioden dann sowohl mehr Konsum- als auch Produktionsgüter.

Betrachten wir noch einmal die gesamtwirtschaftliche Produktionsfunktion: Die oben gezeigte Wachstumsmöglichkeit ist durch die Nutzung der gegebenen Faktoren bedingt; inwiefern kann Wachstum durch eine Verbesserung oder Vermehrung der Produktionsfaktoren selbst entstehen?

$$Y = Y (A, B, K, T)$$

Die Produktionsfaktoren Arbeit, Boden und Kapital haben alle sowohl eine quantitative als auch eine qualitative Komponente. Die Ausdehnung der Menge der Faktoren Arbeit und Boden hat natürliche Grenzen; auch ist die Möglichkeit der Qualitätsverbesserung bei den natürlichen Ressourcen begrenzt. Der qualitative Anteil des Faktors Arbeit (Humankapital) kann aber noch beträchtlich ausgedehnt werden und dann auch entsprechende Wachstumsleistungen erbringen. Der Faktor Kapital läßt sich – wie auch anhand der Transformationskurve zu sehen ist – quantitativ wohl am einfachsten ausweiten; die Erhöhung des Kapitalbestandes (Investitionen) ist eine wesentliche Wachstumsursache.

Eine Erhöhung des hier als Produktionsfaktor explizit aufgeführten technischen Wissensstandes manifestiert sich im technischen Fortschritt, der sich wiederum hauptsächlich im Qualitätsanteil des Faktors Kapital niederschlägt. Die verfügbaren Mengen an Kapital oder Arbeit lassen sich durch den technischen Fortschritt nicht vergrößern; dennoch wirkt der technische Fortschritt dadurch, daß er die Produktivität der Faktoren erhöht, was indirekt einer Vermehrung der Faktoren bei konstanter Produktivität vergleichbar ist.

Den technischen Wissensstand bzw. als Wachstumsgröße den technischen Fortschritt gesondert anzuführen hat auch empirische Gründe: Bei Versuchen, die Wachstumsursachen zu quantifizieren, taucht immer eine Restgröße im Wachstum des Sozialproduktes auf, die sich weder aus dem Arbeits- noch aus dem Kapitalwachstum erklären läßt. Diese Restgröße macht häufig 50–70% aus!

> Als wichtigste Wachstumsursachen lassen sich die Steigerung des Humankapitalanteils am Faktor Arbeit sowie die quantitative Ausweitung des Kapitals ausmachen. Eine ebenfalls wichtige Größe ist der technische Fortschritt, der sich hauptsächlich in der Qualität des Faktors Kapital niederschlägt; dessen genauere Identifizierung steht jedoch noch aus.

Was hat es nun mit dem Stichwort des *qualitativen Wachstums* auf sich? Auch wenn wir bisher von der Steigerung der qualitativen Komponente eines Produktionsfaktors gesprochen haben, ging es doch darum, das Sozialprodukt – die Menge aller verfügbaren Güter – zu erhöhen. Sagt diese Steigerung nun etwas über die Lebensqualität aus?

Zunächst müssen wir das absolute Sozialprodukt auf die Bevölkerungszahl beziehen, um über die Güterversorgung pro Kopf etwas aussagen zu können – wir sprechen dann von *intensivem Wachstum* im Gegensatz zum *extensiven Wachstum*. Diese Pro-Kopf-Größe ist jedoch nur eine statistische Zahl und sagt nichts aus über die Wohlfahrt des einzelnen: So kann die Einkommensverteilung auch bei hohem Pro-Kopf-Einkommen sehr ungleich sein; die Produktion kann mit Wohlfahrtsminderungen verbunden sein wie z.b. auch Stress, deren Beseitigung übrigens – bspw. die Leistung eines Psychotherapeuten zur Behandlung von Stress – zum quantitativen Wachstum mitgerechnet wird. Auf die Probleme der Wohlfahrtsermittlung kommen wir im Rahmen der Volkswirtschaftlichen Gesamtrechnung noch zurück; jedoch sei an dieser Stelle schon darauf hingewiesen, daß das quantitative Wachstum auch Opportunitätskosten mit sich bringen kann. Verfechter des qualitativen Wachstums wollen durch eine Veränderung der Wachstumsstruktur diese Opportunitätskosten abbauen bzw. möglichst gering halten.

1.7 Zur Methode der Volkswirtschaftslehre

Was ist ein Modell? Wie werden Theorien entwickelt? Warum gilt eine Theorie immer nur als vorläufig gültig? Ist die Volkswirtschaftslehre eine wertfreie Wissenschaft?

Begriffe: Modell, Theorie, Hypothese, Deduktion, ceteris paribus-
             Annahme

Wie wird nun das komplexe Gebiet der Wirtschaftswissenschaft erfaßt und wissenschaftlich verarbeitet? Der Wissenschaftler sollte sich im wesentlichen auf intersubjektiv überprüfbare Aussagen beschränken und persönliche Einstellungen als solche kennzeichnen.

Um zu solchen intersubjektiv überprüfbaren Aussagen zu gelangen, gibt es bestimmte Regeln der *Theoriebildung* und *Überprüfung*.

Man geht von beobachteten Fakten aus – bspw. von einzelwirtschaftlichen Verhaltensweisen oder von der Veränderung gesamtwirtschaftlicher Größen – und stellt aufgrund der beobachteten Folgen von Ereignissen *Hypothesen* auf, bspw. in der Form: Wenn die ökonomische Größe X ansteigt, fällt die Größe Y. Dabei müssen die Rahmenbedingungen genau abgesteckt (bspw. „unter sonst gleich bleibenden Umständen" – *ceteris paribus-Bedingung*) und die verwendeten Begriffe definiert werden. Da man das Untersuchungsobjekt isoliert und von der komplexen Wirklichkeit abstrahiert, bildet man die wichtigsten Zusammenhänge in einem *Modell* ab, was sich nicht unbedingt mathematisch darstellen muß – jede Abstraktion von der Wirklichkeit ist ein

Modell. Haben wir so eine Theorie-Aussage aus der Anfangshypothese logisch abgeleitet (Deduktion), muß diese überprüft werden, und zwar insbesondere daraufhin, ob sie logisch haltbar (also widerspruchsfrei) und mit den beobachteten Tatsachen vereinbar ist und damit einer empirischen Überprüfung standhält. Erweisen sich logische Mängel und/oder ist die Theorie empirisch widerlegbar (Falsifizierung), muß sie zurückgewiesen, neu überdacht und vielleicht – mit verbesserten Informationen oder einer anderen Modellstruktur – wieder neu aufgelegt werden.

Selbst wenn die Theorie zunächst nicht widerlegt werden kann, ergeben sich aus den neuen Erkenntnissen auch wieder neue Fragen und evtl. Antworten, die bisher akzeptierte Hypothesen falsifizieren. *Jede Theorie gilt nur als vorläufig nicht widerlegt.* Die notwendige radikale Vereinfachung in Modellen hat zur Folge, daß sie häufig sehr wirklichkeitsfern zu sein scheinen. Jedoch ist das Gedankenexperiment für Wirtschaftswissenschaftler oft das einzig mögliche Experiment. Es kommt daher darauf an, formale Spielereien von abstrakten Abbildungen der Wirklichkeit zu unterscheiden, aus deren Analyse auf die Wirklichkeit zurückgeschlossen werden kann. Die Forderung nach logischen, konsistenten Modellen legt es nahe, sich der Mathematik für den formalen Ausdruck von Beziehungen zu bedienen – wobei ein Mehr an Mathematik keine bessere Theorie ausmacht; entscheidend ist die Kunst, das einer bestimmten Frage angemessene Modell zu konstruieren. Die Mathematik hat aber den Vorteil, daß ein Problem präzise formuliert werden muß, weshalb sie allerdings auch für manche Probleme mit hoher Komplexität unbrauchbar ist.

Innerhalb der Modelle lassen sich verschiedene Betrachtungsweisen unterscheiden: Wie wir schon erwähnten, bezieht sich die *mikroökonomische Betrachtung* auf die Wirtschaftssubjekte (bspw. Nachfrageverhalten der Haushalte, Investitionsverhalten der Unternehmungen). Aggregieren wir Größen – d.h. fassen wir sie zusammen – sprechen wir von *Makroökonomie.* Ferner unterscheiden wir zwischen *Partial- und Totalbetrachtung,* wobei sich die Partialbetrachtung auf einen Ausschnitt der Wirtschaft bezieht, bspw. auf den Gütermarkt, die Totalbetrachtung auf die Gesamtheit aller Entscheidungseinheiten und aller Märkte. Total- und Partialbetrachtung können beide wiederum mikro- oder makroökonomisch orientiert sein. Eine weitere Unterscheidung ist zwischen *statischen* und *dynamischen Modellen* zu treffen, wobei die statische Analyse eine „zeitlose" Betrachtung ist und die dynamische Analyse den zeitlichen Ablauf wirtschaftlicher Prozesse mitberücksichtigt. Bezüglich des Zeithorizonts der Betrachtung kann man zwischen kurz-, mittel- und langfristiger Analyse unterscheiden. Dies klingt zunächst verwirrend, es ist aber wichtig, sich bei der Entwicklung eines Modells auf bestimmte Betrachtungsweisen festzulegen, damit das Modell in sich schlüssig ist.

> Bei der Theoriebildung werden aus Anfangsfeststellungen (Ausgangshypothesen, Rahmenbedingungen) durch logische Ableitung (Deduktion) Schlußfolgerungen (Theorien) aufgestellt, deren logische und empirische Überprüfung zur vorläufigen Anerkennung der Theorie oder zu deren Ablehnung und damit zur Revision des Theoriebildungsprozesses führt.

1.8   Zur Arbeitsteilung in der Wirtschaftswissenschaft

> Welche Spezialisierungen gibt es im Rahmen der Wirtschaftswissenschaft? Was ist die Aufgabe der Wirtschaftstheorie? Welche Zusammenhänge bestehen zwischen Wirtschaftstheorie und Wirtschaftspolitik?

Eine erste sachliche Einteilung der Volkswirtschaftslehre ergibt sich aus der schon angeschnittenen Trennung zwischen Mikro- und Makroökonomie: Zur Mikroökonomie gehören traditionell die Analyse des Haushalts und der Unternehmen und damit die Gebiete Preisbildung, Verteilung und Marktmechanismus. Zur Makroökonomie zählen bspw. die Geldtheorie, das volkswirtschaftliche Rechnungswesen, die Wachstums- und Konjunkturtheorien. Jedoch ist die Trennung nicht immer unproblematisch.

Betrachten wir das Aufgabenfeld des Wirtschaftswissenschaftlers: Allgemein formuliert beschäftigt sich die Wirtschaftswissenschaft mit der Beschreibung, der Erklärung und der Prognose von Wirtschaftsprozessen und mit der Beratung hinsichtlich ihrer Beeinflussung.

Bisher haben wir über die Beschreibung und Erklärung im Rahmen der Wirtschaftstheorie gesprochen. Während sich die *Volkswirtschaftstheorie* mit der Darstellung und Analyse grundsätzlicher wirtschaftlicher Zusammenhänge befaßt, stellt sich in der *Theorie der Wirtschaftspolitik* ganz konkret die Frage nach der Wirksamkeit staatlicher Eingriffe auf gegebene ökonomische Ziele. Diese Analyse sollte wirtschaftstheoretisch fundiert sein. Die theoretischen Erkenntnisse sollen in Handlungshilfen für politische Entscheidungen umgesetzt werden. Während in der sog. reinen Theorie Kausalbeziehungen aufgedeckt werden, versucht die Theorie der Wirtschaftspolitik Gesetzmäßigkeiten über Mittel-Ziel-Zusammenhänge herauszufinden, die von der konkreten *Wirtschaftspolitik*, die ökonomische Größen beeinflussen will, genutzt werden können. Neben der theoretischen Volkswirtschaftslehre und der Theorie der Wirtschaftspolitik gelten die Finanzwissenschaft und die Betriebswirtschaftslehre als Teilbereiche der Wirtschaftswissenschaft. Die Betriebswirtschaftslehre befaßt sich mit den Problemen der Unternehmung; die Besonderheiten des staatlichen ökonomischen Handelns werden in der Finanzwissenschaft untersucht.

Auch diese Einteilung kann kaum befriedigen, da bspw. die Außenhandelstheorie der Volkswirtschaftslehre im strengen Sinne nicht zuzuordnen ist. Auch enthält die Betriebswirtschaftslehre wichtige Zweige (wie die Preistheorie), die sich aus der Volkswirtschaftslehre nicht ausklammern lassen. Im folgenden halten wir uns dennoch an die Einteilung in theoretische Volkswirtschaftslehre einerseits und Theorie der Wirtschaftspolitik andererseits.

Die Entwicklung der Teildisziplinen der Wirtschaftswissenschaft und der mehr oder weniger engen Bezüge zu ihren Nachbardisziplinen (so der Rechtswissenschaft, der Soziologie, der Statistik und Mathematik) ist historisch bzw. aus der Entwicklung der Wissenschaft her zu erklären: so ließ die notwendige empirische Überprüfung von Hypothesen bspw. den Wissenschaftszweig der *Ökonometrie* entstehen, der die Ökonomie, Mathematik und Statistik in sich vereint.

2 Die Ordnung der Wirtschaft

2.1 Wirtschaftssystem und Wirtschaftsordung

Was ist ein Wirtschaftssystem? Warum ist ein Wirtschaftssystem ordnungsbedürftig? Welche Stellung nimmt das Wirtschaftssystem im Gesellschaftssystem ein? Welche Teilsysteme wirtschaftlichen Handelns sind im Wirtschaftsprozess relevant? Wie werden diese durch die Wirtschaftsordnung beeinflußt?

Begriffe: System, Wirtschaftssystem, Wirtschaftsordnungsformen

Unter einem *System* wird allgemein eine Summe von Elementen bzw. Elementeigenschaften verstanden, die miteinander verflochten sind. Das Wirtschaftssystem als Teil des Gesellschaftssystems umfaßt die Beziehungen zwischen den Wirtschaftssubjekten sowie deren auf die Bedürfnisbefriedigung ausgerichtetes wirtschaftliches Handeln.

Ein System bedarf einer inneren *Ordnung*, wenn es handlungs- und überlebensfähig sein soll. Wirtschaftssysteme als soziale Gebilde sind von viel komplexerer Natur als die vereinfachten Systeme der wirtschaftstheoretischen Modellwelt; aber gerade weil es soziale Systeme sind, weisen sie immer eine gewachsene oder bewußt geschaffene innere Ordnung auf. Ordnung engt nun die Handlungsspielräume der Elemente – im Wirtschaftssystem der Wirtschaftssubjekte – ein, sie schafft aber andererseits auch Sicherheit.

Das Problem der Konzipierung einer Wirtschaftsordnung liegt darin, ein den gesellschaftlichen Zielen entsprechendes Verhältnis zwischen Freiheit und Regulierung zu schaffen: Ein sozialistisches Gesellschaftssystem mit einer bewußt geschaffenen gesellschaftlichen Zielfunktion (bspw. Solidarismus, bedarfsgerechte Verteilung) wird immer stärker empfundene Ordnungsregelungen aufweisen als ein System, dessen weltanschauliche Grundlage der Liberalismus ist.

Die Verwendung der Begriffe Wirtschaftssystem und Wirtschaftsordnung ist nicht einheitlich – häufig werden sie synonym verwendet,
als Methode der gesamtwirtschaftlichen Lenkung; oder mit dem Begriff
Wirtschaftssystem ist – nach Eucken – ein Idealtyp, ein Modell gemeint,
während der Begriff Wirtschaftsordnung für die Realtypen reserviert
ist. Da u. E. jedoch idealtypische und reale Wirtschaften ordnungs-
bedürftige Systeme sind, ziehen wir obige Begrifflichkeiten vor.

> Das Wirtschaftssystem ist neben dem politischen System und dem kulturellen
> System ein gesellschaftliches Teilsystem, das durch bestimmte Ordnungsformen
> mehr oder weniger stark geregelt wird. Die Wirtschaftsverfassung ist die rechtliche
> Verankerung dieser Ordnung.

Die *Wirtschaftsverfassung* wird stark durch das politische und
kulturelle System beeinflußt. Das politische und das kulturelle System
zählen wir für unsere Zwecke neben dem Bestand an natürlichen
Ressourcen und der Ausstattung mit den anderen Produktionsfaktoren
(Arbeit und Kapital) zu den *sozioökonomischen Umweltbedingungen*,
die die Entscheidungsprozesse im Wirtschaftsablauf mit beeinflussen.
Eine mehr oder weniger starke direkte Regulierung erfahren diese
Entscheidungsprozesse durch die Wirtschaftsordnungsformen (s. Abbildung 2.1.1.)
    Eine funktionelle Gliederung der Entscheidungsprozesse zeigt die
für die gesamtwirtschaftliche Allokation und Lenkung wichtigen
Subsysteme: Das *Entscheidungssystem* beinhaltet die Verteilung der
Entscheidungs- und Handlungskompetenzen bezüglich des Einsatzes
und der Verwendung knapper Ressourcen und Güter. Um diese Entscheidungen treffen zu können, muß ein *Informationssystem* vorhanden
sein, das Auskünfte insbes. über Knappheiten geben kann. Das
Planungs- und Koordinationssystem ist zuständig für die Abstimmung
wirtschaftlicher Entscheidungen, Pläne und Handlungen, und ist dabei
natürlich auch auf das Funktionieren des Informationssystems angewiesen. Vom *Motivations- und Kontrollsystem* schließlich hängt die
Dynamik des Wirtschaftssystems ab: das Motivationssystem schafft
Anreize für wirtschaftliche Leistungen, während das Kontrollsystem
Macht- und Abhängigkeitspositionen verhindern soll.
    Die Gestalt dieser Systeme wird durch die Wirtschaftsordungsfor-
men bestimmt. Auf alle direkten und indirekten Einflüsse werden wir
nicht eingehen. Die verschiedenen möglichen Interpendenzen zeigt das
folgende Schaubild:

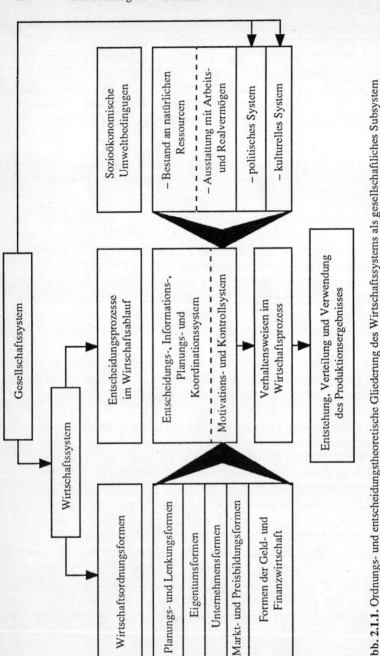

Abb. 2.1.1. Ordnungs- und entscheidungstheoretische Gliederung des Wirtschaftssystems als gesellschaftliches Subsystem S. ähnlich Thieme, H. Jörg: Wirtschaftssysteme, in: Vahlens Kompendium der Wirtschaftstheorie- und Wirtschaftspolitik Bd. 1, München 1980, S. 12 und Leipold, H.: Wirtschafts- und Gesellschaftssysteme im Vergleich, Stuttgart 1985[4] S. 60 f.

Die Planungs- und Koordinationsstruktur eines Wirtschaftssystems ergibt sich aus dem Ordnungskriterium Planungs- und Lenkungsform. Idealtypisch unterscheiden wir zwischen zentraler und dezentraler Planung und Koordination; entsprechend sind die Verfügungsrechte und Entscheidungskompetenzen zentralisiert (Staatseigentum und Informationsmonopol) bzw. dezentral verteilt (Privateigentum, kein Informationsmonopol). Die Unternehmensformen sind entsprechend der Ordnung der Verfügungsrechte bzw. des Eigentums geregelt; insbes. die Verfügungsrechte beeinflussen das Motivations- und Kontrollsystem und damit die Dynamik wirtschaftlicher Verhaltensweisen.

2.2 Die idealtypische Klassifizierung

Warum ist der Begriff „Planwirtschaft" als Synonym für den Begriff „Zentralverwaltungswirtschaft" nicht geeignet? Was sind die wesentlichen Unterscheidungsmerkmale einer idealtypischen Marktwirtschaft gegenüber einer idealtypischen Zentralverwaltungswirtschaft? Welche Indikatoren gibt es in den beiden Systemen für Knappheiten? Wie wirken die Verfügungsrechte über die Produktionsmittel auf das Motivationssystem?

Begriffe: monistisches und pluralistisches Planen

Anhand der in 2.1 gezeigten Systematik können nun die Ausprägungen der Ordnungsformen idealtypisch klassifiziert werden:

Ordnungsformen	Ausprägungen
Planungs- und Lenkungsformen	– zentral – dezentral
Eigentumsformen	– Privat-, – Staats-, – Gesellschaftseigentum
Preisbildungsformen	– Marktpreis – staatliche Preisfestsetzung
Unternehmensformen	– bspw. AG, GmbH, Kombinat, LPG, VEB – Gewinnmaximierung – Planerfüllungsprinzip

Abb. 2.2.1. Merkmale von Ordnungsformen

Es gibt eine Vielzahl von Ansätzen, den wirtschaftlichen Grundgestalten bestimmte Ausprägungen des Wirtschaftens zuzuordnen. Wichtigstes Unterscheidungsmerkmal bei Eucken ist die *Zahl der selbständig planenden Wirtschaftseinheiten*: In jeder Wirtschaft wird geplant (der Begriff Planwirtschaft für Zentralverwaltungswirtschaften ist daher irreführend), entscheidend ist die Frage, wer plant und was geplant wird. Die zentrale Planungs- und Lenkungsform – „monistisches Planen" – ist Merkmal der Zentralverwaltungswirtschaft, während das „pluralistische Planen", die dezentrale Planung der Wirtschaftssubjekte und die Koordination dieser unzähligen Pläne über den Markt, die Verkehrs- bzw. Marktwirtschaft prägt.

Die Eigentumsformen als unterscheidendes Ordnungskriterium zielen auf Privateigentum einerseits und Staats- oder Gesellschaftseigentum andererseits ab. Genauer ist es, die *Verfügungs- und Kontrollrechte* über die Produktionsmittel und das Recht auf die Erträge (*Nutzungsrechte*) in den Vordergrund zu stellen, da dadurch die Bezüge zu den *Entscheidungszuständigkeiten* deutlicher werden. In der Marktwirtschaft werden die Entscheidungen über die Produktion, den Einsatz der Produktionsfaktoren und die Verteilung des Produktionsergebnisses *individuell* und durch freiwillige Vereinbarungen zwischen den Wirtschaftssubjekten getroffen, während in der Zentralverwaltungswirtschaft das *Prinzip der Über- bzw. Unterordnung* gilt; die relevanten Entscheidungen werden zentral gefällt und als *Handlungsgebote* (Produktionssollvorgaben) weitergeleitet. Die Ordnungsform des Eigentums bzw. der Verfügungs-, Kontroll- und Nutzungsrechte ist neben dem betrieblichen Erfolgs- oder Ergebnisrechnungssystem (Gewinn- oder Planerfüllungsprinzip) der wichtigste Bestimmungsfaktor für das Motivations- und Kontrollsystem. Die Unterscheidung bzgl. der Unternehmensform – hier werden beispielhaft einige real existierende Rechtsformen aufgeführt – hängt eng mit der Verteilung der Verfügungs- und Kontrollrechte zusammen.

Bei den Preisbildungsformen unterscheidet man zwischen der Marktpreisbildung und der staatlichen Preisfestsetzung. Die Marktpreisbildung in der Marktwirtschaft ergibt sich durch das Zusammenspiel zwischen Angebot und Nachfrage als Resultat der einzelwirtschaftlichen Pläne; die *Marktpreise* spielen somit auch eine große Rolle als Knappheitsindikatoren im Informationssystem. Demgegenüber haben staatlich festgesetzte Preise in der Zentralverwaltungswirtschaft nur die Funktion von Verrechnungseinheiten, über Knappheiten geben die *Mengensalden* aufwendiger güterwirtschaftlicher Bilanzierungen Auskunft (Zentralisierung von Informationen). Wichtig zur Unterscheidung der idealtypischen Wirtschaftssysteme ist schließlich noch deren Bezug zum politischen System: die Zentralverwaltungswirtschaft ist durch die Einheit von politischer und wirtschaftlicher Führung geprägt, in der Marktwirtschaft sind diese beiden Systeme getrennt.

2.3 Das Modell der Marktwirtschaft

Wie funktioniert die dezentrale Lenkung einer Marktwirtschaft? Was kann der Markt leisten, was kann er nicht leisten? Welche Rolle spielt der Staat in einem marktwirtschaftlichen System? Woher wird die Motivation zum wirtschaftlichen Handeln in einer Marktwirtschaft bezogen?

Begriffe: Produzentenfreiheit, Konsumentensouveränität, Konsumgüter- und Faktormärkte

Die modellhafte und auch die reale Funktionsweise der Marktwirtschaft sind das Thema dieses Lehrbuches; einige Stichworte sollen deshalb an dieser Stelle genügen.

Triebfeder des Wirtschaftens ist das *Eigeninteresse*, Ziel die Maximierung des Nutzens, der bei den Unternehmen objektiviert werden kann, da man hier i. a. eine Gewinnmaximierung unterstellt. Haushalte und Unternehmen planen selbständig ihren Konsum bzw. ihre Produktion und versuchen, ihre Planziele auf den Märkten durchzusetzen.

Durch das Wettbewerbssystem einer Marktwirtschaft muß jede Marktseite mit der anderen ihre Pläne zur Abstimmung bringen. Über den Koordinationsmechanismus des Preissystems kommt es dann zu kompatiblen Verbrauchs- und Produktionsplänen. Der Markt läßt also Wünsche zur Realität werden, indem er die Pläne der einzelnen Marktteilnehmer koordiniert. Auf diese Weise manifestiert sich die *dezentrale Lenkung der Gesamtwirtschaft* als ein System interdependenter, über Märkte miteinander verknüpfter Handlungen, die aus individuellen Plänen hervorgehen, über die wir später noch sprechen werden.

Die Marktwirtschaft zeichnet sich im allgemeinen durch das *Privateigentum* an Produktionsmitteln, *Produzentenfreiheit*, *Konsumentensouveränität* und durch das Steuerungsinstrument der Marktpreise als Knappheitsanzeiger aus. Hohe Preise signalisieren den Verbrauchern, daß Ressourcen knapp sind, und sie signalisieren den Produzenten, daß bei der Produktion dieser Güter ein Gewinn gemacht werden kann, weil die Verbraucher ein Interesse an der Produktion dieser Güter haben. Durch den Markt wird also eine Verschwendung knapper Ressourcen vermieden.

Wir unterscheiden zwei Gruppen von Märkten: *Konsumgütermärkte* und *Märkte für Faktoren* (Arbeit, Boden, Kapital). Die Konsumgütermärkte sind dabei die Schaltstellen des ganzen Wirtschaftskreislaufs. Jedoch besteht eine hohe Interdependenz zwischen den einzelnen Märkten: Haushalte bieten Arbeit an, um Konsumgüter nachfragen zu können, und Unternehmen fragen Arbeit nach, um Konsumgüter anbieten zu können.

Eine philosophische Bewertung der Güter nimmt der Markt nicht vor. Wenn die Nachfrager pornographische Literatur wollen, dann wird der Markt diese preisgünstig anbieten; werden jedoch Gesang- oder Andachtsbücher nachgefragt, dann werden sie durch den Markt preisgünstig zur Verfügung gestellt. Die ethische Bewertung der Nachfrage vollzieht der Markt nicht. Dies ist Aufgabe der Bildungsinstitutionen in einer Gesellschaft und nicht die des Marktes; dessen Aufgabe ist es, die maximale Güterversorgung in einer Volkswirtschaft zu ermöglichen. Der Markt geht auch nicht auf soziale Aspekte ein. Eine aus sozialen Gesichtspunkten notwendige Umverteilung läßt sich mit marktlichen Mitteln nicht bewerkstelligen. Der Markt honoriert nur die Leistung. Vielfach wird er deshalb ethisch hinterfragt. Unternehmen benötigen bspw. Gewinne, um Investitionen tätigen zu können; sie machen in einer Marktwirtschaft aber nur dann Gewinne, wenn sie den Wünschen der Nachfrager gemäß produzieren. Wer diese Wünsche am besten erfüllt, wird ein besseres Ergebnis erwarten können im Vergleich zu Unternehmen, die an den Wünschen der Verbraucher vorbeiproduzieren.

Auch das Verhalten des einzelnen, daß er sich in wirtschaftlichen Dingen nach seinen eigenen Interessen richtet, ist ethisch nicht ohne weiteres zu tadeln, so lange philosophische Grundprinzipien und die Gesetze eingehalten werden. Auf ethische Aspekte werden wir in Kap. 3 zurückkommen.

> Das Entscheidungssystem der Marktwirtschaft beruht auf Privateigentum und der Durchsetzung individueller Interessen zur Nutzen- und Gewinnmaximierung. Das Planungs- und Koordinationssystem ist der Markt, der mit Hilfe des Informationssystems – der Marktpreise – die dezentralen Einzelpläne so koordiniert, daß eine maximale Güterversorgung erreicht wird. Das Motivationssystem wird durch das leistungsbedingte Bestehen oder Versagen am Markt geprägt; das Kontrollsystem einer Marktwirtschaft besteht aus einem staatlichen Ordnungsrahmen (bspw.

Wettbewerbsordnung) dort, wo die Selbstregulierung von Marktkontrollen (bspw. die Kontrolle von Anbietern durch die Konsumenten) versagt.

2.4 Das Modell der Zentralverwaltungswirtschaft

Wie werden Knappheiten in der idealtypischen Zentralverwaltungswirtschaft ermittelt? Wodurch wird die Produktion initiiert? Warum ist die Erfüllung jedes kleinsten Einzelplans für das Funktionieren einer zentralverwalteten Wirtschaft so wichtig? Worauf beruht die Motivation zum Wirtschaften?

Begriffe: Planerfüllungsprinzip, Mengensalden, Produktions- und Bedarfspläne, Planung in Runden

Das Modell der Zentralverwaltungswirtschaft ist gekennzeichnet durch „monistisches Planen" – d.h. durch ein *zentrales Planungs- und Koordinationssystem* und durch die *Zentralisierung von Verfügungsrechten und Informationen* über Knappheiten, die hier nicht durch Marktpreise gegeben werden, sondern durch *Mengensalden*, die anhand von Aufkommens- und Verwendungsbilanzen durch die zentrale Planungsbehörde erstellt werden. Diese setzt die Produktionsziele aufgrund einer Bedarfsanalyse fest (Einplanwirtschaft!), erfaßt die vorhandenen Mengen in aufwendigen Bilanzen und ermittelt die Bedarfs- und Fehlmengen. Aus dieser Planung ergibt sich ein Produktionszwang für alle Unternehmen der Wirtschaft; auch Berufe und Arbeitsplätze müssen so geplant und zugeordnet werden, daß sich die gesamte Produktionsstruktur (also auch Vorleistungs- und Kapitalgüterindustrien) reibungslos zur Produktion der Zielmengen an Konsumgütern ineinander fügt. Jeder Verstoß gegen die Planerfüllung stört das gesamte Plangefüge; zur Erfüllung der zentral formulierten Ziele ist deshalb ein *rigides (staatliches) Kontroll- und Anreizsystem* erforderlich, zumal die Eigentumsform (Staats- oder Gesellschaftseigentum) das Eigeninteresse als Triebkraft des Wirtschaftens (bewußt!) ausschließt.

An die Stelle des Gewinnprinzips der Marktwirtschaft tritt hier das *Planerfüllungsprinzip*; die Erfüllung der Planauflagen muß, wenn das kollektivistische Bewußtsein als Motiv für systemkonformes Verhalten nicht ausreicht, durch gesellschaftliche oder materielle Anreize gesichert werden können bzw. die Nichteinhaltung der Planauflagen muß durch Benachteiligungen und Strafen geahndet werden. Geld spielt in der idealtypischen Zentralverwaltungswirtschaft eine nebensächliche Rolle, da ja nicht die in (Geld-) Preisen artikulierte Nachfrage über die Produktion entscheidet, sondern allein die Planungsbehörde. Entsprechend gibt es bei Mengendefiziten keine Preisanpassungen, sondern *Rationierungen und Zuteilungen.*

So einfach die Funktionsweise des Systems zu beschreiben ist, so kompliziert ist jedoch die technisch-organisatorische Verwirklichung der Pläne. Abgesehen vom schon angesprochenen Motivations- und Kontrollproblem macht die zentrale Planung ständige Informationsflüsse von der Planstelle zur Basis und zurück erforderlich, die nicht nur Auskünfte über Bestände, Bedarfe, Fehlmengen etc. geben müssen, sondern auch über die Leistungsfähigkeit der Arbeiter, die Anpassungsfähigkeit des Betriebes und ähnliche subjektive und motivationsbedingte Faktoren. Ferner können sich auch objektive Daten während der Planperiode ändern – bspw. niedrigere als erwartete Ernteergebnisse aufgrund von Witterungseinflüssen oder Rohstoffknappheiten (Energiekrise!) – dies kann, abgesehen von Fehlern im Plan selbst, die gesamte Wirtschaft durcheinanderbringen.

Um die Anforderungen an die Planungsinstanzen deutlich zu machen sei hier der *Bilanzierungsprozeß* kurz erläutert. Nehmen wir an, die Produktion von Lieferwagen soll geplant werden.

Bei der entsprechenden Planungsbehörde gehen Anforderungen der Staatsbetriebe ein (bspw. Betrieb A: chemische Industrie, B: Landwirtschaft, C: Handel), ferner steht der geplante Export schon fest. Ein Teil des ermittelten Bedarfs kann durch Bestände und geplante Importe gedeckt werden, für die Fehlmengen muß ein *Produktionsplan* aufgestellt werden. Der „Produktionsplan Lieferwagen" enthält den für die Produktion von 220 Lieferwagen notwendigen Aufwand, entsprechend sind wiederum *Bedarfspläne* für diese Güter zu erstellen. Wird entdeckt, daß die Anforderungsmenge von 220 Lieferwagen bspw. aufgrund von Engpässen in der Reifenindustrie nicht gedeckt werden kann, wird der „Bedarfsplan Lieferwagen" revidiert (deshalb spricht man von *Planung in Runden)* – die maximal mögliche Lieferwagenproduktion wird gemäß der gesamtwirtschaftlichen Ziele rationiert, so daß bspw. die Anforderungen der chemischen Industrie erfüllt werden, während die Mengen für Handel und Landwirtschaft reduziert werden.

Für die zentrale Planung sind ein hoher Grad an vertikaler Organisation und Kontrolle sowie umfangreiche Rechenwerke und Informationssysteme zur Abstimmung von unzähligen Einzelplänen erforderlich. Jedoch selbst wenn dies gewährleistet ist, kann die Planerfüllung an unvorhersehbaren Ereignissen und insbesondere am Konflikt zwischen Einzelinteressen und Leistungserwartungen (Motivationsproblem) scheitern.

Bedarfsplan Lieferwagen

Aufkommen		Verwendung	
Anfangsbestand	300	Bedarf	
Import	100	– Export	200
		– Inlandsbedarf:	
		Anforderung	
		des Staatsbetriebes	
Anforderungsmenge		– A	150
= Mengensaldo	220	– B	100
		– C	170
	620 Stück		620 Stück

Produktionsplan Lieferwagen

Aufwand		Ertrag	
Arbeitszeit	2500 Std.		
Reifen	1100 Stück	Lieferwagen	220
Motoren	220 Stück		
Felgen	1100 Stück		
.	.		
.	.		
.	.		
Maschinenstd.	350 Std.		

Bedarfsplan Reifen

Bedarfsplan Motoren

Bedarfsplan Felgen

.
.
.

Abb. 2.4.1. Beispiel eines Bilanzierungsprozesses

2.5 Zum Wandel von Wirtschaftssystemen

Wodurch unterscheiden sich die jeweiligen realen Ordnungen von den idealtypischen? Durch welche Schwächen wurden jeweils Reformen der Systeme ausgelöst? Durch welche Reformelemente im zentralverwalteten Wirtschaftssystem läßt sich das Motivationsproblem lösen?

Wirtschaftssysteme, die in der dargestellten idealtypischen Form geordnet sind, gibt es nicht. Real existierende Systeme sind durch die *Tendenz* zu marktlicher, dezentraler Ordnungsform einerseits oder zur Zentralisierung andererseits gekennzeichnet. Während tendenziell marktwirtschaftliche Systeme historisch gewachsen sind und aufgrund der „anarchistischen" Züge, die der Markt manchmal zeigt (fehlende Wettbewerbsgesinnung und Vermachtung, keine Berücksichtigung sozialer Aspekte), Schritt für Schritt reformiert werden, sind tendenziell zentralisierte Systeme bewußt als Reaktion auf diese Probleme geschaffene Wirtschaftsordnungen, die durch die Verwirklichung der Idee des Kollektivismus harmonisches, solidarisches Leben und Arbeiten ermöglichen sollten. Die Ansprüche, die diese Utopie an den Gemeinschaftssinn der Menschen stellte, waren, wie sich herausstellte, viel zu hoch; entsprechend wurden auch diese Systeme reformiert, und zwar insbesondere in jenen Bereichen, die das Motivationssystem beeinflussen.

Reformen des marktwirtschaftlichen Systems ließen die Grundpfeiler – die Eigentumsordnung und die dezentrale marktliche Plankoordination – unangetastet und betrafen in der BRD vor allem

— den gesetzlichen Rahmen zur *Erhaltung der Funktionsfähigkeit des Wettbewerbs* und zur Kontrolle wirtschaftlicher Macht (Gesetz gegen Wettbewerbsbeschränkungen),
— die Befriedigung von Bedürfnissen nach Gütern und Diensten, deren Bereitstellung marktlich nicht gesichert werden kann (sog. *öffentliche Güter*), wie das Schulwesen, das Gesundheitswesen, aber auch die Gesetzgebung, näheres dazu im 2. Band) und für die der Staat zu sorgen hat,
— den Schutz der wirtschaftlich Schwächeren, d.h. die Entwicklung sozialpolitischer Korrekturmechanismen zur Sicherung der Mindestlebensbedingungen (*Sozialstaatsprinzip*; vgl. Kap. 13),
— die *Entscheidungsbeteiligung* der Wirtschaftssubjekte im Unternehmen (Mitbestimmungsgesetz) sowie im Rahmen von Verbänden (gewerkschaftliche Tarifpolitik),

– die Sicherung der gesamtwirtschaftlichen Stabilität – Preisniveaustabilität, Vollbeschäftigung, Wachstum und außenwirtschaftliches Gleichgewicht – durch *zielgerichtete Wirtschaftspolitik* bei Fehlentwicklungen (Gesetz zur Förderung der Stabilität und des Wachstums der Wirtschaft).

Die realen zentralverwalteten Wirtschaftssysteme unterscheiden sich vom idealtypischen System durch die *Konsumfreiheit* und eine mehr oder weniger ausgeprägte *Berufs- und Arbeitsplatzwahlfreiheit;* ferner ist in diesem System als Komplement zur naturalen Planung auch eine *monetäre Planung* erforderlich, da in Geld ausgedrückte Wertkategorien das Wirtschaften doch erheblich erleichtern und monetäre Anreize als Leistungsmotivation genutzt werden können. *Reformen* beziehen sich

– auf das *Plankennziffernsystem*: Die Vorgabe von Naturalkennziffern (bspw. Schrauben, in Gewichtseinheiten oder Mengeneinheiten ausgedrückt) führt zu strategischem Verhalten (in diesem Beispiel: besonders schwere bzw. besonders kleine Schrauben zu produzieren) und wurde deshalb vielfach durch Wertkennziffern (Sollgewinn, Solleinkommen) ersetzt,
– auf die *Preisbildung*: nicht nur der gesellschaftlich notwendige Arbeitsaufwand bestimmt dann den Wert eines Gutes, sondern auch die Nachfrage soll berücksichtigt werden,
– auf die *Planungsebene* und auf *betriebliche Produktionsfreiheiten:* die Planung kann auf Sektoren-, Branchen- oder Betriebsebene verlagert werden, vollzugsverbindliche Einzelanweisungen können aus den Plänen – je nach Planungsebene gestrichen werden,
– auf die *Eigentumsformen*: es können private Betriebe (bspw. Handwerker), Produktionsgenossenschaften, Betriebe mit staatlicher Beteiligung und reine Staatsbetriebe nebeneinander existieren.

Die wirtschaftliche Nagelprobe haben die sozialistischen Staaten bisher nicht bestanden. Das Zusammenbrechen der Staaten des Ostblocks Ende 1989 und der Versuch ihrer Umgestaltung werfen viele Anpassungsprobleme auf. Mischsysteme sind meist nicht leistungsfähig; die Einführung einer konsequenten Sozialen Marktwirtschaft ist notwendig zur Überwindung der wirtschaftlichen Krise. Wichtig ist dabei die Entwicklung eines unternehmerischen Mittelstandes, der auch in der Bundesrepublik die marktliche Ordnung trägt. Handwerker und Gewerbetreibende können bei Freigabe der Preise, Garantie von Privateigentum und der Schaffung von Wettbewerb eine Vorbildfunktion übernehmen, woran der Bevölkerung deutlich wird, daß sich Eigeninitiative wieder lohnt, daß Leistung zu einem höheren Einkommen und Lebensstandard führt.

Auf konkrete Ausgestaltungen der Wirtschaftsreformen in den sozialistischen Staaten kommen wir im 2. Band zurück.

3 Wirtschaft – Ethik – Wirtschaftsethik

3.1 Warum das Interesse an Wirtschaftsethik?

> Wieso kam es zu einer Wiederentdeckung des Menschen in den Wirtschaftswissenschaften?

In der letzten Zeit steigen die Anzahl der wirtschaftsethischen Publikationen sowie das Interesse an derartigen Fragen enorm an. Längst ist dieses Gebiet nicht mehr den Fachleuten vorbehalten, selbst in der Tagespresse finden sich Artikel zu wirtschaftsethischen Themen. Das ist eigentlich ein bis vor einigen Jahren völlig unerwartetes Phänomen. Die Meinung war – und ist vielleicht auch noch heute – verbreitet, daß Wirtschaft und Ethik nichts miteinander zu tun haben.

Ursprünglich dagegen wurden die Wirtschaftswissenschaften von Philosophen betrieben. So zählt z. B. Aristoteles die Ökonomie und Politik mit zur Ethik. Im Mittelalter beschäftigten sich die Scholastiker mit wirtschaftlichen Fragestellungen, so z. B. mit der Frage nach einem gerechten Preis.

Der Umschwung zur „ethikfreien" Wirtschaftswissenschaft hatte vor allem drei Gründe:

Zum einen nahm mit dem technischen Fortschritt auch das Interesse an technischen Fragestellungen und Problemlösungen zu, auf Kosten des ethischen Bereiches. Aufgrund der Knappheit an Kapital und des großen Angebotes an Arbeit traten ethische, den Menschen betreffende Fragestellungen in den Hintergrund, alles richtet sich nach dem knappen Faktor aus. Der Mensch mußte sich der Maschine und ihrem Arbeitsrhythmus anpassen, nicht umgekehrt. Er war mehr ein ausführendes Element im Produktionsprozeß.

Außerdem entstand durch die enormen Fortschritte eine Technikgläubigkeit. Vieles, was vorher mühevoll oder sogar undenkbar war, wurde durch Maschinen möglich. Es entstand die Überzeugung, daß der

Technik letztlich keine oder kaum Grenzen gesetzt waren. Rauchende Schornsteine, uns als Zeichen für extensive Umweltverschmutzung bekannt, galten als ein Indikator für eine Stadt oder eine Gegend, in der es Arbeit und auch einen gewissen Wohlstand gab.

Zum anderen wurde die Ökonomie zur wertfreien Wissenschaft. Dieser Prozeß war die Folge des Strebens der Ökonomie, als eigenständige Wissenschaft anerkannt zu werden. Wissenschaften aber sollten wertfrei betrieben werden, also mußte auch die Ökonomie ihren normativen Charakter verlieren.

Heute treten die Folgen der Technikgläubigkeit zutage. Das wirtschaftliche Handeln nur nach dem ökonomischen Prinzip hatte Nebenwirkungen, die sich in der letzten Zeit zunehmend bemerkbar machen, z. B. die Umweltverschmutzung und ihre Folgen.

Heute wird auch deutlich, wie wichtig der Mensch, seine Motivation und seine Zusammenarbeit mit anderen im Produktionsprozeß sind. Zudem treten dispositive, also planende und organisierende Tätigkeiten immer häufiger auf, der Mensch ist nicht mehr nur ausführendes Element, sondern sehr viel umfassender gefordert.

Die Ökonomie reagiert darauf, sie braucht als wertfreie Wissenschaft den Dialog mit anderen, die Werte, Ziele und Rahmenbedingungen auch außerhalb von Effektivität und Effizienz in die wirtschaftswissenschaftlichen Überlegungen einbringen können. Hier ist unter anderem ein spezieller Bereich der Ethik gefordert: die Wirtschaftsethik.

3.2 Ethik – eine Begriffsklärung

Was versteht man unter Ethos und Ethik?

Begriffe: Ethik, Ethos, normative Ethik, deskriptive Ethik, Individualethik, Sozialethik, Gesinnungsethik, Verantwortungsethik

---

Das Wort „Ethik" ist abgeleitet von griechisch „ethos" („Sitte", „Moral", „gewohnter Lebensort"). Das „Ethos" ist ein Sittenkodex, etwa einer Gesellschaft; „ethisch" bezeichnet als Adjektiv alles, was diesem Sittenkodex entspricht. Das Wort „Ethik" hat heute zwei Bedeutungen. Zum einen wird es als Synonym für „Ethos" verwendet, zum anderen für die Wissenschaft, die sich mit dem Ethos beschäftigt. Die wissenschaftliche Disziplin „Ethik" ist unterteilt in verschiedene Bereiche und nach unterschiedlichen Kriterien. Diese Unterteilung ist in folgendem Schaubild dargestellt:

Normative Ethik	Deskriptive Ethik
Die normative Ethik hat zum Ziel, selbst Regeln aufzustellen, ein Ethos zu formulieren.	Die deskriptive Ethik beschreibt das vorhandene Ethos einer Gesellschaft, Gruppe o. ä.
Individualethik	Sozialethik
Die Individualethik beschäftigt sich mit den Pflichten des Einzelnen sich selbst und der Gesellschaft gegenüber.	Schwerpunkt der Sozialethik ist die Gestaltung der Grundinstitutionen einer Gesellschaft (z. B. Familie, Eigentum, Recht, Wirtschaft).
	Gesinnungsethik
Verantwortungsethik	Die Gesinnungsethik beschäftigt sich mit der Gesinnung, der persönlichen Einstellung und den Absichten eines Menschen, oder einer Gruppe von Menschen, wobei die Frage nach dem Erfolg einer Handlung nicht gestellt wird.
Bei der Verantwortungsetik geht es um die Folgen der Handlungen, die vorausschauend beachtet und für die die Verantwortung übernommen werden soll.	

Weiterhin gibt es eine Einteilung der Ethik nach Sachgebieten: Arbeitsethik, Wissenschaftsethik, Berufsethik, Wirtschaftsethik etc.

Die Wirtschaftsethik ist ein Teilgebiet der Sozialethik, sofern sie Themen wie Wirtschaftsordnung, Rahmenbedingungen o. ä. betrachtet. Geht es dagegen um das Verhalten der einzelnen Wirtschaftssubjekte, handelt es sich um ein Teilgebiet der Individualethik (z.B. Unternehmerethik, Konsumentenethik).

Denkbar wäre eine deskriptive Wirtschaftsethik, im allgemeinen wird jedoch in wirtschaftsethischen Publikationen versucht, Regeln und Prinzipien sowie Forderungen an die Wirtschaft und ihre Subjekte aufzustellen. Somit handelt es sich in der Hauptsache um normative Ethik.

Bei den Untersuchungen geht es sowohl um die Ziele als auch um die Folgen der Handlungen. Insofern sind sowohl die Gesinnungs- als auch die Verantwortungsethik interessant.

Wenn von ethischen Normen geredet wird, muß zunächst festgelegt werden, um welchen Sittenkodex, welchen Normenkatalog es sich handelt. Für die Wirtschaftsethik handelt es sich dabei um die Frage nach den zugrundeliegenden Werten und Richtlinien.

Unser Wirtschaftssystem ist vom neoliberalen Ethos geprägt. Die zugrundeliegenden Werte sind insbesondere die Menschenwürde, die freie Entfaltung der Persönlichkeit und die Möglichkeit, eigenverantwortlich festzulegen, welche Ziele man zur Erreichung der individuellen Wohlfahrt auf welche Weise verfolgen will. Dabei hat der Staat die Aufgabe, durch Setzung eines rechtlichen Rahmens zu gewährleisten, daß die Freiheit des einzelnen an der Freiheit des anderen ihre Grenze findet. Hierzu gehört z. B. der Schutz des Privateigentums.

Im europäischen Raum, im „christlichen Abendland", liegt es auch nahe, die christliche Ethik zugrundezulegen. Sie geht von einem Menschen aus, der eher egoistisch als altruistisch handelt, eher (um Begriffe der Ethik zu verwenden) „böse" als „gut" ist. Ihre Werte beinhalten unter anderem die Sorge um die Interessen des Mitmenschen.

Beide Ethiken haben einen großen Einfluß auf die wirtschaftsethischen Publikationen der letzten Zeit. Daher sollen diese Werte und Normen auch hier zugrundegelegt werden. Die Alternative wären den sozialistischen Philosophien nahestehende Prinzipien.

> Die Ethik wird durch den Sittenkodex einer Gesellschaft geprägt. Die Ethik läßt sich in Normativ-/Deskriptiv-, Individual-/Sozial- und Verantwortungs-/ Gesinnungsethik unterteilen.

3.3 Ethik und Wirtschaft – Wo sind die Berührungspunkte?

> Haben Ethik und Wirtschaft gemeinsame Bereiche? Welche Nebenwirkungen wirtschaftlicher Entscheidungen haben das Interesse an Ethik geweckt? Was kann die Ethik leisten?

Die Skepsis, ob Ethik und Wirtschaft etwas miteinander zu tun haben, ist sicher nicht die Folge von Zweifeln an der Richtigkeit der Befolgung ethischer Regeln im Wirtschaftsgeschehen. Vielmehr handelt es sich um die Frage nach der Akzeptanz dieser Regeln.

Die Notwendigkeit wird aufgrund der schon erwähnten Nebenwirkungen wirtschaftlichen Handelns immer offensichtlicher. In der Wirtschaftswissenschaft spricht man von der Beachtung der externen Effekte. Sie liegen immer dann vor, wenn die wirtschaftliche Entscheidung und das wirtschaftliche Handeln eines Wirtschaftssubjektes Vor- oder Nachteile für andere Wirtschaftssubjekte mit sich bringt, für die keine Kompensation erfolgt. Das bekannteste Beispiel genereller Art bietet der Umweltschutz: Die Verpestung der Luft bürdet anderen Kosten auf, die der Verursacher nicht zu tragen hat. Er wird über Gebühr die Umwelt beanspruchen, da diese Kosten nicht in sein Kalkül eingehen.

Wo immer solche externen Effekte auftreten, versagt der marktliche Mechanismus (Marktversagen). Aus der Betrachtung der verschiedenen Ethikbereiche wird deutlich, daß hier eine Verantwortungsethik greifen würde. Ethische Momente können helfen, Marktversagen zu überwinden.

Bei den sogenannten Kollektivgütern ist die Sachlage ähnlich. Wir möchten eine Brücke, eine Straße, einen Kindergarten oder eine Schule – aber an den Kosten möchten wir uns so wenig wie möglich beteiligen. Wenn die Intensität unseres Wollens ein Ausdruck dafür ist, wieviel wir zu bezahlen haben, werden wir unseren Wunsch nicht voll artikulieren. Wenn wir gebeten werden, einer Behörde mitzuteilen, wieviel wir bereit sind, für einen Kindergarten aufzuwenden, so werden wir, in der Hoffnung, daß er sowieso gebaut wird, eventuell nur einen verhältnismäßig geringen Betrag angeben. Denn biete ich einen höheren Betrag an, erhalte ich den gleichen Kindergarten zu einem höheren Preis.

Man spricht in diesem Zusammenhang vom Trittbrettfahrer-Problem. Wiederum würden ethische Grundsätze das Problem lösen; ein derart motivierter Mensch wird sich eher an den Kosten beteiligen.

In vielen Fällen führen Entscheidungen, die rational gesehen für den einzelnen optimal sind, nicht zum gesamtgesellschaftlichen Optimum. Hier handelt es sich um eine Rationalitätenfalle, ein Gefangenendilemma (vgl. Kap. 14.3.). **Eine hohe Verantwortungsethik würde zur Berücksichtigung der Folgen für die Gesellschaft führen.**

Es wird deutlich, daß sich Probleme im wirtschaftlichen Zusammenleben durchaus mit Hilfe einer Ethik verringern oder lösen lassen. Außerdem ist eine Minimalethik, ein ethischer Grundkonsens, auch gleichzeitig die Voraussetzung für das „Funktionieren" einer Gesellschaft, gerade auch im wirtschaftlichen Bereich. Auch die Liberalen, wie Rüstow und Röpke, haben auf die Notwendigkeit einer solchen ethischen Minimalvoraussetzung für die Wirksamkeit des Marktes hingewiesen. Selbst Adam Smith hat ganz klar herausgearbeitet, daß ohne eine solche Minimalmoral das marktliche System nicht funktioniert! Nach Wilhelm Röpke liegen die Erfolgsbedingungen des Marktes „jenseits von Angebot und Nachfrage", wie eines seiner bekanntesten Werke betitelt ist.

3.4 Die Bedeutung der Ethik für die Wirtschaft

Welche Rolle spielt die Ethik für die wirtschaftliche Entwicklung?
Wie beeinflußt die Ethik die Wertmaßstäbe einer Wirtschaft?

Begriffe: Marktversagen, Ethikversagen, Max-Weber-These

Im allgemeinen werden in ethischen Regeln zunächst Beschränkungen
für und Anforderungen an das Handeln gesehen. Das ist bei der
Wirtschaftsethik nicht anders. Wenn wir uns beispielsweise den Produktionsprozeß als ein mathematisches Modell mit einer zu maximierenden Zielfunktion (Gewinnmaximierung) und mehreren Nebenbedingungen vorstellen, so hat die Ethik durchaus Einfluß auf die Gestaltung dieses Modells.

Die Zielfunktion wird nicht nur die Gewinnmaximierung, sondern
auch z. B. die Erhaltung der Arbeitsplätze beinhalten. Zu den Unterneh-
mensinteressen gewinnen das Gemeinwohl betreffende Ziele an Bedeutung, es geht um ein Zielbündel.

Auch die Nebenbedingungen werden komplexer. Die Produktion
wird, rein technisch gesehen, nur durch die vorhandenen Mengen an
Produktionsfaktoren limitiert. Bei der Beachtung ethischer Normen
müssen dagegen weitere Beschränkungen beachtet werden, z. B. der
Umwelteinfluß.

Ferner werden Variablen aus dem Modell eliminiert – einzelne
Produkte können von einem ethischen Standpunkt aus nicht produziert
(z.B. Drogen), bestimmte Grundstoffe nicht verwendet werden (z.B.
Felle bedrohter Tierarten). Auch kann sich die mathematische Verknüpfung ändern – einzelne Produktionsverfahren sind womöglich
durch unverhältnismäßig hohe negative Effekte nicht tragbar.

Es sei A die Menge der Faktorkombinationen, B die Menge der
Zielfunktionswerte. C ist der ethisch akzeptable, D der ethisch nicht
akzeptable Bereich. Rein wirtschaftlich-wertfrei gesehen kann jede
Faktorkombination realisiert und jeder Zielfunktionswert angestrebt
werden. Der Einfluß der Ethik limitiert den Produktionsprozeß jedoch
auf den Bereich C. Wenn A' als diejenige Teilmenge von A definiert ist,
deren Faktorkombinationen zu ethisch akzeptablen Zielfunktionswer-
ten führen, so können nur die Faktorkombinationen aus der Durchschnittsmenge von A' und C realisiert und ausschließlich die Zielfunktionswerte aus der Durchschnittsmenge von B und C angestrebt werden.

Als Schaubild läßt sich das folgendermaßen darstellen:

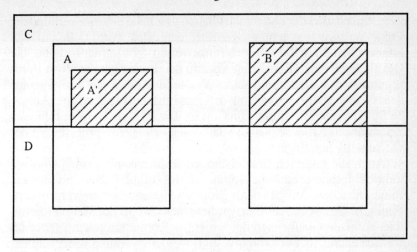

Abb. 3.4.1. Zusammenhang von Ethik und Wirtschaft

Die Ethik wirkt jedoch nicht nur als Beschränkung in der Wirtschaft, sie hat durchaus auch allgemein anerkannte positive Effekte. Sie kann Kosten senken und/oder als Produktionsfaktor wirken, eine Art „Katalysator-Effekt" haben.

So erübrigt ein hohes Ethos einer Gesellschaft einen Teil der Kontrollen. Wenn ein Unternehmer sicher ist, daß seine Angestellten sorgfältig arbeiten, kann er die Kontrolle des Produktionsprozesses auf die technischen Aspekte reduzieren. Wenn durch die ethischen Werte einer Gesellschaft Steuerhinterziehung nicht vorkommt, ist eine Steuerfahndung unnötig.

Weiterhin erhöht eine entsprechende Arbeitseinstellung den Ertrag. Wer entsprechende ethische Werte zum Maßstab seiner Arbeit macht, ist bei sonst gleichen Gegebenheiten höher motiviert. Aus der Motivationsforschung ist bekannt, daß eine höhere Motivation die Ermüdung und die Fehlzeiten senkt, die Arbeitsqualität dagegen steigert.

Diese Ausführungen wirken auf den ersten Blick unrealistisch. Tatsächlich aber gibt es durchaus geschichtliche Beispiele für derartige Auswirkungen. Man denke nur an das hohe Arbeitsethos und den wirtschaftlichen Aufschwung in Japan.

Auch im Bereich des „christlichen Abendlandes" zeigen sich diese Ergebnisse. Max Weber hat in seiner berühmten Kapitalismusstudie (Die protestantische Ethik und der Geist des Kapitalismus) u. a. hervorgehoben, daß der christliche Glaube durch die mit ihm verbundene Ethik Wirtschaftspotentiale geöffnet hat. Hier wäre z. B. auf den lutherischen Begriff des Berufs hinzuweisen. Vor Luther hatte nur die Geistlichkeit einen Beruf, eine vocatio dei. Luther hat das Wort Beruf säkularisiert, hat aufgrund seiner Vorstellung der Rechtfertigung aus dem Glauben herausgearbeitet, daß jede irdische Tätigkeit eine Aufgabe für Gott, eine Berufung von Gott ist. Dieses neue Denken führte zu einem neuen Arbeitsethos und damit auch zu einer Verbesserung der wirtschaftlichen Lage.

Auch die enormen Sparleistungen im Frühkapitalismus sind auf religiös motivierte ethische Normen zurückzuführen. Der Calvinist sah seine irdischen Aufgaben als Gottesdienst an; er war verpflichtet, fleißig zu sein. Wer fleißig ist, verdient mehr, wobei der Mehrverdienst, wiederum aus Glaubensgründen, nicht zu Konsumzwecken verwendet werden kann. Aber er kann investiert werden, wodurch wiederum der Verdienst erhöht wird; es kommt zur Kapitalakkumulation.

> Zusammenfassend kann festgehalten werden, daß eine ethisch motivierte Gesellschaft einen höheren Wohlstand erarbeiten wird, unter Vermeidung gesellschaftlich schädlicher Produktionsweisen. Die Ethik bildet also gewissermaßen einen Schutz gegenüber Nebenwirkungen und eine Möglichkeit, die Arbeitsproduktivität zu erhöhen[1].

3.5 Wie kann der Einfluß der Wirtschaftsethik aussehen?

> Was impliziert sachgerechtes und menschengerechtes Handeln? Wo liegen Stärken der einzelnen Disziplinen? Bedürfen Ethik und Ökonomik des Dialogs?

Aus dem bisher Gesagten geht hervor, daß die Ethik als exogener Faktor die Wirtschaft beeinflußt. Sie ist nicht Resultat wirtschaftlichen Handelns am Markt – aufgrund der Verfolgung des Eigeninteresses könnte hier eher eine Lebensart entstehen, die in unserer Gesellschaft als unethisch gelten würde. Ein Gegengewicht ist notwendig, das die

---

[1] Bei dieser Form der durch den christlichen Glauben motivierten ethischen Einstellung der Bevölkerung ist auch zu beachten, daß die Hinwendung zu Gott auch eine Veränderung des jeweiligen Menschen durch Gott hervorruft. Wir haben es hier also nicht nur mit einer Quelle für ethische Normen, sondern auch mit der Quelle für die Kraft zu ihrer Einhaltung zu tun.

Gesellschaft „im Gleichgewicht hält". Zu vergleichen ist das etwa mit Vagus und Sympathikus des menschlichen Nervensystems. Ihr Zusammenwirken ist unabdingbare Voraussetzung für das Wohlbefinden. Wenn sie nicht in Balance sind, kommt es zu einer vegetativen Dystonie. Auch der Ausgleich von Anziehungs- und Fliehkraft ist ein angemessener Vergleich. Würde die eine die andere überwiegen, gerieten die Planeten aus den Bahnen.

Ein Dialog ist erforderlich, in dem das Sachgerechte wie auch das Menschengerechte Berücksichtigung finden. Der Ökonom kann realistische Alternativen aufzeigen, der Ethiker auf die Schwachpunkte aus ethischer Sicht hinweisen, Ziele und Rahmenbedingungen setzen. Innerhalb eines solchen Dialoges können tragfähige Lösungen für Probleme gefunden werden. Dabei muß der Ökonom die wirtschaftswissenschaftlichen Methoden einbringen, der Gesprächspartner die ethischen. Der eine sollte die Sprache des anderen lernen, damit eine sinnvolle Zusammenarbeit möglich ist. So kann die Wirtschaftsethik nutzbringend für die Gesellschaft entwickelt werden.

Bei diesem Dialog ist ein richtiges Menschenbild wichtig. Wenn Lösungen für den von Grund auf guten Menschen entworfen werden, können sie nicht reibungslos funktionieren, sofern auch nur einige Menschen nicht entsprechend handeln. Daß nicht allgemein vom altruistisch handelnden Menschen ausgegangen werden kann, zeigt sich schon in der liberalen Wirtschaftsphilosophie: Die Verfolgung der eigenen Interessen führt zu höchstem gesellschaftlichem Wohlstand. Daher ist es sinnvoll, Lösungen zu entwerfen, die den Egoismus entsprechend kanalisieren, den altruistisch handelnden Menschen aber nicht benachteiligen.

Ein geschichtliches Beispiel für einen solchen fruchtbaren Dialog ist der Entwurf einer Sozialen Marktwirtschaft, wie er nach dem Krieg für die Bundesrepublik Deutschland aufgestellt und teilweise realisiert wurde. Dieses Modell soll hier beispielhaft kurz ethisch untersucht werden.

3.6   Die Soziale Marktwirtschaft – ethisch betrachtet

> Wie schneiden die beiden Wirtschaftsformen Marktwirtschaft und
> Zentralverwaltungswirtschaft ethisch ab? Welche Ordnung ist dem
> Menschen gemäßer?
>
> Begriffe: Menschenbild, Trittbrettfahrerverhalten, Eigeninteresse

Die Soziale Marktwirtschaft vereinigt in sich die Mechanismen, Wertvorstellungen und Ziele der Freien Marktwirtschaft sowie das zusätzliche Ziel des sozialen Ausgleichs. Als fast idealtypische Wirtschaftsordnungen existierten zur Zeit ihrer Konzeption die Freie Marktwirtschaft
(z. B. USA, in Deutschland im 19. Jahrhundert) und die Zentralverwaltungswirtschaft sozialistischer Prägung (im Ostblock), so daß deren
Funktionsweisen und Ergebnisse ethisch beurteilt werden konnten.

Eine Freie Marktwirtschaft ist geprägt durch die Institution des
staatlich geschützten Privateigentums, auch an Produktionsmitteln,
durch einen Markt als Ort des Zusammentreffens von Angebot und
Nachfrage und durch Abwesenheit von staatlichen Eingriffen in das
Wirtschaftsgeschehen. Der Staat setzt lediglich den Rahmen für das
Handeln der Wirtschaftssubjekte.

Dadurch, daß jedes Wirtschaftssubjekt frei festlegen kann, welche
Ziele es auf welche Weise – innerhalb des gesetzten Rahmens verfolgt,
berücksichtigt diese Wirtschaftsform vor allem Werte wie die freie
Entfaltung der Persönlichkeit und die Würde des Menschen. Sie führt zu
hoher Effizienz, da die einzelnen Teilnehmer am Wirtschaftsprozeß mit
ihrem Eigentum ihre Interessen verfolgen und flexibel auf Angebot und
Nachfrage reagieren können.

In einer Zentralverwaltungswirtschaft ist diese Flexibilität nicht
gegeben. In der Realität liegen dem Produktionsprozeß Mehrjahresplä-
ne zugrunde, die auch z. B. bei gravierenden Abweichungen der
tatsächlichen von der angenommenen Nachfrage nur mit langen Ver-
zögerungen schwer korrigiert werden können. Es kommt zu einem
Überangebot der einen und Knappheiten der anderen Güter. Ressourcen
werden verschwendet, die Effizienz der Marktwirtschaft nicht erreicht.

Allerdings ist es bei einer Zentralverwaltungswirtschaft möglich,
jede gewünschte Verteilung des erwirtschafteten Sozialproduktes zu
erreichen. Akkumulation von Reichtum und Verarmung können vermieden werden, die Eigentumsverteilung ist leicht steuerbar. Daher
kann es bei entsprechender Ausgestaltung nicht zu einer derartigen
Polarisierung der Gesellschaft kommen, wie sie z.B. im 19. Jahrhundert

durch die wirtschaftlichen Gegebenheiten in der Marktwirtschaft entstand.

In der Sozialen Marktwirtschaft wird versucht, die Vorteile beider Wirtschaftsordnungen zu vereinigen. Der Markt ist das geeignete Instrument, den Egoismus der einzelnen Wirtschaftssubjekte so zu kanalisieren, daß er zu einem höheren Wohlstand der Gesamtgesellschaft führt. Hier zeigen sich verantwortungsethische Überlegungen. Wer am Markt seine eigenen Interessen verfolgt, ist gezwungen, auf die Interessen der anderen Rücksicht zu nehmen. Der Verkäufer muß die Wünsche seiner Kunden berücksichtigen, sonst wird er keinen Erfolg haben, keinen Gewinn machen.

Der Wettbewerb wird durch Rahmengesetze, etwa das Gesetz gegen unlauteren Wettbewerb oder die Kartellgesetze, in faire Bahnen gelenkt. Aus dem Sport wissen wir, daß der Wettbewerb zu höheren Leistungen führt. Er ist, solange er fair gestaltet ist, ein positiver Ansporn.

Die Institution des Privateigentums ist notwendig für die Freiheit, eigenverantwortlich am Markt zu entscheiden und sich mit seinen Fähigkeiten einzubringen. Die möglichen negativen Auswirkungen werden in der Sozialen Marktwirtschaft durch die Sozialbindung des Eigentums weitgehend ausgeschlossen.

Die Verteilungsprobleme, die sich bei einer Marktwirtschaft ergeben, werden durch Maßnahmen des sozialen Ausgleiches zumindest gemildert. Während in einer Freien Marktwirtschaft derjenige, der beispielsweise aufgrund von Arbeitslosigkeit oder Krankheit nicht in der Lage ist, seinen Lebensunterhalt zu verdienen, auf Wohltätigkeit angewiesen ist, ist in der Sozialen Marktwirtschaft der Anspruch auf eine Minimalversorgung gesetzlich festgelegt. Die materielle Not wird dadurch in den meisten Fallen vermieden. Auch hier zeigen sich ethische Überlegungen. Werte wie die Würde des Menschen und die Sorge für den Nächsten lassen es nicht zu, daß jemandem, der in Not gerät, nicht geholfen wird.

Anhand dieser Überlegungen wird deutlich, daß hier eine ökonomisch günstige Wirtschaftsordnung aufgrund ethischer Normen modifiziert wurde. Ein praktizierbarer, realistischer Kompromiß ist entstanden.

Natürlich ist die Praxis dieser Wirtschaftsordnung, so wie wir sie heute in der Bundesrepublik Deutschland kennen, nicht perfekt. Schon die „Väter" der Sozialen Marktwirtschaft stellten fest, daß im Laufe der Zeit immer wieder neu über die praktische Ausgestaltung dieser Konzeption nachgedacht werden muß. Auf der einen Seite gibt es immer noch Fälle, in denen die derzeitige soziale Absicherung unzureichend ist. Auch kann sie immer nur die materielle Seite berücksichtigen. Probleme sind aber oft viel komplexerer Natur. So hat die Arbeitslosigkeit meist nicht nur materielle, sondern auch psychische Folgen. Auf der anderen Seite treten die oben beschriebenen Schwierigkeiten bei Marktversagen auf. Die soziale Absicherung führt auch zu einem Trittbrettfahrer-Verhalten und zu einer Ausnutzung des Systems (Rationalitätenfalle, Gefangenendilemma). Sie kann korrumpieren. Hier muß die Gesellschaft vor den Folgen des unethischen Verhaltens einzelner geschützt werden.

Es besteht die Aufgabe der Wirtschaftsethik, Schwachpunkte aufzuzeigen und im Dialog mit der Ökonomie Lösungsansätze zu entwickeln. Ein Prinzip, das dabei zugrundegelegt werden muß, ist das Subsidiaritätsprinzip. Es entstammt der katholischen Soziallehre und besagt, daß die Eigenvorsorge Vorrang vor der Fremdvorsorge haben soll. Was der einzelne zu leisten imstande ist, soll nicht vom übergeordneten Gemeinwesen getan werden. Dieser Grundsatz geht wieder von der Freiheit des Menschen und seiner Eigenverantwortlichkeit aus, die ihm aufgrund seiner Würde auch nicht entzogen werden dürfen.

Externe Effekte müssen den Verursachern bewußt gemacht und zugerechnet werden, so daß sie in die jeweilige Kostenberechnung eingehen. Hier ist ein interdisziplinärer Ansatz notwendig. Zur Zeit der Jahrhundertwende wußte man kaum um die schädlichen Folgen der Umweltverschmutzung, erst die Fortschritte in der Medizin und in den Naturwissenschaften zeigen allmählich das eigentliche Ausmaß der Schäden und Gefahren auf. Bei allen negativen externen Effekten muß es zu den Schritten: Erkennen der Nebenwirkungen, Zurechnung und Bekämpfung kommen. Letztere ist zum Teil wieder eine Folge ökonomischen Handelns. So führt die Berücksichtigung der zusätzlichen Kosten z. B. der Umweltnutzung zu einem Anreiz, Produktionsverfahren mit weniger schädlichen Nebenwirkungen zu entwickeln.

> Anhand des Beispiels der Sozialen Marktwirtschaft wird deutlich, wieviele Ansatzpunkte für wirtschaftsethische Fragestellungen es gibt. Der Dialog von Ökonomie und Ethik ist notwendig, um realistische Problemlösungen zu entwickeln und unsere Wirtschaft menschengerechter zu gestalten.

4 Dogmengeschichtlicher Überblick

4.1 Inhalt der Dogmengeschichte

Aus welchen zentralen gesellschaftlichen Fragen entwickelte sich die Nationalökonomie? Inwiefern kann man von einem zirkulären Fortschritt in den Wirtschaftswissenschaften sprechen? Gibt es dennoch eine Wissenserweiterung?

Viele Theorien der Volkswirtschaftslehre lassen sich nur im Zusammenhang ihrer Entstehungsgeschichte verstehen; zumindest ist das Wissen um die Herkunft gewisser Strömungen wichtig, um diese zu beurteilen – besonders im Hinblick darauf, ob sie uns für die Analyse und Therapie heutiger Wirtschaftsprobleme hilfreich sein können. Die in der gesellschaftlichen Diskussion oft emotional geschürten Gegensätzlichkeiten zwischen Individualismus und Kollektivismus, Markt und Staat, Wachstum und Verteilung, individueller Freiheit und gesellschaftlichem Frieden – um nur einige zu nennen – die wiederum aus technisch-pragmatischer Sicht oder ethisch-moralisch vorgetragen werden können, relativieren sich, wenn man sie mit ökonomischem Sachverstand und in Kenntnis der historischen Zusammenhänge durchleuchtet.

Markt- und Zentralverwaltungswirtschaft waren im vorletzten Kapitel anhand der Ordnungsformen unterschieden worden. Die Vorstellungen über die Ordnungsbedürftigkeit gesellschaftlicher Systeme ändern sich jedoch mit dem Wandel der Kultur, der Philosophie und des vorherrschenden Menschenbildes – und in Wechselwirkung damit ändert sich auch das Verhältnis zwischen Volk und Obrigkeit.

Im Mittelalter bspw. war der einzelne Mensch in einem kollektiven Verband – für dessen vielschichtige, lehnsrechtliche Struktur Karl Marx den Begriff Feudalsystem prägte – trotz großer Standes- und Besitzunterschiede, Leibeigenschaft und ungerechter Steuern dennoch sozial abgesichert. Die Bauern standen in einem persönlichen Abhängigkeitsverhältnis zu den Großgrundbesitzern. Der Adel als herrschende Schicht hatte mit dem Landbesitz verbundene politische, militärische und gerichtshoheitliche Vorrechte. Die Großgrundbesitzer waren aber auch für die auf ihrem Land ansässigen Bauern und Pächter verantwortlich. Der Mensch war nicht frei, aber sozial abgesichert, der gesellschaftliche Friede wurde durch dieses Feudalsystem gewahrt. Bedingt durch die Gedanken der Aufklärung wurde jeder Mensch politisch zur Freiheit „verurteilt". Die alte (harmonische) Ständeordnung wurde zerstört, die kollektive soziale Absicherung entfiel. Während die Menschen bisher in einer statischen Gesellschaft lebten, wurden durch die wirtschaftliche Freiheit dynamische Kräfte freigesetzt. Die Menschen waren frei – aber nun auch in erheblichem Umfang gefährdet. Der Stärkere setzte sich zu Lasten des Schwachen durch, der gesellschaftliche Friede war in Gefahr. Es entstand das Problem, wie sich individuelle Freiheit und gesellschaftlicher Frieden überhaupt vereinbaren lassen.

Die Frage nach der gesellschaftlichen Ordnung und der Rolle des Staates wurde weit vor der Entstehung der Nationalökonomie als Lehrfach thematisiert; Philosophie und Rechtswissenschaft waren Bestandteile der Staatswissenschaft, aus der schließlich die Nationalökonomie erwuchs.

Schon die Philosophen der griechischen Antike befaßten sich mit wirtschaftlichen Randproblemen, die das Zusammenleben in der Gesellschaft betrafen; Xenophon beschäftigte sich im 4. Jh. v. Chr. mit den Staatseinkünften, Platon mit der Ungerechtigkeit im Tausch, auch Aristoteles widmete sich insbesondere ethischen Fragen des Wirtschaftens. In christlicher Frühzeit stellten die „Kirchenväter" ethische Grundsätze für das Tauschverhalten auf, im hohen und späten Mittelalter beschäftigten sich Theologen mit der Verwerflichkeit des Zinses und mit den Maßstäben für einen gerechten Preis. Bis ins 16. Jh. sind dies die zentralen Themen.

Mit dem gesellschaftlichen Wandel änderten sich nun auch die wirtschaftsethischen Grundsätze. Neben grundsätzlichen Fragen der Wirtschaftsethik und der gesellschaftlichen Ordnung wurden je nach historischem Zusammenhang auch andere Fragestellungen relevant, auf die wir noch in diesem Kapitel eingehen werden; ferner änderte sich das Analyseinstrumentarium (vgl. Kap. 1 im 2. Band), was dann einen ganz anderen Blickwinkel auf die Probleme ermöglichte.

Die Dogmengeschichte der Wirtschaftswissenschaften erzählt vom *Wandel der ökonomischen Ansichten und Lehrsätze* im historischen Zusammenhang. Viele grundsätzliche Fragen stellen sich in allen Stadien der Geschichte unter verschiedenen Gesichtspunkten immer wieder – so bspw. die Frage nach der Rolle des Staates für die Ordnung der Gesellschaft und Wirtschaft oder die Frage nach dem Wesen des Geldes; entsprechend wechseln auch die Antworten (Lehrsätze) häufig nur ihr Gewand. Fortschritte in den Methoden des wirtschaftswissenschaftlichen Arbeitens erlauben jedoch tiefere und differenziertere Erkenntnisse.

4.2 Frühe Staatstheorien

Welches Verhältnis besteht zwischen dem Volk und dem Staat in den Theorien von Hobbes und Locke? Womit begründet Hobbes die Notwendigkeit des totalen Staates? Wodurch unterscheidet sich die heutige Staatsauffassung davon?

Begriffe: Unterwerfungsvertrag, Staatserrichtungsvertrag.

Es kennzeichnet die vorindividuelle Epoche, daß die Frage nach der Regelung des menschlichen Zusammenlebens in einem *gesellschaftlichen Ordnungsentwurf* eine Antwort fand: Der Mensch soll sich und anderen gut sein, weil er in einer guten Gesellschaft lebt – und die Gesellschaft soll gut sein, weil die Glieder ihres Leibes, die Menschen, gut sind.

Dieses Welt- und Wertbild zerfiel und mit ihm die Hoffnung, in einem gesellschaftlichen Ordnungsentwurf die Antwort auf das Problem des menschlichen Zusammenlebens zu finden. Nach dem Zerfall überindividueller Wertvorstellungen wird das Individuum nämlich – so *Thomas Hobbes* (1588–1679) – zur äußersten Gefahr für sich und die anderen: Der Zusammenstoß unbegrenzt glückshungriger Individuen führe in einer Welt der knappen Mittel dazu, daß das Glücksstreben in ein ebenfalls grenzenloses Machtstreben pervertiert; was als Suche nach individuellem Glück angelegt ist, wird als Raffgier ausgelegt und muß – wegen der Raffgier der Menschen – durch Macht gesichert werden. Wird anfangs das Glück für sich gesucht, so kann im Ergebnis nur die Gewalt gegen andere gefunden werden. In dieser Gewaltorgie des Hobbes'schen Naturzustandes, des Krieges aller gegen alle, geht jenes Glück verloren, das alle so grenzenlos angestrebt und deshalb unmöglich gemacht haben.

Als Ausweg schlug Hobbes im „*Leviathan*" (1651) den totalen Staat vor. Die Individuen müßten einen Vertrag miteinander schließen, sich dem Staat zu unterwerfen (*Unterwerfungsvertrag*).

Weil – nach Hobbes – die individuelle Freiheit mit dem gesellschaftlichen Frieden unvereinbar ist, sollte der in die Bindungslosigkeit der Individualität entlassene Mensch wieder in die Unfreiheit des Leviathan eingefangen werden und seine Rechte (zu töten, den Anspruch auf Besitz, das Recht, über Gut und Böse zu richten) an den Staat abtreten. Dieser würde seine Rechte jedoch nicht ausnutzen, weil sein Zweck nur in der Friedensstiftung läge.

Daß eine individualistische Begründung der individuellen Unfreiheit in logische Sackgassen führen muß, daß der gesellschaftliche Frieden im totalen Staat das Opfer willkürlicher Gewalt werden muß, sollten erst spätere Denker und insbesondere die Erfahrungen mit dem Staat des Absolutismus zeigen. So wie diese Erfahrungen allgemein und allmählich kumulierten, wuchsen die Anstrengungen, die willkürliche Anwendung der staatlichen Gewalt zu begrenzen; doch blieb auch jetzt die Vorstellung erhalten, daß die Ausgestaltung der Ordnung des Staates den Haupt-, wenn nicht den einzigen Punkt eines Regelkonzepts für den Umgang der Menschen untereinander darstellt.

John Locke (1632–1704), der als Begründer der neuzeitlichen Philosophie der Aufklärung gilt, stellte dem Unterwerfungsvertrag von Hobbes den Gedanken des *Staatserrichtungsvertrages* gegenüber: der Staat sei ein von Menschen errichtetes Gebilde, das nur soviel Rechte hat, wie zur Gewährleistung individueller Freiheiten notwendig sind (Gewaltentrennung und Volkssouveränität). Locke ging von einem Naturrecht auf Eigentum aus, das der Staat zu schützen habe. Seine Gedanken schlugen sich bspw. auch in der amerikanischen Unabhängigkeitserklärung nieder.

Die Ambivalenz in der Einstellung zum Individuum kennzeichnet seither die ordnungspolitische Auseinandersetzung, wobei der Akzent mal mehr, mal weniger auf der Autorität bzw. auf der Gefährlichkeit des einzelnen liegt. Doch: Wie im Einzelfall die Gewichte auch immer gelagert sein mögen, der ordnungspolitische Diskurs findet in einem Spannungsfeld statt, an dessen einem Pol Spielräume geschaffen und erhalten werden sollen für die Ausübung individueller Autorität, und an dessen anderem Pol die „wölfische Gier" des Menschen in Schranken verwiesen und gehalten werden soll.

4.3 Merkantilismus, Kameralismus und Physiokratie

Welchen Beitrag leisten merkantilistisches und physiokratisches Gedankengut für die weitere Entwicklung der Wirtschaftswissenschaft? Welche Rolle spielt die Naturrechtsphilosophie für die Wirtschaftstheorie? Welche wirtschaftspolitischen Empfehlungen gelten – auch heute noch – als merkantilistisch?

Begriffe: Merkantilismus, Kameralismus, Physiokratie, Naturrechtsphilosophie.

Unter *Merkantilismus* wird die Denkrichtung und Wirtschaftspolitik verstanden, die sich während des Absolutismus in Frankreich, England und Italien ausbreitete. Der Merkantilismus stellte zwar noch keine geschlossene Theorie dar, aber die Ideen waren schon präzise: Demnach hatte Wirtschaften den Zweck, dem Ansehen des Staates und dem Reichtum des Fürsten zu dienen, staatliche Macht mit wirtschaftlichen Mitteln auszuweiten. Daraus folgte die Empfehlung, Handel und Verkehr, Handwerk und Manufaktur, Landwirtschaft und Bergbau zu entwickeln, und zwar durch Verstärkung des Außenhandels, Erleichterung der Einwanderung von Arbeitskräften, Drosselung von Fertigwareneinfuhren etc., zu dem Zweck, Außenhandelsüberschüsse und damit Gold und Silber für die Krone anzuhäufen. Das wirtschaftspolitische Instrumentarium reichte von totalen Verboten der Ein- oder Ausfuhr bestimmter Güter über Mengenkontingentierungen bis hin zur Subventionierung des Handels mit anderen Gütern.

Ähnliche Grundzüge wies der im deutschsprachigem Raum – allerdings erst nach dem 30jährigen Krieg – entwickelte *Kameralismus* (camera = fürstliche Schatzkammer) auf; der Kameralismus entstand aus der Verwaltungs- und Staatslehre, entsprechend rekrutierten sich die Kameralisten aus höfischen Ratgebern und Staatsdienern, die sich zur Aufgabe machten, das merkantilistische Gedankengut zur Anwendung in den deutschen Kleinstaaten zu bringen. Der Kameralismus überlebte übrigens in Deutschland viel länger als der Merkantilismus in England, der durch die Individualwirtschaftslehre der Klassiker ersetzt wurde oder in Frankreich, wo er durch mathematisch-naturwissenschaftliche Betrachtungen abgelöst wurde.

François Quesnay (1694–1774), der uns im 1. Kapitel schon begegnete, veröffentlichte in Frankreich 1758 das berühmt gewordene „*Tableau Economique*" – und damit wohl die erste ökonomische Theorie (manchmal wird er daher auch zu den klassischen Ökonomen gezählt). Dieses

Tableau war die erste kreislauftheoretische Betrachtung (als Arzt übertrug Quesnay das Denken in Naturgesetzen – speziell die Beobachtung des Blutkreislaufs auf den Wirtschaftsablauf), die den Prozeß der Entstehung und Verwendung der Produktion darstellte.

Im Gegensatz zu den Merkantilisten ging die *Physiokratie* (= Naturherrschaft) nun davon aus, daß der Wirtschaft eine natürliche Ordnung innewohne, daß der Wirtschaft genügend Freiräume gelassen werden müssen, und daß der Ertrag des Bodens die Quelle des Reichtums sei – und nicht der Handel; in der Landwirtschaft entstehe durch „Multiplikation" der Rohstoffe ein Überschuß – gegenüber der „Addition" der Werte in Handel und Handwerk.

Die Übergänge zwischen der Physiokratie und der Klassik sind fließend – bzw. ihre Wurzeln sind dieselben: die *Naturrechtsphilosophie*, die zwischen dem 16. und 18. Jahrhundert vorherrschte, beschäftigte sich mit der natürlichen Ordnung menschlichen Zusammenlebens, mit der Gesetzmäßigkeit gesellschaftlicher und wirtschaftlicher Kräfte. Sind für die menschliche Gesellschaft naturrechtliche Leitbilder aufzustellen? Das fragten sich die Moralphilosophen in England, während für die französischen Physiokraten die „natürliche Ordnung" evident war.

> Während den „Rezeptsammlungen" des Merkantilismus zur Förderung der nationalen Handelskraft (in Deutschland: Kameralismus) noch das theoretische Fundament fehlte, wurde dies für die weitere Entwicklung der Ökonomie zunächst von Philosophen (Naturrechtsphilosophie der Hochrenaissance) und Naturwissenschaftlern geliefert. Die Philosophie stellte die Frage nach der natürlichen Ordnung der Dinge, die Naturwissenschaft beschäftigte sich zunehmend mit Kausalitäten und meßbaren Vorgängen. Aus der Moral- und Sozialphilosophie erwuchsen erste Gedanken ordnungspolitischer Art; die ersten quantitätstheoretischen Ideen zur Geldlehre – durch den Astronomen und Mathematiker Kopernicus – und die erste makroökonomische Darstellung des Wirtschaftskreislaufs durch Quesnay beeinflußten die Wirtschaftswissenschaft nachhaltig.

4.4 Die Klassiker

> Wie kann die klassische Theorie gegenüber dem Merkantilismus
> und der Physiokratie abgegrenzt werden? Wie löst die klassische
> Theorie den Konflikt zwischen einzel- und gesamtgesellschaftli-
> chen Interessen? Propagiert die Klassik wirklich den „Nachtwäch-
> terstaat"?
>
> Begriff: Theorie des Besitzindividualismus.

Einer dieser englischen Moralphilosophen war Adam Smith (1723–
1790). In seiner 1759 erschienenen „Theorie der sittlichen Gefühle"
wehrte er sich noch gegen die „Bienenfabel" – eine Satire des Arztes
Mandeville: Dieser beschreibt in Gedichtsform, wie aus einem
Bienenvolk, das aus lauter lasterhaften und egoistischen Bienen besteht,
ein blühendes Gemeinwesen wird. Dann kommt eine moralische Biene
daher, die ihnen ethische Werte vermittelt; als Folge dieser Einmischung und Belehrung verarmt das Bienenvolk. Mandeville wollte
damit nicht die Unmoral verherrlichen, sondern den möglichen Konflikt zwischen der individuellen Tugendhaftigkeit und dem gesellschaftlich Guten zeigen. Smith meinte zunächst, daß es außer der
Triebhaftigkeit auch moralische, gesellschaftsbezogene Motive quasi
zur Kompensation gäbe. In seinem bahnbrechenden Werk „Inquiry into
the Nature and Causes of the Wealth of Nations" (1776) ersetzte er diese
Konstruktion jedoch durch einen anderen Gedanken: Angeregt durch
die *Theorie des Besitzindividualismus* von John Locke wurden die Individuen nicht mehr als Träger von Leidenschaften gesehen, sondern
vielmehr als Träger von Interessen. Statt eines Krieges aller gegen alle
– à la Hobbes – in dem die gesellschaftliche Auseinandersetzung ein
Nullsummenspiel ist, d. h. ein Glücksspiel, bei dem die Summe der
Einsätze gleich der Höhe der Summe der Gewinne ist, muß nun der
ökonomische Vorteil des einen nicht unbedingt zu Lasten des anderen
gehen; beide Geschäftspartner können wirtschaftlich gewinnen. *Der
gesellschaftliche Konflikt wird zum ökonomischen Wettbewerb*; wenn
jeder nach dem Eigennutz strebt, und wenn die Wirtschaftspläne durch
Märkte koordiniert werden, führt das Streben des Eigennutzes auch zu
gesellschaftlichem Nutzen.

   Die Umdeutung der menschlichen Leidenschaften in ökonomische
Interessen ermöglichte nun einen Ordnungsentwurf, der als Antwort auf
die Frage nach den Regeln des zwischenmenschlichen Umgangs die
Einrichtung eines wettbewerblich organisierten Marktes gab: Die De-

finition und Festlegung individueller *Besitzrechte* an allen jenen Dingen, auf die sich die Leidenschaften und das Glücksstreben angeblich allein konzentrierten, erlaubten es, individuelle Freiheitsräume als individuelle Besitzrechte zu definieren; darüber hinaus wurde auf diese Weise die Möglichkeit eröffnet, daß die Individuen auf dem Wege der freiwilligen Vereinbarung, also im gegenseitigen Interesse, die Grenzen der durch individuelle Besitzrechte abgesteckten Souveränitätsgebiete verschieben: Der wettbewerblich geregelte Tausch wurde zum zentralen Angelpunkt der Organisation des zwischenmenschlichen Umgangs.

Die klassischen Ökonomen – neben A. Smith sind hier auch noch D. Ricardo, J. B. Say und James Mill bzw. dessen Sohn John Stuart Mill zu nennen – wehrten sich gegen die exzessiven Staatseingriffe des Merkantilismus; die *Annahme der natürlichen Harmonie* bedingt, daß sich der Staat aus dem Wirtschaftsprozeß herauszuhalten habe. Dies bedeutet jedoch kein „Laissez faire"-Dogma, eine *staatliche Rahmensetzung* wurde von den Klassikern als notwendig erachtet, um die Wirtschaft vor Fehlentwicklungen zu bewahren.

Kern der klassischen Theorie ist, daß der *Individualismus*, d.h. die Verfolgung einzelwirtschaftlicher Ziele nach dem ökonomischen Prinzip, am ehesten dem Gesamtwohl diene. Hierzu gehören Arbeitsteilung, Marktpreismechanismus und Wettbewerb. Die beginnende Mechanisierung brachte die Klassiker darauf, daß nicht nur Boden, sondern auch menschliche Arbeitskraft und die dadurch geschaffenen Maschinen Werte erzeugen. Die Klassik beschäftigte sich auch mit Außenhandelsfragen (Freihandelstheorie) und mit wirtschaftlichem Wachstum, das durch Arbeitsteilung, Tausch und Kapitalvermehrung (Sparen) initiiert wird.

4.5 Der Sozialismus

Was unterscheidet die „utopischen" von den „wissenschaftlichen" Sozialisten? Warum kann man beide Schulen als „Utopie" bezeichnen? Wie müßte der Mensch zur Realisierung des durch den Sozialismus propagierten gesellschaftlichen Idealzustandes beschaffen sein?

Begriffe: utopischer und wissenschaftlicher Sozialismus, Revisionismus, Imperialismustheorie.

Zwar wurde durch den propagierten Individualismus der Feudalstaat überwunden, die industrielle Entwicklung gefördert und große Fortschritte in der Technik erzielt; die weitere Ausbeutung der Arbeiterschaft bereitete jedoch den Boden für die *Entwicklung sozialistischer Ideen*. Zu erwähnen sind hier einerseits die *utopischen oder vormarxistischen Sozialisten* (bspw. R. Owen in England (1771–1858) oder F. M. Fourier (1772–1837) in Frankreich, so genannt nach ihren Ideen eines idealen, konstruierten Gesellschaftsmodells. Ihre Ideen, bspw. der Abschaffung des Geldes als „Übel der Menschheit" oder Versuche mit Produktionsgenossenschaften bei gleicher Entlohnung ohne Rücksicht auf individuelle Leistung mußten scheitern, da der Mensch nicht in erster Linie altruistisch ist. Produktionsgenossenschaften mit leistungsgerechter Gewinnverteilung (bspw. bei Webern) überlebten jedoch, ebenso war landwirtschaftlichen Genossenschaften (1864 gründete Friedrich Wilhelm Raiffeisen die erste dieser Art) recht großer Erfolg beschieden.

Der *wissenschaftliche Sozialismus* beruhte gegenüber dem utopischen Sozialismus hingegen auf der (richtigen) Beobachtung, daß gesellschaftliche Zustände sich im Zeitablauf bedingen; Karl Marx (1818–1883) versuchte so anhand der Analyse damaliger sozio-ökonomischer Zustände wissenschaftlich zu beweisen, daß der Sozialismus zwangsläufig den Kapitalismus ablösen werde: Die ständige Mehrwertbildung (vereinfacht: Gewinn) seitens der Unternehmer (Kapitalisten) führe zu einer Anhäufung des konstanten Kapitals (Maschinen, Rohstoffe etc.), während andererseits das variable Kapital (die Löhne) sowie der Bedarf an Arbeitskräften zurückgehe. Der wachsenden Produktion und Kapitalanhäufung stehe die Verelendung der Arbeiterschaft gegenüber, wodurch der Kapitalismus schließlich zusammenbricht bzw. die Arbeiterklasse die Produktionsverhältnisse umstürzt und das Eigentum an den Produktionsmitteln sozialisiert, also in Gemeineigentum umwandelt.

Trotz der beachtlichen theoretischen Leistung von Karl Marx entsprach die reale wirtschaftliche Entwicklung nicht seinen Vorhersagen. Folgerichtig entwickelten die sog. *Neomarxisten* Theorien, die besagten, daß der Kapitalismus nur deshalb überlebe, weil Absatzmärkte durch die wirtschaftliche Ausbeutung anderer Länder dort geschaffen würden (*Imperialismustheorie*). Der orthodoxe Marxismus Lenins schließlich versuchte sich in der Sowjetunion durch zwangsweise Sozialisierung zu „retten". Andere – kritischere – Schüler von Marx, die *Revisionisten*, lehnten die Zusammenbruchtheorie ab und sprachen sich für eine Verbesserung der Verhältnisse auf evolutionärem Wege aus, durch aktive Gewerkschaften und sozialpolitische Maßnahmen. Aus dieser Bewegung erwuchs auch die deutsche Sozialdemokratie.

4.6 Historische Schule und Grenznutzenschule

> Welche Ansicht vertrat die Historische Schule bzgl. der wirtschafts-
> wissenschaftlichen Theoriebildung? Warum ist die Grenznutzen-
> schule so wichtig für die Theoriebildung?
>
> Begriffe: Subjektive Wert- und Preistheorie, Grenznutzen.

Während die Marxisten die internationale „Verbrüderung" und die
klassische liberale Schule die Freihandelslehre vertraten, führte die
Romantik in Deutschland zur Wiedererstarkung des nationalen Gedan-
kens. F. List (1789–1846), ein Wegbereiter der Historischen Schule,
forderte bspw., die Entwicklung heimischer Industrien zunächst durch
„Erziehungszölle" zu schützen, bevor sie der internationalen Konkurrenz ausgesetzt werden. Schmoller als Hauptvertreter der *Historischen
Schule* ging es u. a. darum, vor schnellen wirtschaftlichen Verallgemei-
nerungen zu warnen und die historische *Erforschung der Wirklichkeit*
in den Vordergrund zu stellen; man kann also hier schon von empiri-
scher Arbeit sprechen. Der Streit um das methodische Vorgehen zur
wirtschaftswissenschaftlichen Erkenntnisgewinnung ist übrigens bis
heute noch nicht ganz beigelegt (vgl. 2. Band Kap 1).

Mit der Betonung der Wirklichkeitsnähe – auch durch das Engagement für staatspolitische Aufgaben, bspw. im Rahmen der Sozialpolitik
– setzte sich die Historische Schule unter Schmoller gegen eine andere
am Ende des 19. Jahrhunderts vorherrschende Denkrichtung ab, die als
Grenznutzenschule oder *subjektivistische Wertlehre* bezeichnet und mit
den Namen Jevons, Menger und Léon Walras verbunden wird. 1854
waren ähnliche Gedanken schon von Gossen formuliert worden: Der
Wert eines Gutes wird durch die jeweils *individuelle Nutzeneinschät-
zung* bestimmt, wobei der zusätzliche Nutzen (Grenznutzen) mit jeder
zusätzlichen Einheit des Gutes abnimmt. Auf dieses – für die
mikroökonomische Analyse entscheidende – sog. „*Gossensche Gesetz*"
werden wir noch zurückkommen; wichtig ist hier, daß dadurch die
Grundlagen für die Preis- und Gleichgewichtstheorie geschaffen wurden. Walras gelang die erste formale mikroökonomische Totalanalyse
des allgemeinen ökonomischen Gleichgewichts; aufgrund des *nutzen-
maximierenden Verhaltens* der Haushalte und Unternehmen können
Angebots- und Nachfragefunktionen ermittelt und unter der Bedingung
vollständiger Konkurrenz Gleichgewichtspreise und -mengen bestimmt werden. Von nun an waren methodologische Probleme der
Ökonomie inhaltlichen und ordnungspolitischen Fragen zumindest
gleichgestellt.

Die Historische Schule betonte zu Recht, daß wirtschaftliche Entwicklung und ökonomische Probleme immer auch in ihrem geschichtlichen Zusammenhang gesehen werden müssen und daß allzu abstrakte Theoriebildung häufig den Blick vom Wesentlichen ablenkt. Dennoch kommt die Wirtschaftswissenschaft ohne Theoriebildung und methodische Grundlagen nicht aus; die Grenznutzenschule lieferte mit der subjektiven Wert- und Preistheorie den wichtigsten Grundstock für die Entwicklung des analytischen Instrumentariums.

4.7 Neoklassik, Keynes und die Entwicklung der Nationalökonomie im 20. Jahrhundert

Wie läßt sich die Neoklassik kennzeichnen? Warum wird die keynesianische Lehre als „Revolution" bezeichnet? Wie läßt sich der Neoliberalismus vom klassischen Liberalismus abgrenzen?

Begriffe: Ordoliberalismus, Soziale Marktwirtschaft.

Unter Neoklassik wird i. a. die Fortführung der klassischen Tradition (insbesondere die Annahme des individualistischen Handelns zur Durchsetzung von Eigeninteressen) unter dem Einfluß der Grenznutzenschule verstanden; kennzeichnend für die Neoklassik sind der *methodologische Individualismus* und die *Gleichgewichtsanalyse*. A. Marshall gilt als der Vermittler zwischen der objektivistischen Wert- und Preistheorie der Klassiker und der subjektivistischen Theorie der Grenznutzenschule; er trieb die Partialanalyse voran und prägte den Begriff der „Elastizität" als Maß für die Nachfragereaktion aufgrund von relativen Preisänderungen. Die Analyse effizienter Gleichgewichtslösungen unter Wettbewerbsbedingungen wurde in unserem Jahrhundert ausgeweitet auf die Außenhandels- und die Wachstumstheorie sowie auf institutionelle Fragen (bspw. die Theorie der öffentlichen Güter).

Die (neo)klassische Doktrin von der Selbstregulierungsfähigkeit des wirtschaftlichen Systems wurde durch die *„Keynesianische Revolution"* erschüttert: Die britische Arbeitslosigkeit in den 20er und 30er Jahren führte John Maynard Keynes (1883–1946) dazu, das Vertrauen der liberalen Ökonomen in die automatische Vollbeschäftigung, die sich einstellt, wenn nur der Wirtschaft genügend Freiraum gelassen werde, zu verlieren. Er lehrte, daß der Staat eine aktive Wirtschaftspolitik betreiben müsse (so durch Nachfragestimulierung), um die Vollbeschäftigung zu erhalten.

Die Makroökonomie unserer Zeit wurde – insbesondere in einigen speziellen Bereichen wie der Wachstums- und Konjunkturtheorie – stark durch Keynes beeinflußt bzw. ermöglicht.

Geichzeitig wurde jedoch auch der Liberalismus weiterentwickelt: der *Neoliberalismus* ist weniger eine streng abgegrenzte *„Lehrmeinung"* als eine recht offene, freiheitlich-marktwirtschaftlich orientierte Denkrichtung, bei der man üblicherweise zwischen der *ordoliberalen* (Freiburger Schule, W. Eucken) und der *sozialmarktwirtschaftlichen Linie* (mit A. Müller-Armack als Hauptvertreter und Vater der „Sozialen Marktwirtschaft") unterscheidet. Die ordoliberale Schule knüpft wieder bei der grundsätzlichen Frage nach der Ordnung bzw. Ordnungsbedürftigkeit der Wirtschaft an und sieht die Aufgabe der Wirtschaftspolitik in der marktkonformen Gestaltung der Rahmenbedingungen für einen funktionierenden Wettbewerb (Wettbewerbsordnung, Gesetzgebung etc.); im Konzept der Sozialen Marktwirtschaft ist der Gestaltungsauftrag der Wirtschaftspolitik insgesamt umfassender und bezieht insbesondere die sozialpolitische Sicherungskomponente mit ein. Auf die Auseinandersetzung zwischen Monetaristen und Fiskalisten gehen wir in einem gesonderten Kapitel (Kap. 9) ein.

> Auch die neueren Entwicklungen und Kontroversen in der Ökonomie lassen sich inhaltlich letztlich auf die Frage reduzieren, ob der Wirtschaft Selbstheilungskräfte innewohnen oder ob der Staat aktiv in das Geschehen eingreifen muß, um größere Krisen zu vermeiden. Der Neoliberalismus hat jedoch erkannt, daß freiheitliches Wirtschaften eines gewissen Ordnungsrahmens bedarf, damit die Freiheit nicht mißbraucht wird, und daß ein Sicherungssystem vonnöten ist, um soziale Härten abzufedern.

5 Preisbildung und Marktformen

5.1 Vollständiger Wettbewerb als Theorierahmen

> Was sind die Bedingungen des vollständigen Wettbewerbs? Wodurch ist ein vollkommener Markt gekennzeichnet? Warum werden diese Annahmen getroffen?
>
> Begriffe: vollständige Konkurrenz, vollkommener Markt, Gesetz der Unterschiedslosigkeit.

Wenn von der wettbewerblichen Selbststeuerung und vom Marktmechanismus die Rede ist, wird von ganz bestimmten Annahmen ausgegangen; es wird ein Modell des Marktes konstruiert, um den Untersuchungsgegenstand – in unserem Fall das Marktverhalten der Anbieter und Nachfrager und die Preisbildung – in einem festgesetzten Rahmen (ceteris-paribus-Bedingung) isoliert betrachten zu können. Für unsere Zwecke gehen wir zunächst von der idealtypischen Marktform des *vollständigen Wettbewerbs*[1] (oder auch vollständige Konkurrenz) aus; die in diesem Rahmen abgeleiteten Grundsätze lassen sich, wenn auch modifiziert, in der ganzen Mikroökonomie anwenden.

Im Falle der *vollständigen Konkurrenz* wird von *unendlich vielen Marktteilnehmern* sowohl auf der Angebots- als auch auf der Nachfrageseite ausgegangen. Diese Bedingung gewährleistet, daß jedes einzelne Wirtschaftssubjekt bzgl. der Beeinflussung des Preises machtlos ist. Ferner ist das einzige auf dem Markt gehandelte Gut (für jedes Gut gibt es einen Markt) *homogen*: es wird von allen Marktteilnehmern als gleichartig angesehen, von persönlichen Präferenzen, räumlichen Unterschieden etc. wird abgesehen – es gilt das *Gesetz der Unterschiedslosigkeit*. Hierdurch wird der Preis des Gutes als entscheidende Einfluß-

---

[1] In den folgenden Ausführungen wird nicht zwischen vollständiger und vollkommener Konkurrenz unterschieden.

größe für Angebots- und Nachfrageentscheidungen herausgestellt. Eine weitere Bedingung der vollständigen Konkurrenz lautet, daß die Marktteilnehmer bei *vollkommener Information* bzw. *vollständiger Transparenz* das Ziel der Gewinn- bzw. Nutzenmaximierung anstreben; wenn sich jeder unverzüglich und umfassend über die Marktsituation informieren kann und deshalb – bei homogenen Gütern und Nutzenmaximierung – immer den Kauf zu einem höheren Preis als dem Einheitsmarktpreis verweigert, kann es nur einen einzigen Marktpreis geben. Die letzte Bedingung beinhaltet *freien Marktein- und -austritt* für alle Marktteilnehmer; die hierdurch gewährleistete Mobilität der Faktoren führt langfristig zu deren optimalem Einsatz.

Die Marktform der vollständigen Konkurrenz zeichnet sich durch unendlich viele kleine Marktteilnehmer auf beiden Marktseiten sowie durch einen vollkommenen Markt aus. Für einen *vollkommenen Markt* werden zusätzlich folgende Bedingungen angenommen:

- das Gut ist homogen,
- es liegen vollständige Markttransparenz und vollkommene Information vor,
- die Marktteilnehmer handeln gewinn- bzw. nutzenmaximierend,
- Markteintritt und Marktaustritt sind nicht beschränkt,
- die Anpassung an veränderte Marktbedingungen vollzieht sich unverzüglich.

Unter diesen Bedingungen bildet sich auf allen Märkten jeweils *ein eindeutiger Preis*.

5.2 Nachfrage, Angebot und Preisbildung

Welche Grundtendenzen kann man im Angebots- und Nachfrageverhalten der Marktteilnehmer ausmachen? Unter welchen Annahmen werden diese Aussagen getroffen? Wovon sind Lage und Gestalt der Angebots- und Nachfragekurven abhängig? Wie bildet sich der Gleichgewichtspreis?

Begriffe: Preiselastizität der Nachfrage/des Angebots, Angebots- bzw. Nachfrageüberschuß.

Der Markt als Institution für das Zusammentreffen von Angebot und Nachfrage hat die Aufgabe, Interessenkonflikte zwischen Anbietern, die zu einem möglichst hohen Preis verkaufen wollen, und Nachfragern, deren Interesse es ist, das Gut möglichst billig zu erstehen, im Sinne der bestmöglichen Güterversorgung zu lösen. Unter den Annahmen des vollständigen Wettbewerbs entwickeln Nachfrager und Anbieter Mengenvorstellungen für ihre Käufe und Verkäufe nur in Abhängigkeit vom Preis (ceteris paribus).

Ohne auf das Nachfrageverhalten der einzelnen Haushalte näher einzugehen (vgl. Kap. 6) kann hier jedoch schon eine *tendenzielle Grundaussage* bzgl. der Nachfragereaktion aller (aggregierten) Haushalte getroffen werden:

> Ceteris paribus steigt die Marktnachfrage bei sinkenden Preisen; bei steigenden Preisen sinkt die nachgefragte Menge.

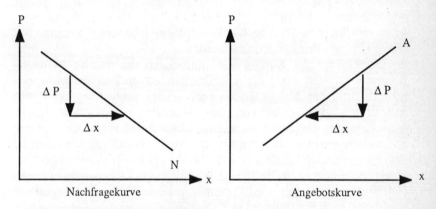

Nachfragekurve　　　　　　Angebotskurve

Abb. 5.2.1. Nachfrage- und Angebotskurven

Diese Zusammenhänge werden bei der Betrachtung der *Nachfragekurve* deutlich; wichtig ist, daß dabei von allen anderen Einflußgrößen abstrahiert wird und die Nachfrage nur vom Preis (als Ursache) abhängig ist.

Die aggregierte *Angebotskurve* (die genauer in Kap. 7 abgeleitet wird) zeigt das Angebot der Unternehmen, ebenfalls nur in Abhängigkeit vom Preis und besagt:

> Tendenziell steigt das Marktangebot bei steigenden Preisen; bei sinkenden Preisen sinkt auch die angebotene Menge.

Eine Preisänderung – gleich wie verursacht – führt also bei unveränderten Rahmenbedingungen (gleiches Einkommen, gleiche Präferenzen, konstante Preise anderer Güter, konstante Produktivität und Anbieterzahl etc.) zu einer Bewegung auf der Angebots- bzw.

Nachfragekurve, allerdings in entgegengesetzte Richtung. Die Lage und Gestalt der aus Vereinfachungsgründen linear verlaufenden Kurven wird jedoch durch diese Rahmenbedingungen bestimmt: Eine Außen- (Innen-) Verschiebung der Nachfragekurve wird durch eine Einkommenssteigerung (Einkommensreduzierung) verursacht; ferner können Preisveränderungen bei anderen Gütern, Veränderungen der Bedürfnisstruktur sowie Veränderungen der Einkommensverteilung die Lage der Nachfragekurve verändern. Die wichtigsten Determinanten der Verschiebung der Angebotskurve sind der technische Fortschritt bzw. Produktivitätssteigerungen (Außenverschiebung), die Veränderung des Faktoreinsatzes, Preisänderungen bei einem anderen Gut und Lohnsatzänderungen – eine Lohnerhöhung führt bspw. zu einer Innenverschiebung der Angebotskurve, die gleiche Menge kann nur bei einem höheren Preis angeboten werden.

Die *Gestalt der Kurven* wird nun durch die relative Mengenänderung im Verhältnis zur jeweiligen relativen Preisänderung bestimmt. Sind die Mengenänderungen relativ größer als die Preisänderungen, sprechen wir von einer hohen *Preiselastizität der Nachfrage* bzw. des Angebots; wenn eine relativ große Preisänderung nur eine relativ geringe Nachfrage- oder Angebotsänderung hervorruft, liegt eine geringe Preiselastizität der Nachfrage bzw. des Angebots vor. Eine preisunelastische Nachfrage liegt bspw. bei lebensnotwendigen Gütern vor (bestimmte Medikamente), preiselastisch ist hingegen die Nachfrage nach Flugreisen. Die *Preiselastizität des Angebots* ist – wie wir noch sehen werden – von den Produktionsbedingungen (Kosten) und der Marktform abhängig.

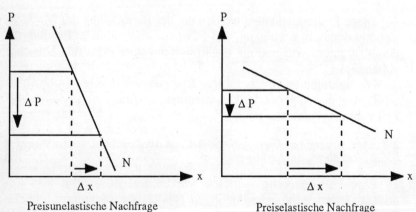

Preisunelastische Nachfrage   Preiselastische Nachfrage

Abb. 5.2.2. Elastizitäten der Nachfrage

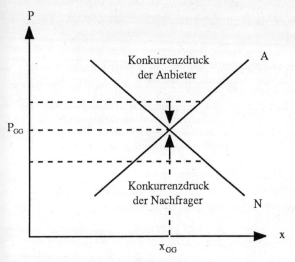

P

Konkurrenzdruck
der Anbieter

A

P_{GG}

Konkurrenzdruck
der Nachfrager

N

x

x_{GG}

Abb. 5.2.3. Marktpreisbildung

Wie kommt nun bei gegebenen Angebots- und Nachfragebedingungen der einheitliche Marktpreis zustande? Bilden wir Angebots- und Nachfragekurve in einem Preis-Mengen-Diagramm ab, erhalten wir im Schnittpunkt dieser beiden Geraden den *Gleichgewichtspreis* und die *Gleichgewichtsmenge.*

Bei jedem Preis oberhalb P_{GG} ist die Angebotsmenge größer als die nachgefragte Menge; da schließlich nur die Menge verkauft werden kann, die auch nachgefragt wird, sprechen wir von einem *Angebotsüberschuß.* Um dennoch ihre Ware verkaufen zu können, werden die Anbieter niedrigere Preise bieten und den Prozeß der Preisunterbietung so lange fortsetzen, bis beim Gleichgewichtspreis P_{GG} ein Ausgleich zwischen Angebot und Nachfrage geschaffen wird.

Während bei Preisen oberhalb des Gleichgewichtspreises der *Konkurrenzdruck der Anbieter* zum Tragen kommt, bewirkt bei Preisen unterhalb des Gleichgewichtspreises der *Konkurrenzdruck unter den Nachfragern* eine Bewegung in Richtung Gleichgewichtspreis: Ein *Nachfrageüberschuß* – d.h. die Nachfrage ist größer als das verfügbare Angebot – führt dazu, daß sich die zunächst leer ausgehenden Nachfrager gegenseitig im Preis überbieten. Die Nachfrager, die nicht bereit sind, einen höheren Preis zu zahlen, ziehen sich zurück (die Nachfrage sinkt), während gleichzeitig das Angebot bei steigendem Preis erhöht wird und schließlich zum Gleichgewichtspreis P_{GG} auch ganz abgesetzt werden kann; im Gleichgewichtspreis ist die angebotene Menge gleich der nachgefragten Menge.

Das „Gesetz von Angebot und Nachfrage" besagt, daß in einer Situation vollständigen Wettbewerbs ein Marktausgleichsmechanismus wirkt: Der Gleichgewichtspreis, der Angebot und Nachfrage zum Ausgleich bringt, stellt sich durch den Konkurrenzdruck auf Anbieter- und auf der Nachfrageseite immer ein. Zum Gleichgewichtspreis werden alle Wünsche befriedigt, d.h. im Gegensatz zu Situationen der Überschußnachfrage oder des Überschußangebots können die Pläne der Anbieter und der Nachfrager in Übereinstimmung gebracht werden.

Bisher haben wir Mengenänderungen in Abhängigkeit von Preisänderungen betrachtet – nicht zu verwechseln sind damit *Preisänderungen aufgrund von Angebots- oder Nachfrageänderungen:*

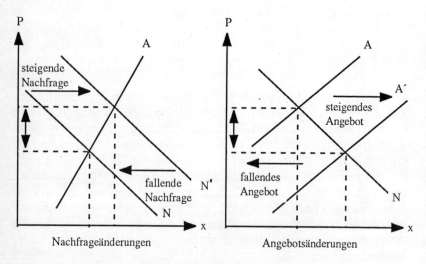

Abb. 5.2.4. Angebots- und Nachfrageänderungen

Wir betrachten in diesem Fall Verschiebungen der Angebots- bzw. Nachfragekurve; eine steigende (abnehmende) Nachfrage bewirkt i. d. R. steigende (fallende) Preise, ein zunehmendes (abnehmendes) Angebot bewirkt fallende (steigende) Preise.

5.3 Das Marktgleichgewicht

> Wodurch ist ein Marktgleichgewicht gekennzeichnet? Wie vollzieht sich die Anpassung an das Marktgleichgewicht bei weniger vollkommenen Märkten? Was unterscheidet ein stabiles von einem instabilen Gleichgewicht?
>
> Begriffe: Cobweb-Theorem, stabiles/instabiles Gleichgewicht.

Betrachten wir noch einmal den Schnittpunkt der Angebots- und Nachfragekurve und den sich dort einstellenden Gleichgewichtspreis: Die zu diesem Preis abgesetzte Gütermenge beinhaltet die unter den gegebenen Bedingungen *maximale Versorgung des Marktes.* Oberhalb des Gleichgewichtspreises wird die durch die Nachfragekurve angezeigte Menge verkauft; das Angebot ist aufgrund des hohen Preises größer als die Nachfrage (*Angebotsüberschuß*), die abgesetzte Gütermenge ist jedoch kleiner als die Gleichgewichtsmenge.

Auch bei einem Preis unterhalb des Gleichgewichtspreises ist die verkaufte Menge kleiner als die Gleichgewichtsmenge: hier besteht *Nachfrageüberschuß,* es kann nur die geringere Angebotsmenge verkauft werden. Bei freiwilligem Tausch setzt sich immer die „kürzere Marktseite" durch, woraus folgt:

> Der Gleichgewichtspreis bestimmt die größtmögliche Menge, die freiwillig auf einem Markt umgesetzt werden kann, und damit eine maximale Versorgung für die Verbraucher sowie für die Produzenten den größtmöglichen Umsatz.

Der *Begriff des Gleichgewichts,* der uns in der Ökonomie ständig begegnet, kann dabei wie folgt definiert werden:

> Ein Gleichgewicht ist ein Zustand, in dem sich Angebot und Nachfrage entsprechen; da sich sowohl die Absatzpläne der Anbieter als auch die Konsumwünsche der Nachfrager erfüllen, werden keine Kräfte wirksam, die diesen Zustand verändern.

Die idealtypischen Annahmen des vollkommenen Marktes sind so konstruiert, daß sich das Gleichgewicht quasi automatisch einstellt (unverzügliche Anpassung, Markttransparenz) – in der Realität ist allenfalls die Börse solch ein vollkommener Markt. Der Makler ermittelt Kaufs- und Verkaufswünsche und legt schließlich den Börsenkurs so fest, daß die größtmögliche Menge umgesetzt wird. Normalerweise sind Märkte aber weder transparent noch können sich die Teilnehmer unverzüglich mit ihrer Angebots- oder Nachfragemenge anpassen; tendenziell wird ständig ein Gleichgewicht angesteuert, das aber selbst immer wieder Veränderungen unterliegt, da sich die Angebots- und Nachfragebedingungen ständig ändern.

Graphisch sind diese Zusammenhänge leicht einsichtig:

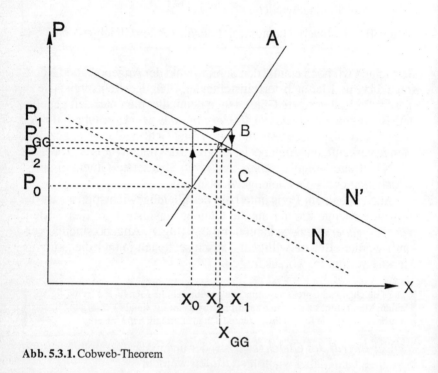

Abb. 5.3.1. Cobweb-Theorem

Angenommen die Nachfrage nach einem Gut erhöht sich aufgrund von Einkommenssteigerungen; graphisch bedeutet dies eine Verschiebung der Nachfragekurve N nach N´. Bei vollkommener Konkurrenz müßte sich unverzüglich der Gleichgewichtspreis P_{GG} einstellen; da das Angebot jedoch nicht von heute auf morgen angepaßt werden kann (man denke bspw. an die Landwirtschaft), steigt zunächst der Preis von P_0 auf P_1. Wenn die Anbieter diesen Preis ihrer Planung zugrundelegen, wird in der nächsten Periode die Menge x_1 angeboten (Punkt B), welche jedoch nur zu einem Preis von p_2 abgesetzt werden kann (vgl. Punkt C). Der Anpassungsprozeß zum Gleichgewicht in P_{GG} / x_{GG} vollzieht sich allmählich und erinnert in der graphischen Darstellung an ein Spinngewebe (englisch: Cobweb), weshalb diese Form der allmählichen Anpassung *Cobweb-Theorem* genannt wird. Ob die Entwicklung auf den Gleichgewichtspunkt zuläuft, hängt übrigens von den Steigungen (Elastizitäten) der Angebots- und Nachfragekurven ab bzw. von ihrem Verhältnis zueinander; ein Gleichgewicht ist *stabil*, wenn diese Anpassung stattfindet (s. Abb.), bzw. *instabil*, wenn das Gleichgewicht nicht erreicht wird – was der Fall ist, wenn die Steigung der Nachfragekurve größer als die Steigung der Angebotskurve ist. Aber auch wenn ein Gleichgewichtswert angesteuert wird, ändert sich dieser dauernd – Angebotskurve und Nachfragekurve verschieben sich – so daß wir festhalten können:

> In der Realität sind selbst in der Konkurrenzsituation Markttransparenz und Anpassungsgeschwindigkeit nicht so groß, daß sich ein Gleichgewicht unverzüglich einstellt: die tendenziell angesteuerten Gleichgewichtswerte ändern sich durch veränderte Angebots- u. Nachfragebedingungen.

5.4   Die Funktionen des Preises

> Welche Funktionen erfüllt der Preis – neben der Planabstimmung auf jedem einzelnen Markt – für die Entwicklung der Marktstruktur? Wie vollzieht sich der Wandel der Marktstruktur? Was kann der Marktpreis nicht leisten?
>
> Begriffe: Strukturwandlungen, Planabstimmungs-, Allokations- und Verteilungsfunktion des Preises.

Die Koordination wirtschaftlicher Interessen erfolgt – wie für den einzelnen Markt gezeigt wurde – auf einer Vielzahl von Märkten, auf denen sich im Zusammenspiel von Angebot und Nachfrage Preise bilden. Diese Preise dienen den Marktbeteiligten als wichtigstes Signal bei der Ausrichtung ihrer Dispositionen. Ändern sich Angebot und Nachfrage, kommt es zu Preisänderungen, die ihrerseits wiederum Anpassungs- und Preisänderungsreaktionen auslösen. Wir zeigten die Anpassung auf einem Markt; aber auch für die *Marktstruktur*, d.h. für das Verhältnis der einzelnen Märkte zueinander haben Preise eine wichtige Funktion: Nachfrageänderungen der Verbraucher lösen Kettenwirkungen aus und sind deshalb mitentscheidend für den *Strukturwandel*.

Das Beispiel des Fahrzeugbaus in der Bundesrepublik Deutschland nach dem 2. Weltkrieg kann diesen Prozeß illustrieren: zunächst profitierte die Zweiradindustrie vom Nachholbedarf an Fortbewegungsmitteln. Zweiräder wurden verstärkt nachgefragt, weil sie für die damalige Zeit erschwinglich waren. Lange Zeit waren abgesetzte Mengen und Preise stabil. Mit der Einkommenssteigerung nahm auch die Nachfrage nach Gütern höherer Qualität zu. Fortbewegungsmittel höherwertiger Art wurden nachgefragt (Kleinwagen: Isetta, Gogo, Janus). Der Anstieg der Nachfrage nach Kleinwagen führte zu Preiserhöhungen auf diesem Markt, während die Zweiradpreise sanken: die relativen Preise änderten sich, die Gewinnaussichten auf dem Kleinwagenmarkt waren – gegenüber denen auf dem Zweiradmarkt – sehr günstig. Dies führte zu einer Drosselung der Produktion in der Zweiradindustrie und zu einer steigenden Produktion im Kleinwagenbereich. Die Zweiradindustrie schrumpfte, die Kleinwagenindustrie expandierte. Weil dementsprechend sich auch die relativen Faktorentgelte anpaßten – die Löhne in der Zweiradindustrie sanken, während die Kleinwagenindustrie versuchte, durch höhere Lohnangebote Fachkräfte anzuziehen – kam es zu einer Faktorwanderung: die nicht mehr so gut bezahlten Arbeiter der Zweiradindustrie nahmen Stellen in der Kleinwagenindustrie an.

Bei weiterem Anstieg des Einkommens wurden Wagen der Mittelklasse vorgezogen, es kam zu analogen Anpassungen der Struktur.

Die Funktionen des Preises können nun wie folgt zusammengefaßt werden:

– Auf jedem einzelnen Markt sowie für die gesamte Marktstruktur erfüllt der Preismechanismus eine *Planabstimmungsfunktion*.
– Preisänderungen signalisieren Veränderungen der Knappheitsverhältnisse. Der Preis ist ein *Knappheitsmesser*, wobei die Preisverhältnisse und deren Veränderung maßgeblich sind.
– Veränderungen der Preisverhältnisse beziehen sich auch auf die Faktorpreise (Löhne, Zinsen); entsprechend werden die Produktionsfaktoren (Arbeit, Kapital) dort eingesetzt, wo ihre Rentabilität am größten ist (*Allokationsfunktion*).
– der dynamische Aspekt der Marktabstimmung betrifft die Korrektur vergangener Entscheidungen in Form von Nachfrageänderungen, Preisänderungen und Faktorwanderungen; der Preismechanismus *unterstützt die Strukturanpassung*.
– Mit den Strukturveränderungen verändern sich die Entgelte der Produktionsfaktoren bzw. deren Verhältnis zueinander – der Preis hat auch eine *Verteilungsfunktion*.

Der Preis kann aber weder eine Entlohnung nach der „Anstrengung" durchsetzen, noch eine sozial gerechte Einkommensverteilung bewirken oder für eine gleichmäßige regionale Faktorverteilung sorgen. Die Faktorentgelte richten sich nach dem Dienst, den sie für die Nachfrager erweisen. Sind gewünschte Leistungen knapp, steigt der Preis, sind sie reichlich vorhanden, sinkt das Faktorentgelt. Bei der Entlohnung ist der Marktpreis „blind" für den physischen und geistigen Arbeitsaufwand. Das Entlohnungsprinzip heißt Güterknappheit. Wenn ein Mensch doppelt so viel Zeit und Mühe aufwendet wie ein anderer, um ein Gut herzustellen, wird er dennoch nur den gleichen Preis erhalten können. Er wird also nicht nach der Anstrengung, sondern nach dem Ergebnis und der Knappheit seiner erstellten Produkte bezahlt.

5.5 Marktformen und Marktverhalten

Wodurch wird die Marktform bestimmt? Was besagt die traditionelle Marktformenlehre? Was versteht man – auf das Marktverhalten bezogen – unter Anpassung bzw. Strategie? Welche Marktformen sind tendenziell mit Anpassung verbunden, welche mit strategischem Verhalten?

Begriffe: behavioristische Theorie, Güterheterogenität, Monopol, Oligopol, Polypol.

Wir waren bisher davon ausgegangen, daß sich viele kleine, mit ihrem jeweiligen Angebots- und Nachfrageanteil unbedeutende Wirtschaftssubjekte auf dem Markt treffen; jeder einzelne Marktteilnehmer kann keinen Einfluß auf die Preisgestaltung ausüben, er ist völlig machtlos.

Nun wissen wir aber, daß diese Konstellation in der Realität ziemlich unbedeutend ist; die Wirtschaftstheorie beschäftigt sich deshalb auch mit den (realistischeren) Fällen anderer Marktformen.

Die Marktform wird bestimmt durch die qualitative Beschaffenheit der Märkte – d. h. durch ihren Vollkommenheitsgrad, durch die Anzahl der Marktteilnehmer sowie durch deren Verhalten, wobei man gemäß der behavioristischen Theorie zwischen Anpassung und Strategie unterscheidet.

Die *traditionelle Marktformenlehre* gliedert – nach Stackelberg – die Marktformen nach der Zahl der Marktteilnehmer auf jeder Seite dreifach und definiert:

Einer	wenige	Viele
Monopol	Oligopol	Polypol

Die vollständige Konkurrenz ist also ein Polypol auf vollkommenem Markt.

Den Vollkommenheitsgrad außer Acht gelassen, ergeben sich allein aufgrund des Kriteriums „Anzahl der Marktteilnehmer" durch die beidseitige Dreiteilung neun verschiedene Marktformen:

N＼A	Einer	Wenige	Viele
Einer	Zweiseitiges (bilaterales) Monopol	beschränktes Nachfragemonopol (Monopson)	Nachfrage-monopol (Monopson)
Wenige	beschränktes Angebots-monopol	zweiseitiges (bilaterales) Oligopol	Nachfrage-oligopol (Oligopson)
Viele	Angebots-monopol	Angebots-oligopol	Polypol

Abb. 5.3.2. Marktstrukturen

Weitere Untergliederungen erhält man, wenn man – der Realität entsprechend – auch *Teilmonopole* und *Teiloligopole* in Betracht zieht; so ist es möglich, daß bspw. neben einem großen Anbieter noch mehrere kleine auf dem Markt sind oder daß sich wenige große und mehrere kleine den Markt teilen. Insgesamt ergeben sich dann 25 Marktformen. Ein weiteres Differenzierungskriterium ist der *Vollkommenheitsgrad des Marktes*, insbesondere die mögliche Verschiedenheit der Güter. Man spricht von einer *Güterheterogenität*.

Für die Preisbildung ist jedoch weniger die Zahl der Marktteilnehmer als deren Verhalten entscheidend. Während man früher davon ausging, daß die oben genannten Marktformen mit ganz bestimmten charakteristischen Verhaltensweisen verbunden sind, folgt nach der *behavioristischen Theorie* aus den Marktformen nicht unbedingt ein eindeutiges Marktverhalten: gemäß dieser neueren Theorie gibt es – unabhängig von den Marktformen – grundsätzlich zwei verschiedene Verhaltensweisen, nämlich *Anpassung* einerseits und *Strategie* andererseits. Von Anpassung wird gesprochen, wenn ein Marktteilnehmer glaubt, daß die für ihn entscheidungsrelevanten Marktgrößen (insbesondere der Preis) von ihm nicht beeinflußt werden können; diese Größen werden von ihm als Datum angesehen, nur die Produktionsmenge kann den Marktbedingungen angepaßt werden. Ein strategisches Verhalten liegt hingegen vor, wenn ein Marktteilnehmer in der Erwartung handelt, daß durch seine Aktionen die Marktgrößen verändert werden und daß auch mit Reaktionen der Konkurrenz zu rechnen ist.

In der Marktform des Polypols gehen alle Anbieter normalerweise davon aus, daß sie die Daten nicht beeinflussen können. Obwohl wir von Konkurrenz sprechen, ergibt sich hier keine Dynamik („Schlafmützenkonkurrenz"). Sind jedoch wenige Anbieter auf dem Markt, werden sie sich anders verhalten, als wenn viele das gleiche Produkt anbieten. Strategieverhalten finden wir oft bei Monopolen, Teilmonopolen und Oligopolen. Ein eindeutiges Verhalten ist jedoch noch nicht ermittelt worden. Man findet Absprachen (auch auf der Nachfrageseite!), Preisführerschaften und alle möglichen Formen mehr oder weniger wettbewerbsbeschränkender Verhaltensweisen.

6 Das Nachfrageverhalten der einzelnen Haushalte

6.1 Die Nutzentheorie

Warum bzw. in welcher Form enthält die Arbeitswertlehre ein „Wertparadoxon"? In welcher Weise kann dies durch die subjektivistische Wertlehre aufgelöst werden? Was beinhalten die „Gossenschen Gesetze"?

Begriffe: objektivistische und subjektivistische Wertlehre, 1. und 2. Gossensches Gesetz, Grenznutzen.

Die bisher unterstellten Verläufe von Angebots- und Nachfragekurven hatten wir intuitiv begründet; in diesem Kapitel soll nun die Nachfrage der Haushalte genauer erörtert werden. Wir müssen dabei auf die bereits im Kap. 4.6. erwähnte subjektivistische Wertlehre und auf die Gossenschen Gesetze eingehen, die wir als wichtige Grundlagen der Mikroökonomie bezeichnet hatten.

Die *objektivistische Wertlehre* der Klassiker sah den Wert eines Gutes in der für die Produktion notwendigen Arbeit (*Arbeitswertlehre*). Diese rein angebotsseitige Betrachtung vermochte aber ein Phänomen – das Wertparadoxon – nicht zu erklären: warum sind die Güter normalerweise umso billiger, je mehr es davon gibt? Die *subjektivistische Wertlehre* konnte dieses Paradoxon auflösen. Diese Theorie besagt, daß der Wert eines Gutes durch seinen Beitrag zur menschlichen Bedürfnisbefriedigung bestimmt wird – womit eine wichtige Grundlage zur Analyse der Nachfrageseite geschaffen wurde; die Güter werden nach den jeweils individuellen Bedürfnissen und Vorstellungen bewertet.

Das Fundament der Grenznutzenschule legte Gossen (1810–1859) mit Erkenntnissen, die später die „*Gossenschen Gesetze*" genannt wurden. Das erste Gossensche Gesetz beinhaltet die Tatsache, daß mit zunehmender Menge eines Gutes der zusätzliche Nutzen jeder weiteren

Mengeneinheit abnimmt – jede zusätzliche Einheit verschafft immer weniger Genuß. Wird der Nutzenzuwachs durch die jeweilige letzte hinzugefügte Einheit eines Gutes als Grenznutzen bezeichnet, so kann das erste Gossensche Gesetz formuliert werden:

> Das *erste Gossensche Gesetz* ist das *Gesetz vom sinkenden Grenznutzen*: der Grenznutzen eines Gutes nimmt bei zunehmender zur Verfügung stehender und konsumierter Menge eines Gutes beständig ab.

Als Beispiel können wir uns den Nutzen des ersten, zweiten, dritten … Liters Wasser in der Wüste vorstellen. Bei lebensnotwendigen Gütern sinkt der Grenznutzen übrigens schneller als bei weniger dringlichen Gütern.

Das zweite *Gossensche Gesetz* ist etwas komplizierter und betrifft die optimale Aufteilung der zur Verfügung stehenden Konsumsumme. Wie wird gemäß dem ökonomischen Prinzip ausgewählt, wenn mehrere Güter in Frage kommen? Ein vielzitiertes Beispiel wurde von W. Röpke formuliert:

„Wir sehen den Vorgang in voller Deutlichkeit bei einem so trivialen Anlaß wie dem des Kofferpackens für eine Reise. Da wir nicht unsere ganze Habe mitnehmen können, überlegen wir uns zunächst, welche Dinge wir am dringendsten brauchen …; zugleich aber wägen wir ein Mehr an Hemden gegen ein Weniger an Schuhen, ein Mehr an Büchern gegen ein Weniger an Anzügen so gegeneinander ab, daß alles in einem vernünftigen Verhältnis zueinander steht … Es klingt ein wenig komisch, aber es ist tatsächlich so, daß der Koffer dann ideal gepackt ist, wenn das Niveau des Grenznutzens für die Anzüge, Hemden, Socken, Taschentücher, Schuhe und Bücher gleich hoch und höher als der Nutzen der zurückgelassenen Gegenstände ist."
(Röpke, W.: Die Lehre von der Wirtschaft, Erlenbach-Zürich/Stuttgart (1961: 9. Auflg.), S. 31)

Die optimale Ausnutzung des Koffers entspricht der Disposition des Einkommens – so, daß der Grenznutzen der letzten ausgegebenen Geldeinheit in allen Verwendungen gleich ist: Solange die letzten, bspw. für Milch ausgegebenen Pfennige noch einen größeren Nutzen stiften als die für Brot ausgegebenen lohnt es sich, das Budget umzuschichten, d. h. weniger Geld für Brot auszugeben und statt dessen mehr Milch zu kaufen. Das *zweite Gossensche Gesetz* – auch Genußausgleichsgesetz genannt – lautet:

> Der Haushalt maximiert dann seinen Gesamtnutzen – d.h. er realisiert seine günstigste Versorgungslage, wenn der Nutzen der letzten ausgegebenen Geldeinheit für sämtliche Verwendungsarten gleich hoch ist.

6.2 Subjektive Wertschätzung der Güter: Indifferenzkurven

> Was ist eine Indifferenzkurve? Welche Zusammenhänge lassen sich anhand einer Indifferenzkurve ableiten? Inwiefern besteht Verwandtschaft zum 1. Gossenschen Gesetz?
>
> Begriffe: Indifferenzkurve, Grenzrate der Substitution.

Das erste Gossensche Gesetz hilft uns, ein Instrument der mikroökonomischen Haushaltstheorie zu verstehen: die Indifferenzkurve.

> Die *Indifferenzkurve* ist die graphische Darstellung von Güterkombinationen, die denselben Beitrag zur Befriedigung der subjektiven Bedürfnisse leisten. Der Nutzen aller Güterkombinationen auf dieser Kurve ist also derselbe.

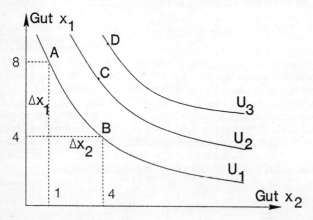

Abb. 6.2.1. Indifferenzkurven

Das Konzept der Indifferenzkurven geht davon aus, daß ein Haushalt/Wirtschaftssubjekt zwar seinen Nutzen nicht quantitativ messen, aber dennoch Aussagen darüber treffen kann, ob eine Güterkombination gegenüber einer anderen bevorzugt wird oder ob verschiedene Güterkombinationen als gleichwertig eingestuft werden.

Angenommen, der Haushalt habe eine bestimmte Kombination von Gütern (im Punkt A: 8 Einheiten von Gut x_1 und 1 Einheit von Gut x_2) realisiert. Wie würden seine möglichen Entscheidungen aussehen, wenn er von einem Gut mehr haben könnte, dafür aber vom anderen Gut weniger? Zunächst gilt, daß der Haushalt von jedem Gut grundsätzlich mehr haben möchte – es wird *Unersättlichkeit* unterstellt. D.h.: Konsumpunkt D (auf der Indifferenzkurve u_3) – mit mehr Einheiten von Gut x_1 und Gut x_2 wird dem Punkt A vorgezogen. Aber auch der Punkt C auf der Indifferenzkurve u_2: zwar beinhaltet diese Güterkombination weniger von x_1, aber u_2 gibt ein insgesamt höheres Nutzenniveau an als die Kurve u_1. Je weiter vom Ursprung entfernt die Kurven liegen, desto höher ist der Gesamtnutzen der auf der Kurve gleichwertigen Güterkombinationen.

Betrachten wir aber die Punkte gleichen Nutzens (beispielsweise A und B) auf der Indifferenzkurve u_1 noch einmal näher. Wie kommt diese Kurve zustande? Diese Indifferenzkurve und insbesondere ihre Steigung gibt die subjektive Bewertung der beiden Güter durch den Haushalt wieder. An dieser Kurve ist abzulesen, welche Mengen des einen Gutes das andere Gut ersetzen können, ohne daß sich der *Gesamtnutzen* verändert. Erinnern Sie sich an den Begriff der Opportunitätskosten: eine zusätzliche Einheit des Gutes x_2 kostet die Aufgabe einer bestimmten Menge von x_1. Wird der Konsumpunkt A durch den Punkt B ersetzt, so kann man die sich verändernden Mengen mathematisch anhand eines Quotienten ausdrücken:

$$-\frac{\Delta x_1}{\Delta x_2} = \text{(in unserem Beispiel)} - \frac{4}{3}$$

Dieser Quotient (die *Grenzrate der Substitution*) gibt die Anzahl der Gütereinheiten von x_1 an, auf die der Haushalt gerade verzichten kann, um eine Einheit von x_2 mehr zu haben (die „ersetzte" Gütermenge steht immer im Zähler, die „ersetzende" im Nenner). Verfolgen wir eine ständige Vermehrung des Gutes x_2 um eine Einheit, so sinkt die Grenzrate der Substitution. Je mehr vom Gut x_2 schon konsumiert wird, umso geringer wird mit jeder zusätzlichen Einheit x_2 die Menge von x_1, die der Haushalt bereit ist, für den zusätzlichen Konsum von x_2 aufzugeben. Wir können auch sagen, die „Ersetzungskraft" – also die Fähigkeit, das Gut x_1 zu ersetzen – sinkt mit zunehmendem Konsum von x_2, der Nutzenzuwachs durch jede weitere Einheit von Gut x_2 nimmt ab. Oder: Da der Preis von Gut x_2 die notwendige Aufgabe von x_1 ist (Opportunitätskosten), sinkt dieser bei steigender Menge von x_2. Die *Konvexität* der Kurve, d.h. die Form der Krümmung, vom Ursprung aus gesehen, sagt also das gleiche aus wie das 1. Gossensche Gesetz. Versuchen Sie, die Zusammenhänge für eine Ausdehnung des Konsums von x_1 nachzuvollziehen – das Prinzip ist dasselbe.

Die Aussage des ersten Gossenschen Gesetzes ist auch in einer Indifferenzkurve enthalten: die zum Koordinatenursprung stetig differenzierbare konvex gekrümmte Kurve gibt durch ihre Form Auskunft über die Substituierbarkeit (Ersetzbarkeit) zweier Güter im Verhältnis zueinander – bei konstantem Nutzenniveau; das *Gesetz der abnehmenden Grenzrate der Substitution* entspricht dem ersten Gossenschen Gesetz.

6.3 Objektive Konsummöglichkeiten: Budgetgeraden

Was unterscheidet die Budgetgerade von der Indifferenzkurve? Was wird durch die Steigung der Budgetgerade ausgedrückt? Was besagt eine Budgetrestriktion?

Begriffe: Budgetrestriktion, Budgetgerade.

Zur Ableitung der Nachfragekurve bedarf es noch eines zweiten Bausteines: der *Budgetgeraden*. Während die Indifferenzkurve die subjektive Bewertung zweier Güter im Verhältnis zueinander beinhaltet, stellt die Budget- oder Preisgerade die „objektive" relative Bewertung der beiden Güter dar. Wir können jetzt schon sagen: die Nachfragekurve enthält subjektive (gem. der persönlichen Nutzeneinschränkung) und objektive (Preis-)Elemente.

Angenommen, dem Haushalt steht ein begrenztes Einkommen zur Verfügung. Wir gehen davon aus, daß er das gesamte Einkommen für Konsumzwecke – für die zwei Güter x_1 und x_2 – ausgeben will und sprechen von der verfügbaren Konsumsumme (B). Den Gütern sind die Preise P_1 und P_2 zugeordnet, so daß gilt:

$$B = p_1 x_1 + p_2 x_2$$

Der Haushalt muß bei der Wahl seines Konsumpunktes die Güterpeise und die Konsumsumme berücksichtigen, wir nennen deshalb obigen Ausdruck *Budgetrestriktion*. Formen wir diese Gleichung um, erhalten wir mit

$$x_1 = \frac{B}{p_1} - \frac{p_2}{p_1} \cdot x_2$$

die Budgetgerade.

Wenn die Konsumsumme und Preise gegeben sind und auf der rechten Seite die schon gekaufte Menge von x_2 eingesetzt wird, gibt auf der linken Seite der Gleichung x_1 die Menge der Güter x_1 an, die noch gekauft werden kann. Die Gleichung zeigt also die Menge x_1 in Abhängigkeit von der Menge x_2 bei gegebenen Preisen und begrenzter Konsumsumme. (Entsprechend kann natürlich auch die Menge x_2 in Abhängigkeit von x_1 hergeleitet werden).

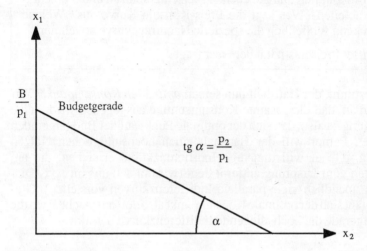

Abb. 6.3.1. Budgetgerade

Die graphische Darstellung der Budgetgeraden zeigt, wie der Haushalt seine Konsumsumme beim Erwerb der Güter verteilen kann: will er nur x_1 ($x_2 = 0$), ergibt sich aus der Gleichung $x_1 = B/p_1$. Alle Güterkombinationen auf und unterhalb der Budgetgeraden stellen realisierbare Konsumpunkte dar. Die Steigung der Geraden gibt das Preisverhältnis der beiden Güter an, die relative Bewertung der Güter kann man als Ableitung der Budgetgeraden

$$\frac{dx_1}{dx_2} = \frac{p_2}{p_1}$$

schreiben. Während die Indifferenzkurven die *Substitutionsbereitschaft* angeben, handelt es sich bei der Budgetgeraden um die *Substitutionsmöglichkeit* .

> Die Budgetgerade stellt alternativ realisierbare Konsumpunkte bei gegebener Konsumsumme und gegebenen Preisen dar. Alle Punkte auf und unterhalb der Geraden zeigen Konsumpunkte an, für die die Gesamtausgaben nicht größer sind als das zur Verfügung stehende Budget.

6.4 Konsumoptimum, Preis-Konsum-Kurve und spezielle Nachfragekurve

> Wie läßt sich der optimale Konsumpunkt bei zwei Gütern, gegebenem Einkommen und gegebenen Preisen graphisch und mathematisch ableiten? Was sagt die Preis-Konsum-Kurve aus? Welche Form kann schließlich die spezielle Nachfragekurve annehmen?
>
> Begriffe: Preiselastizität der Nachfrage.

Wie bestimmt der Haushalt nun seinen *optimalen Konsumpunkt*? Wir nahmen an, daß die gesamte Konsumsumme ausgegeben wird – eine Bedingung ist also, daß sich der optimale Punkt auf der Budgetgeraden befindet. Ferner will der Haushalt einen höchstmöglichen Nutzen erzielen, d.h. er will diejenige Indifferenzkurve erreichen, die am weitesten vom Ursprung entfernt liegt (wir müssen uns im x_1/x_2-Diagramm unendlich viele parallele Indifferenzkurven vorstellen). Graphisch läßt sich der optimale Konsumpunkt also dort ausmachen, wo die Budgetgerade die höchstliegende Indifferenzkurve berührt.

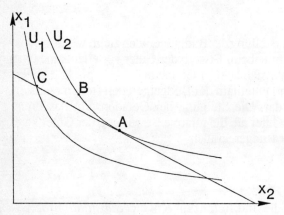

Abb. 6.4.1. Konsumoptimum

Im Schaubild ist dies im Punkt A der Fall. Der Punkt B bspw. würde zwar gleichen Nutzen stiften wie der Punkt A – er liegt auf derselben Indifferenzkurve –, er ist aber mit dem gegebenen Budget nicht zu realisieren. Punkt C wiederum, der eine mit gegebener Konsumsumme realisierbare Güterkombination anzeigt, liegt auf einem niedrigeren Nutzenniveau als Punkt A. Wir sprechen davon, daß sich im Punkt A der Haushalt im *Gleichgewicht* befindet: bei gegebenen Bedürfnissen, Einkommen und Preisen sieht er keine Veranlassung, seine Dispositionen zu verändern.

Dieses Ergebnis läßt sich auch mathematisch ableiten. Erinnern wir uns an das 2. Gossensche Gesetz, das besagte, daß der Haushalt dann seinen Gesamtnutzen maximiert, wenn der Nutzen der letzten ausgegebenen Geldeinheit für alle Verwendungsarten gleich hoch ist. Auf einer Indifferenzkurve ist der Nutzen überall gleich, d. h. bei einer Bewegung auf dieser Kurve verändert sich der Nutzen nicht (mathematisch: das totale Differential der Nutzenfunktion muß gleich Null sein).

$$du = \frac{\partial u}{\partial x_1} \, dx_1 + \frac{\partial u}{\partial x_2} \, dx_2 \equiv 0$$

Durch Umformung ergibt sich die Steigung der Indifferenzkurve

$$\frac{dx_1}{dx_2} = - \frac{\frac{\partial u}{\partial x_2}}{\frac{\partial u}{\partial x_1}}$$

Die Bilanzgerade hat die Steigung $-p_2/p_1$, und da im Optimalpunkt die Steigung der Indifferenzkurve gleich der Steigung der Bilanzgeraden ist, schreiben wir

$$-\frac{p_2}{p_1} = - \frac{\frac{\partial u}{\partial x_2}}{\frac{\partial u}{\partial x_1}} \quad \text{bzw. durch Multiplikation mit } (-1) \quad \frac{p_2}{p_1} = \frac{\frac{\partial u}{\partial x_2}}{\frac{\partial u}{\partial x_1}}$$

Links steht das Preisverhältnis der beiden Güter, was im Optimum also dem Grenznutzenverhältnis (rechter Term) gleich ist. Dies bedeutet nichts anderes, als daß die objektive gleich der subjektiven Substitutionsrate ist. Wenn wir nochmals umformen, ergibt sich

$$\frac{\frac{\partial u}{\partial x_1}}{p_1} = \frac{\frac{\partial u}{\partial x_2}}{p_2}$$

was dem 2. Gossenschen Gesetz entspricht; im Optimalpunkt ist der Grenznutzen des Geldes in der Verwendung für Gut x_1 gleich dem in der Verwendung für Gut x_2. Als Zusammenfassung erhalten wir:

Im *optimalen Konsumpunkt* gilt $|dx_1 / dx_2| = \dfrac{\partial u}{\partial x_2} / \dfrac{\partial u}{\partial x_1} = p_2 / p_1$; die Grenzrate der Substitution zwischen zwei Gütern ist gleich dem umgekehrten Verhältnis der Grenznutzen der Güter, das Grenznutzenverhältnis ist gleich dem Preisverhältnis, Substitutionsbereitschaft ist gleich Substitutionsmöglichkeit.

Inwiefern hilft uns aber das Konsumoptimum zur *Ableitung der Nachfragekurve* weiter? Die Nachfragekurve zeigt die Auswirkung von Preisänderungen auf die nachgefragte Menge eines Gutes. Bisher waren wir von optimalen Gleichgewichtsmengen bei gegebenen Preisen ausgegangen – die Frage muß also lauten, wie sich die jeweiligen Optimalpunkte bei Preisveränderungen verschieben.

Bei gegebener Konsumsumme bzw. gegebenem Einkommen – die Nachfragekurve gilt ja auch für ein gegebenes Einkommen – muß sich bei einer Preisänderung die Lage der Budgetgeraden verändern, da ihre Steigung ja dem Preisverhältnis entspricht. Ändert sich in unserem Beispiel p_1, so bewirkt dies eine Drehung der Budgetgeraden um den Abszissenabschnitt. Nehmen wir an, p_1 sinkt, so folgt daraus eine größere Steigung (p_2/p_1) der Budgetgeraden – vom Gut x_1 kann bei gegebenem Einkommen und konstantem p_2 mehr konsumiert werden.

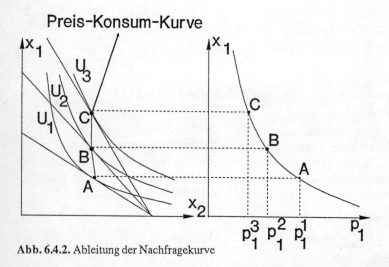

Abb. 6.4.2. Ableitung der Nachfragekurve

Es ergeben sich neue optimale Konsumpunkte – und zwar auf jeweils höherem Nutzenniveau (s. Abb.). Verbinden wir diese verschiedenen optimalen Konsumpunkte bei verschiedenen Preisen, erhalten wir die *Preis-Konsum-Kurve*. Die Beziehung zwischen Preis und optimalem Konsum eines Gutes kann hieraus abgeleitet werden (s. rechte Abb.) – es bleibt nur noch, die ermittelten Mengen in ein Preis-Mengen-Diagramm zu übertragen, so daß wir die übliche Darstellung der Nachfragekurve erhalten.

> Die Nachfragekurve für ein Gut zeigt an, welche Mengen eines bestimmten Gutes bei verschiedenen Preisen dieses Gutes – aber konstantem Einkommen und konstanten Preisen anderer Güter – von einem Haushalt nachgefragt werden. Diese Nachfragemengen lassen sich aus den optimalen Konsumpunkten des Haushalts ableiten.

Eine Warnung sei hier angebracht: das hergeleitete Prinzip ist keine Handlungsanweisung, und kann es auch nicht sein, weil sich die Indifferenzkurven nicht in „konkreten Zahlen" darstellen lassen.

Es geht darum, die Determinanten der Nachfrage herauszustellen, nämlich

– die Bedürfnisstruktur der Haushalte
– die Preise anderer Güter
– die Konsumsumme.

Hierauf kommen wir im nächsten Abschnitt nochmals zurück. Wenden wir uns noch einmal der *speziellen Nachfragefunktion* zu, nämlich der Beziehung zwischen dem Preis dieses Gutes und seiner Nachfrage – ceteris paribus.

Wir hatten schon erwähnt, daß die Nachfragekurven durchaus unterschiedlicher Gestalt sein können, je nach Dringlichkeit des Gutes oder aufgrund der verschiedensten anderen Einflüsse, die auf die Reaktion durch Mengenänderungen aufgrund von Preisänderungen wirken. Diese Beziehung nennen wir *Preiselastizität der Nachfrage*.

> Das Verhältnis zweier prozentualer Veränderungen bezeichnet man im allgemeinen als eine Elastizität. Dabei wird die prozentuale Veränderung der Ursache im Nenner und die der Wirkung im Zähler benannt; wir erhalten dann für die Preiselastizität der Nachfrage den Ausdruck
>
> $$(dx_1 / x_1) / (dp_1 / p_1) = \eta < 0$$

Wird der Preis um 10% erhöht und sinkt daraufhin die Nachfrage um ebenfalls 10%, dann sprechen wir von einer einheitselastischen Nachfrage, da die Elastizität (absolut genommen) 1 beträgt. Ist der absolute Wert der Elastizität größer als 1, dann sprechen wir von einer *elastischen Nachfrage*; ist er kleiner als 1, dann sagen wir, daß die Nachfrage unelastisch sei. (Siehe Abb. 6.4.3.).

Steigt der Preis um 1% und sinkt die Nachfrage um 2%, dann ist die Nachfrage elastisch; steigt der Preis um 5% und sinkt die Nachfrage um 1%, dann ist die Nachfrage unelastisch. Grenzfälle sind die *vollkommen unelastische Nachfrage* (senkrechte Nachfragekurve) und die vollkommen elastische Nachfrage (als eine Parallele zur X-Achse). Im ersten Fall bewirkt eine Preisänderung gar keine Mengenveränderung: die Elastizität ist gleich 0. Im zweiten Fall – bei einer Elastizität von ∞ – würde eine winzige Preisänderung eine unendliche Mengenänderung bewirken, es gibt faktisch nur einen Preis.

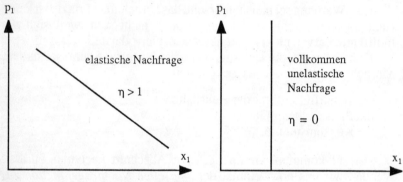

Abb. 6.4.3. Elastizitäten der Nachfrage

Auch ein *anomaler Verlauf* der Nachfragekurve ist vorstellbar, d. h. daß mit steigendem Preis auch die nachgefragte Menge steigt, so, wenn mit der Preissteigerung eine Qualitätsverbesserung assoziiert wird oder bei Prestige-Gütern, mit denen Snobs zuweilen zeigen wollen, was sie sich leisten können.

Die Nachfrage kann also als

– normal, d. h. mehr oder weniger preiselastisch, mit mehr oder weniger starker Steigung der Nachfragekurve
– anomal, d. h. steigend oder
– preisunelastisch

bezeichnet werden.

Güter, nach denen die Nachfrage relativ elastisch ist (eine schon recht geringe Preisänderung bewirkt eine große Nachfrageänderung) werden *Güter des Wahlbedarfs* genannt (bspw. Flugreisen, i. a. Luxus-güter), während Güter mit einer geringen Preiselaszitität der Nachfrage (eine große Preisveränderung bewirkt nur eine kleine Nachfrageände-rung, woraus auf die Dringlichkeit der Güter geschlossen werden kann) auch *Güter des Zwangsbedarfs* genannt werden (bestimmte Medika-mente).

Die Elastizität ist jedoch keine konstante Größe, sondern ändert sich, je nachdem, welche Punkte man auf der Nachfragekurve betrach-tet! (Ausnahme: isoelastische Kurven, die an allen Punkten eine gleiche Elastizität aufweisen).

6.5 Die generelle Nachfragefunktion

Welche Determinanten der Nachfrage werden in der generellen Nachfragefunktion berücksichtigt? Welchen Einfluß haben diese jeweils auf die Nachfrage nach einem betrachteten Gut?

Begriffe: Kreuzpreiselastizität, Einkommenselastizität der Nach-frage; komplementäre, substitutive und unverbundene Güterbeziehungen; superiore, inferiore und einkommensunabhängige Güter.

Während mit der speziellen Nachfragefunktion oder Nachfragekurve nur die Beziehung zwischen Preis und Menge eines Gutes dargestellt wird und alle anderen Determinanten der Nachfrage als konstant ange-nommen werden (*ceteris-paribus-Annahme*), beinhaltet die *generelle Nachfragefunktion* auch die anderen Determinanten, nämlich die Bedürfnisstruktur der Haushalte, die (erwarteten) Preise auch der ande-ren Güter sowie die Konsumsumme. Wir können auch schreiben:

$$x_1 = f(p_1, p_2, \ldots, p_n, B, W)$$

wobei $p_2 \ldots p_n$ für die Preise aller anderen Güter stehen, B für das Budget oder Einkommen und W für die Bedürfnisstruktur des Haushalts. Der Einfluß von p_1 auf x_1 wurde anhand der speziellen Nachfragefunktion erörtert – es bleibt der Einfluß von Preisänderungen anderer Güter, von Veränderungen des Einkommens und der Bedürfnisstruktur zu klären.

Bei den *Preisänderungen anderer Güter* kommt es darauf an, wel-che Beziehung zwischen dem Gut, dessen Preis sich ändert, und unserem Gut x_1 besteht, dessen mengenmäßige Nachfrageänderung wir betrachten. Bei der mengenmäßigen prozentualen Veränderung des Gutes A aufgrund einer prozentualen Preisänderung beim Gut B sprechen wir von der *Kreuzpreiselastizität*. Mit ihrer Hilfe lassen sich die einzelnen Güterbeziehungen darstellen.

(1) Die Güter können in einer *komplementären Beziehung* stehen, d. h. sich gegenseitig ergänzen: der Konsum des einen Gutes ist an den Konsum des anderen Gutes gebunden. Als Beispiel werden häufig Pfeifen und Tabak genannt. Eine Preisänderung des anderen Gutes wirkt wie die eigene Preisänderung – wenn bspw. der Preis für Tabak steigt, dürfte die Nachfrage nach Pfeifen zurückgehen. Die Kreuzpreiselastizität ist – analog zur direkten Preiselastizität der Nachfrage eines Gutes – negativ.

(2) Die Güter können in einem *substitutiven Verhältnis* zueinander stehen, d. h. der Konsum des einen Gutes ist durch den Konsum des anderen Gutes ersetzbar. Ist unser x_1 also bspw. Marmelade, und steigt der Preis für Honig, so wird die Nachfrage nach Marmelade als alternativem Gut steigen. Als Beispiel können ferner Tee und Kaffee, Butter und Margarine und ähnliches genannt werden. In diesem Fall ist die Kreuzpreiselastizität positiv.

(3) Ferner gibt es noch die Möglichkeit, daß die Güter in *unverbundener* – d.h. keiner – *Beziehung* zueinander stehen. Steigt der Preis für Flugreisen, wird sich an unserer Nachfrage nach Marmelade nichts ändern. Hier liegt eine Kreuzpreiselastizität von O vor.

Graphisch stellen sich diese Beziehungen folgendermaßen dar:

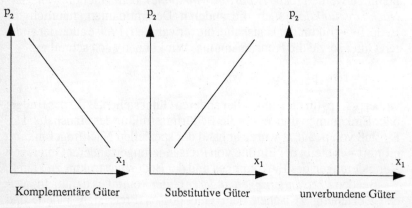

| Komplementäre Güter | Substitutive Güter | unverbundene Güter |

Abb. 6.5.1. Güterbeziehungen

Die Kreuzpreiselastizität gibt Auskunft über die Beziehungen zweier Güter zueinander, da sie ein Ausdruck für die Mengenänderungen bei der Nachfrage eines Gutes aufgrund von Preisänderungen eines anderen Gutes ist. Wir kennen komplementäre, substitutive und unverbundene Güterbeziehungen; die Kreuzpreiselastizität ist jeweils negativ, positiv oder gleich 0.

Was passiert nun, wenn sich das *Einkommen* (Y) bzw. die Konsumsumme unseres Haushalts ändert? Auch wenn sich der Preis eines anderen Gutes ändert, können übrigens Einkommenswirkungen entstehen (bisher hatten wir diesen Effekt ausgeschlossen): sinkt der Preis eines Gutes, kann die Nachfrage nach allen Gütern steigen, weil das Realeinkommen des Haushalts steigt! Er spart Geldmittel beim Kauf des billiger gewordenen Gutes ein, die er für den Kauf anderer Güter verwenden kann.

Steigt das Nominaleinkommen, so zeigt sich dies graphisch in einer Verlagerung der Budgetgeraden nach außen. Im *Normalfall* fragt der Haushalt dann von einem Gut mehr nach – bei gegebenem Preis, d. h. die spezielle Nachfragekurve wird nach außen verlagert. Die prozentuale Mengenänderung in der Nachfrage aufgrund einer prozentualen Einkommensänderung wird *Einkommenselastizität der Nachfrage* genannt; im geschilderten Fall eines normalen – oder *superioren* – Gutes ist diese positiv (s. Abb.).

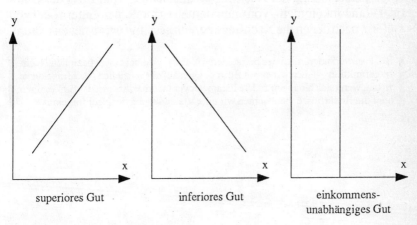

superiores Gut   inferiores Gut   einkommens-
                                                unabhängiges Gut

Abb. 6.5.2. Einkommenselastizitäten

Ein Gut kann aber auch *inferior* sein, d. h. bei steigendem Einkommen wird es als minderwertig angesehen, entsprechend geht die Nachfrage zurück (und umgekehrt). Als Beispiel werden häufig Kartoffeln genannt. Die spezielle Nachfragekurve verlagert sich in diesem Fall nach innen, die Einkommenselastizität der Nachfrage ist negativ. Ein dritter Fall liegt bei *einkommensunabhängigen* Gütern vor: deren Einkommenselastizität der Nachfrage ist 0 (bspw. Salz), die Menge ändert sich nicht in Abhängigkeit vom Einkommen. Entsprechend bleibt auch die spezielle Nachfragekurve von einer Einkommensänderung unberührt.

> Die Einkommenselastizität der Nachfrage gibt Auskunft darüber, wie sich die prozentuale Nachfrageveränderung bei einem Gut verhält, wenn sich das Einkommen um einen bestimmten Prozentsatz verändert. Wir kennen superiore, inferiore und einkommensunabhängige Güter; die Einkommenselastizität der Nachfrage ist jeweils positiv, negativ, oder gleich 0.

Als letzte Determinante der Nachfrage nach einem Gut x_1 bleibt in der generellen Nachfragefunktion die *Bedürfnisstruktur*. Eine Veränderung der Bedürfnisstruktur (irgendein Gut wird bspw. modern, während ein anderes Gut als altmodisch gilt) kann durch Modewellen – evtl. durch Werbung initiiert – auftreten, oder dadurch, daß neue Güter auf den Markt kommen, und drückt sich zunächst in einer Veränderung der Indifferenzkurven aus, und also in einer Verlagerung der optimalen Konsumpunkte in Richtung der „modernen" Güter. Es kommt also zu einer Verschiebung der Nachfrage – unabhängig vom Preis der Güter oder vom Einkommen – von unmodernen zu modernen Gütern oder von Gütern, nach denen die Nachfrage bereits gesättigt ist, zu neuen Gütern.

> Bei Preisveränderungen des betrachteten Gutes – also bei einer speziellen Nachfragefunktion – haben wir es mit Bewegungen auf der speziellen Nachfragekurve zu tun; wenn sich hingegen andere Parameter verändern wie bspw. das Einkommen oder die Bedürfnisse, beobachten wir eine Verschiebung der Nachfragekurve.

6.6 Gesamtnachfrage am Markt

> Wie entsteht die Gesamtnachfragefunktion aus den speziellen Nachfragekurven der Haushalte?
>
> Begriff: Aggregation.

Die gesamte Nachfrage an einem Markt, also die Nachfragefunktion, anhand derer – auch in diesem Lehrbuch – ständig argumentiert wird, muß nun noch aus den speziellen Nachfragekurven aller individuellen Haushalte abgeleitet werden. Dies geschieht durch *Aggregation* – d.h. die Nachfragekurven der Haushalte werden zusammengefaßt. Die graphische Lösung besteht in der horizontalen Addition der einzelnen Kurven:

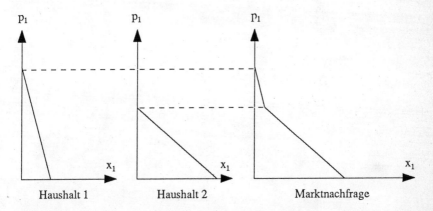

Haushalt 1   Haushalt 2   Marktnachfrage

Abb. 6.6.1. Ableitung der gesamtwirtschaftlichen Nachfragekurve

Die nachgefragten Gütermengen der – in diesem Fall nur zwei – Haushalte werden horizontal addiert, so daß die rechte Graphik die Gesamtnachfrage auf dem speziellen Markt (bspw. für Autos) in Abhängigkeit vom Preis zeigt. Die Gesamtnachfrage enthält, ebenso wie die Nachfrage der einzelnen Haushalte, die Preise anderer Güter, die Bedürfnisstruktur und die Einkommen der Haushalte als Determinanten; hier ist jedoch zu beachten, daß die Gesamtnachfrage nicht nur von der Einkommenssumme aller Haushalte abhängig ist, sondern auch von der Einkommensverteilung, deren Veränderung die Kurve auch beeinflussen kann: ein stärkerer Anstieg hoher Einkommen zugunsten der niedrigen Einkommen würde bspw. die Nachfrage nach Luxuswagen erhöhen, der umgekehrte Vorgang würde eher Kleinwagen betreffen.

7 Das Angebot der Unternehmung

7.1 Unternehmensentscheidungen: Modellannahmen und Entscheidungsrahmen

> Von welchen Annahmen gehen wir aus, wenn der optimale Produktionsplan als Grundlage der Angebotsfunktion analysiert wird? Unter welchen Bedingungen gilt die Ausbringungsmenge als gewinnmaximal?
>
> Begriffe: Grenzerlös, Grenzkosten; fixe und variable Kosten.

Wir waren bisher von einer Angebotskurve ausgegangen, die die angebotenen Mengen in positiver Abhängigkeit vom (steigenden) Preis darstellte. Ähnlich wie im vorigen Kapitel die Nachfragekurve abgeleitet wurde, soll hier dargestellt werden, wie die Angebotskurve zustande kommt. Die Produktion eines Unternehmens ist ja nicht nur vom erzielbaren Preis abhängig, sondern auch von technischen Gegebenheiten, von den Faktorpreisen, von der Wettbewerbssituation u. v. m. Auch hatten wir gesagt, daß bei vollständiger Konkurrenz der Preis für die einzelne Unternehmung ein Datum ist. Wie läßt sich dann die idealtypische, aufsteigende Angebotskurve erklären?

Im *Produktionsprozeß* werden Produktionsfaktoren und auch Vorleistungen (das sind Güter, die als Zwischenprodukte für die Produktion von Konsum- oder Investitionsgütern eingesetzt werden) kombiniert und zu Gütern transformiert. Mit allen damit zusammenhängenden Einzelproblemen – wie Beschaffung, Investition und Finanzierung, Organisation des Produktionsprozesses, Absatz u. v. m. – beschäftigt sich die Betriebswirtschaftslehre. Da die Unternehmensentscheidungen für die Volkswirtschaftslehre quasi ein Mosaikstein im Gesamtgefüge sind und es deshalb weniger auf Detailbetrachtungen ankommt als auf die Einfügung dieses „Steinchens" in unser Gesamtmodell der Wirtschaft, gehen wir – ähnlich wie bei der Haushaltstheorie

– von gewissen Annahmen aus, die den Untersuchungsgegenstand so eingrenzen und definieren, daß bestimmte Probleme in der Analyse gar nicht auftauchen können. Wie bei der Ableitung des optimalen Konsumplans geht es auch bei der *Ableitung des Produktionsplans* um die Verdeutlichung wichtiger Determinanten. Auch hier haben wir ein Maximierungsproblem – während es in der Haushaltstheorie darum ging, den Nutzen zu maximieren, geht es hier nun um Gewinngrößen –, das wir wieder mit Hilfe der Marginalanalyse (also der Betrachtung von Grenzwerten) zu lösen versuchen. Wir bewegen uns zunächst weiterhin im *Modellrahmen der vollständigen Konkurrenz*; entsprechend lauten die *Annahmen*:

– Es wird ein Produkt mit Hilfe von zwei Produktionsfaktoren innerhalb einer Produktionsstufe erstellt.
– Der Stand des technischen Wissens ist vorgegeben und unveränderlich in der einen Betrachtungsperiode, es liegt also eine statische Betrachtungsweise vor.
– Wir gehen von vollkommener Information der Unternehmer aus; Unsicherheiten bestehen nicht. Die Produktion kann unverzüglich abgesetzt werden (genauso gibt es keine Beschaffungsprobleme); von Lagerhaltung, Finanzierungsproblemen etc. wird abstrahiert.
– Für die formale Analyse ist es ferner wichtig, von der beliebigen Teilbarkeit aller Mengen auszugehen.
– Jedes einzelne Unternehmen hat für sich genommen keinen Einfluß auf den Marktpreis; der Marktpreis ist ein Datum, an das sich die Unternehmen mit ihren Mengen anpassen können.

Unschwer sind die Bedingungen des *vollkommenen Marktes* zu erkennen; mit der zusätzlichen Annahme *polypolistischer Anbieter- und Nachfragerstrukturen* (wir werden später auch noch kurz auf das Oligopol und das Monopol eingehen) liegt vollständige Konkurrenz vor.

Wenn der *Preis als Datum* und Gewinnmaximierung als Ziel gegeben sind, lautet das zu lösende Problem des Unternehmens also: wie hoch ist die *gewinnmaximale Ausbringungsmenge*? Der Gewinn ermittelt sich als Erlös abzüglich der Kosten:

$$G = E - K \qquad\qquad
\begin{aligned}
&G \; - \text{Gewinn} \\
&E \; - \text{Erlös (Umsatz)} \\
&K \; - \text{Kosten}
\end{aligned} \qquad (1)$$

Genauer: Der *Erlös* ist die mit dem Marktpreis (p) bewertete abgesetzte

Menge (x); die Kosten setzen sich zusammen aus den *Fixkosten* (K_f) – das sind die Kosten, die unabhängig von der erstellten Menge anfallen wie bspw. die Miete – und den *variablen Kosten* ($K_v(x)$), die mit der Ausbringungsmenge variieren.

$$E = p \cdot x$$
$$K = K_f + K_v(x) \tag{1'}$$
$$G = p \cdot x - K_f - K_v(x)$$

Das Gewinnoptimum bestimmt sich durch die Differentiation nach der Menge wie folgt:

$$dG / dx = dE / dx - dK / dx = p - K_v' \tag{2}$$

Um die notwendige Bedingung für ein Optimum herzuleiten, setzen wir die erste Ableitung gleich Null und erhalten

$$dG / dx = p - K_v' = 0 \qquad \text{bzw:}$$
$$p = K_v' \qquad \text{(Preis = Grenzkosten)} \tag{2a}$$

Die Bedingung (2a) sagt aus, daß ein Optimum für den Unternehmer vorliegt, wenn er solange produziert, bis der Preis (Datum beim Polypol) gleich den Grenzkosten ist, d. h. den Kosten, die pro zusätzlich erzeugter Produktionseinheit anfallen. Die Produktion wird solange ausgedehnt, bis der Grenzgewinn der letzten produzierten Einheit gleich Null ist. Ob es sich bei der oben bestimmten Optimalbedingung um ein Maximum oder ein Minimum handelt, beantwortet uns die zweite Ableitung der Gewinngleichung:

$$d^2G / dx^2 = d^2E / dx^2 - d^2K / dx^2 < 0$$
$$\text{da } d^2E / dx^2 = 0 \text{ und } - d^2K / dx^2 = -K_v'' \text{ ist, folgt: } K_v'' < 0 \tag{2'}$$

Ist die zweite Ableitung negativ, so liegt nach den Regeln der Differentialrechung ein Maximum vor. Diese Bedingung bedeutet, daß die Grenzkosten nach dem Betriebsoptimum ansteigen müssen, d. h. eine Produktionsausdehnung führt zu überproportional ansteigenden Kosten.

Um nun aber Aussagen über den Kostenverlauf machen zu können, müssen die Produktionsbedingungen bekannt sein; in welchem Maße variieren die Kosten, und wovon ist dies abhängig?

Um die Angebotskurve herzuleiten, muß zunächst die gewinnmaximale Ausbringungsmenge der Unternehmen ermittelt werden (ähnlich hatten wir bei der Herleitung der Nachfragekurve zuerst das Konsumoptimum der Haushalte betrachtet!). Die Gewinnmaximierungsbedingung „*Grenzerlös gleich Grenzkosten*"

> erfordert jedoch zunächst eine Analyse der technischen Produktionsbedingungen (der Produktionsfunktionen), weil erst daraus die Kostenverläufe abgeleitet werden können.

Bevor wir uns jedoch den Produktionsfunktionen zuwenden, wollen wir uns den einfachsten Baustein dieses Gefüges erarbeiten – die *Erlösfunktion* bzw. den Grenzerlös. Bei konstantem, vorgebenem Preis ($\bar{p}$) ist der Erlös eine lineare Funktion der abgesetzten (und gemäß unserer Annahmen auch produzierten) Menge, also eine Gerade mit der Steigung $\bar{p}$:

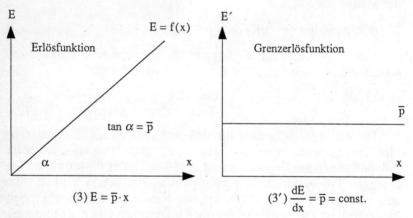

$$(3)\ E = \bar{p} \cdot x \qquad\qquad (3')\ \frac{dE}{dx} = \bar{p} = const.$$

Abb. 7.1.1. Erlös- und Grenzerlösfunktion

Der Gesamterlös steigt proportional mit jeder weiteren produzierten Mengeneinheit; das Erlösmaximum ist durch die Kapazität des Unternehmens bestimmt. Der zusätzliche Erlös, den jede weitere produzierte Einheit erbringt, der Grenzerlös, ist konstant, also gleich dem Stückerlös ($\bar{p}$).

7.2 Produktionsfunktionen

In welcher Beziehung können die einzelnen Faktoren einer allgemeinen Produktionsfunktion zueinander stehen? Wie variiert der Output bei Veränderung des gesamten Faktorbündels? Wie verläuft die Outputsteigerung bei vermehrtem Einsatz nur eines Faktors? Wodurch ist die ertragsgesetzliche Produktionsfunktion gekennzeichnet?

Begriffe: allgemeine und spezielle Produktionsfunktion; substitutionale und limitationale Produktionsfunktion; konstante, steigende und sinkende Skalenerträge; Ertragsgesetz; Grenz- und Durchschnittsertrag.

Eine Produktionsfunktion stellt die technischen (mengenmäßigen) Beziehungen zwischen Faktoreinsatz (input) und erbrachter Leistung (output) dar. Wie bei der Nachfragefunktion können wir auch hier zwischen einer allgemeinen und einer speziellen Funktion unterscheiden.

Allgemein läßt sich die Produktionsfunktion wie folgt mathematisch darstellen:

$$x = f(v_1, v_2, ..., v_n), \tag{4}$$

wobei v_i die einzelnen Produktionsfaktoren, Vorleistungen, Rohstoffe etc. bedeuten, deren effiziente Kombination eine Mengeneinheit x ergibt. Eine Erhöhung bzw. Verminderung des Outputs x ergibt sich durch Variation des gesamten Faktorbündels, während bei einer *speziellen Produktionsfunktion* die Variation nur eines Faktors betrachtet wird – die anderen Faktoren werden als konstant angenommen.

Die *allgemeine Produktionsfunktion* enthält nur effiziente Faktorkombinationen, deren Herleitung wir uns hier ersparen wollen. Wichtig ist allerdings zu wissen, daß die Beziehung der Produktionsfaktoren untereinander auch eine Rolle spielt: die Faktoren können mehr oder weniger austauschbar sein – dann sprechen wir von substituierbaren Faktoren bzw. *substitutionalen Produktionsfunktionen*. Eine bestimmte Ausbringungsmenge kann dann mit einer Vielzahl unterschiedlicher Einsatzrelationen der Faktoren erstellt werden. Betrachten wir bspw. die beiden Faktoren Arbeit und Kapital, so können wir uns vorstellen, daß diese bis zu einem gewissen Grade (zumindest langfristig) in vielen Produktionsprozessen austauschbar sind (s. bspw. Textilindustrie). Wenn die Faktoren nicht bzw. sehr schwer austauschbar sind – dieser

Fall überwiegt wohl kurzfristig in der modernen Produktion – spricht man von *limitationalen* Faktoren bzw. *Produktionsfunktionen*. Häufig sind Maschinen bspw. so konstruiert, daß genau eine Arbeitskraft zu deren Bedienung erforderlich ist. Bei Limitationalität stehen also die Einsatzmengen der Faktoren einer Produktionsfunktion für eine bestimmte Ausbringung in einem technisch bindenden Einsatzverhältnis zueinander.

Wie verändert sich nun der Output, wenn das gesamte Inputbündel, also alle Produktionsfaktoren, um den gleichen Prozentsatz erhöht werden? Steigt der Output in gleichem Maße, überproportional oder unterproportional? Im ersten Fall sprechen wir von *konstanten* Skalenerträgen, entsprechend bei überproportionalem Outputzuwachs von steigenden Skalenerträgen und bei unterproportionalem Outputzuwachs von *sinkenden Skalenerträgen* (s. Abbildung 7.2.1.).

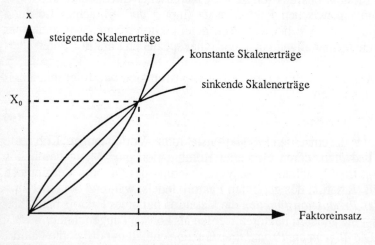

Abb. 7.2.1. Skalenerträge

Aus Vereinfachungsgründen sehen wir den Fall konstanter Skalenerträge als den Normalfall an, d. h., daß aus einer Verdoppelung aller Inputs auch eine Verdoppelung der Ausbringung folgt. Als Beispiel diene eine Produktionsstätte, die identisch an einem anderen Ort noch einmal aufgebaut wird; wir können davon ausgehen, daß eine Firma mit einer zweiten, identischen Produktionsstätte ihren Output verdoppelt. Allerdings tritt häufig auch folgender Effekt ein: eine Art begrenzter Faktor ist das Management; eine Verdoppelung der Zahl an Managern bedeutet nicht unbedingt auch eine Verdoppelung der Führungskompetenz und der Übersicht. Ab einer gewissen Größe kann es also aufgrund von Reibungseffekten, sogenannten Informations- und Einigungskosten zu abnehmenden Skalenerträgen kommen. Ein anderes Beispiel auf sektoraler Ebene: eine Vervielfachung der Agrarproduktion würde uns schnell die Grenzen des Faktors Boden vor Augen führen; auch hier würden wir mit sinkenden Skalenerträgen zu rechnen haben, weil immer mehr minderwertiger Boden in die Produktion einbezogen werden müßte.

> *Limitationalität* und *Substitutionalität* beziehen sich auf das Einsatzverhältnis der Produktionsfaktoren in einer Produktionsfunktion untereinander bei einem bestimmten Output: dieses kann technisch bedingt fest vorgegeben oder aber (in gewissen Grenzen) variabel sein. Skalenerträge beziehen sich auf den Outputzuwachs bei einer Vervielfachung des Inputbündels; dieser kann linear, degressiv oder progressiv sein – entsprechend liegen *konstante, abnehmende oder zunehmende Skalenerträge* vor.

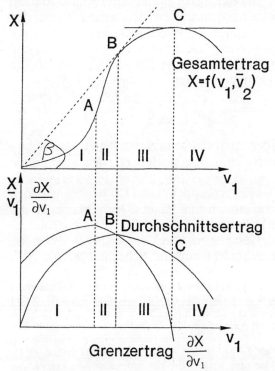

Abb. 7.2.2. Zusammenhang von Gesamtertrag zu Grenz- und Durchschnittsertrag

Mit der *speziellen Produktionsfunktion* betrachten wir Outputver- änderungen aufgrund der Variation nur eines Faktors, alle anderen Faktormengen werden als konstant angenommen (wir müssen also eine substitutionale Produktionsfunktion voraussetzen – bei festen Einsatz- verhältnissen würde die Variation nur eines Faktors gar nichts ausrich- ten!). Das sogenannte *Ertragsgesetz* ist die erste in der Literatur behan- delte Produktionsfunktion: es wurde beobachtet, daß in der Landwirt- schaft bei konstanter Anbaufläche und gleichbleibendem Einsatz von Saatgut und Düngemitteln eine Steigerung des Arbeitseinsatzes zu- nächst zu steigenden, ab einem gewissen Punkt jedoch zu abnehmenden Ertragszuwächsen führt.

Die Produktionsfunktion

$$x = f(v_1, \overline{v}_2) \qquad (5)$$

zeigt im oberen Schaubild (siehe Abb. 7.2.2.) den Gesamtertrag (x) in Abhängigkeit von der sukzessiven Vermehrung des variablen Faktors v_1 (bspw. Arbeit) – unter Anwendung der günstigsten Technik. Ähnlich wie bei den Haushaltsbetrachtungen müssen wir uns nun auch hier den marginalen Veränderungen zuwenden. Wichtiger als der Gesamtertrag ist für die Analyse der Grenzertrag, d.h. der zusätzliche Ertrag, den jede Vermehrung des Einsatzfaktors v_1 erbringt. Mathematisch ist dies die partielle Ableitung der Gesamtertragsfunktion nach dem Faktor v_1

$$\frac{\partial x}{\partial v_1} = f'(v_1, \overline{v}_2), \qquad (6)$$

graphisch die Steigung der Ertragskurve in einem Punkt. Man sieht – denken Sie sich eine Tangente an einige Punkte der Gesamtertragskurve –, daß diese Steigung (also der Grenzertrag) bis zum Punkt A (Wende- punkt) zunimmt, dann, im Kurvenbereich II und III, zwar immer noch positiv ist, aber schon abnimmt, bis im Punkt C (dem Maximum der Gesamtertragskurve) der Grenzertrag gleich Null ist . Im Kurven- bereich IV sinkt auch der Gesamtertrag, der Grenzertrag wird negativ. Der Verlauf des Grenzertrages ist im unteren Schaubild gezeigt.

Anhand eines – vielleicht etwas absurden – Beispiels aus der Landwirtschaft kann man sich diesen Verlauf der Grenzerträge vorstellen: Gehen wir davon aus, daß ein Bauer ein ha Land zur Verfügung hat, das er mit einem Knecht bewirtschaftet. Er wird eine bestimmte Menge output (ceteris paribus) erhalten. Beschäftigt er nun einen zweiten Knecht, so ist zu erwarten, daß sie das Land intensiver bearbeiten, eher Ungeziefer und Unkraut entfernen und nach Schädlingen und Krankheiten Ausschau halten können. Es ist zu erwarten, daß der Hektarertrag steigt. Wird ein dritter Knecht eingestellt, so können wir evtl. auch noch mit einer Ertragssteigerung rechnen. Wenn jetzt sukzessive mehr Knechte eingestellt werden, kommen wir an einen Punkt, ab dem wir negative Grenzerträge haben. Denn im Endeffekt werden die Knechte sich gegenseitig auf die Füße treten und kaum noch einer wird die Möglichkeit haben, das Land zu bearbeiten.

Das Ertragsgesetz zeigt also anfangs steigende, dann sinkende und schließlich gar negative Ertragszuwächse. Auch für ein Unternehmen kann dies gelten: Wenn ein Unternehmen nur wenige Arbeitnehmer beschäftigt, so wird der Ertrag pro Arbeiter verhältnismäßig gering sein. Durch das Einstellen einer größeren Anzahl von Arbeitnehmern ist es möglich, nach dem Prinzip der Arbeitsteilung Produktivitätsfortschritte zu erreichen; die Arbeit kann sinnvoller organisiert werden. Aber bei gegebenen Maschinen und gegebener Größe des Unternehmens wird bei fortlaufender Vermehrung eines Faktors unter Konstanthaltung der übrigen Faktoren die Produktionsmenge zwar zunächst überproportional, von einem gewissen Punkt an aber unterproportional steigen und schließlich u. U. absolut sinken. In unserem Beispiel weist Punkt A in der Ertragsfunktion den steilsten Anstieg und damit den maximalen Grenzertrag auf. Dieser Punkt wird als *Schwelle des Ertragsgesetzes* bezeichnet, da steigende Grenzerträge von sinkenden Grenzerträgen abgelöst werden.

Tabelle 7.2.3. Zusammenfassung der Eigenschaften von Ertragsgrößen

Ertragsgrößen	Bereich I	Bereich II	Bereich III	Bereich IV
Gesamtertrag $x = f(v_1, \bar{v}_2)$	positiv, überproportional steigend	positiv, unterproportional steigend	positiv, unterproportional steigend	positiv, überproportional fallend
Grenzertrag $\frac{\partial x}{\partial v_1} = x'$	positiv, steigend	positiv, fallend	positiv, fallend	negativ, fallend
Durchschnittsertrag $\frac{x}{v_1}$	positiv, steigend	positiv, steigend	positiv, fallend	positiv, fallend

Der (partielle) *Durchschnittsertrag* (x/v_1) weist ein Maximum im Punkt B auf – im Schnittpunkt mit der Grenzertragskurve – und ist auch in den Bereichen III und IV noch positiv. (s. Schaubild S. 99). Graphisch läßt sich der Durchschnittsertrag (also die Menge Output, die im

Durchschnitt von jeder eingesetzten Einheit des Faktors v_1 erbracht wird) durch die Steigung eines Fahrstrahls an die Produktionsfunktion ermitteln, die durch den Tangens des Winkels β ($x/v_1 =$ tg β) gemessen wird.

Zusammengefaßt ergeben sich die Verläufe der Gesamt-, Grenz- und Durchschnittsertragskurve der ertragsgesetzlichen Produktionsfunktion wie in Tabelle 7.2.3. aufgeführt.

7.3 Kostenfunktionen

Warum bezeichnet man Produktionsfunktionen auch manchmal als das Mengengerüst der Kosten? Wie verlaufen die ertragsgesetzlichen Kostenkurven?

Begriffe: monetäre Produktionsfunktion, Gesamtkosten, Fixkosten, variable Kosten, Grenzkosten, variable und durchschnittliche Stückkosten.

Produktionsfunktionen werden manchmal als das *Mengengerüst der Kosten* bezeichnet, weil sich erst aus der Bewertung der Faktoreinsatzmengen mit den als konstant angenommenen Faktorpreisen der jeweiligen Produktionsfunktion entsprechende Kostenverläufe ermitteln lassen. Zur Herleitung der gewinnmaximalen Menge benötigen wir neben dem Grenzerlös auch die Grenzkosten (s. Kap. 7.1), die wir nach dem mittlerweile bekannten Verfahren (s. Grenzertrag, Grenzerlös) aus der Kostenkurve ableiten können.

Kostenfunktionen stellen die Beziehung zwischen *Ausbringungsmenge* einerseits und *bewertetem Faktorverbrauch* andererseits dar. Gehen wir vom Fall eines linearen Verlaufs der speziellen Produktionsfunktion bei zwei Produktionsfaktoren aus, so ergibt sich auch ein linearer Verlauf der Kostenkurve:

Die mit steigender Ausbringung proportional steigenden Verbrauchsmengen des variablen Faktors (bspw. Arbeit) führen – bei Bewertung mit konstanten Faktorpreisen – zum proportionalen Anstieg der *gesamten Kosten* (K) (s. Abb. 7.3.1.)

Im Schaubild sind die *Kosten* (auf der Ordinate) in *Abhängigkeit von der Ausbringungsmenge* (Abzisse) dargestellt. Die *Fixkosten* (K_f) sind bei jeder Ausbringungsmenge die gleichen, sie fallen unabhängig von der Outputmenge (x) an. In den Gesamtkosten sind die *variablen Kosten* enthalten ($K - K_f = K_v$), die mit steigender Ausbringung zuneh-

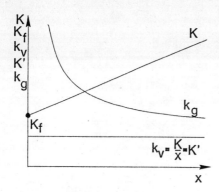

Abb. 7.3.1. Kostenfunktionen

men; die *variablen Kosten pro Stück* (k_v) sind konstant, da die Einsatzmengen der variablen Faktoren pro Outputeinheit konstant vorgegeben sind. Grenzkosten und variable Kosten pro Stück sind bei der unterstellten Produktionsfunktion unabhängig von der Ausbringungsmenge. Die durchschnittlichen Gesamtkosten, also die *Stückkosten* (k_g) sind

$$\frac{K}{x} = \frac{K_f}{x} + \frac{K_v}{x} = k_g$$

Da $K_v/x = k_v$ und diese variablen Stückkosten konstant sind, erklärt sich der Verlauf der Stückkostenkurve – die sich asymptotisch der Kurve der variablen Stückkosten annähert – aus dem sinkenden Anteil an den Fixkosten, die jede zusätzlich produzierte Einheit zu tragen hat (mit steigendem x sinkt K_f/x).

Welche Kostenverläufe ergeben sich nun aus einer *ertragsgesetzlichen Produktionsfunktion*? Den linearen Kostenfunktionen liegen u. a. konstante Grenzerträge zugrunde; beim Ertragsgesetz hatten wir zunächst steigende, dann fallende Grenzerträge. Das heißt nichts anderes, als daß der für jede zusätzlich produzierte Einheit benötigte Input bis zum Wendepunkt der Gesamtertragskurve fällt, von dort an aber überproportional ansteigt. Bewerten wir die Inputmengen mit Preisen, folgt daraus, daß die *Gesamtkosten* bei steigender Menge zunächst unterproportional, schließlich überproportional ansteigen, und die zusätzlichen Kosten pro Stück, die *Grenzkosten*, zunächst fallen, um dann überproportional anzusteigen. Die Kostenfunktion ergibt sich, indem man zunächst die Verbrauchsmengen mit ihren Preisen bewertet, die Beziehung zwischen den bewerteten Verbrauchsmengen und dem Mengenertrag ist die *monetäre Produktionsfunktion*:

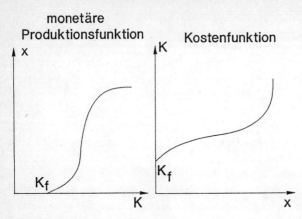

Abb. 7.3.2. Zusammenhang von Kostenfunktion und monetärer Produktionsfunktion

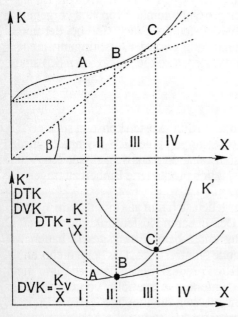

Abb. 7.3.3. Zusammenhang von Gesamtkosten und Durchschnitts- bzw. Grenzkosten

Die Umkehrfunktion zur monetären Produktionsfunktion zeigt die *Gesamtkosten* in Abhängigkeit von der Ausbringungsmenge an.

Aus dieser Gesamtkostenkurve können wir nun wieder die *Grenzkosten*, die Stückkosten (DTK) und die durchschnittlichen variablen Kosten (DVK) herleiten. Dafür sind die folgenden Punkte der Kostenkurve wichtig:

- in A ist der *Wendepunkt* der Gesamtkostenkurve; bis zu diesem Punkt weist sie aus o. g. Gründen eine abnehmende, anschließend eine zunehmende Steigung auf. Im unteren Schaubild markiert dieser Punkt das *Minimum der Grenzkostenkurve!*
- Mit Hilfe der Fahrstrahlbetrachtung lassen sich Durchschnittswerte graphisch ermitteln. Im Punkt B erreicht die Steigung des Fahrstrahls aus dem Punkt K_f an die Kostenfunktion ein Minimum; hier liegt das *Minimum der variablen Stückkosten.*
- Der Fahrstrahl aus dem Ursprung an die Gesamtkostenfunktion weist im Punkt C die geringste Steigung auf; da tg β = K/x, ist hier also das *Minimum der Durchschnittskostenkurve.*

Die Grenzkostenkurve schneidet die Kurven der durchschnittlichen variablen Kosten sowie der Stückkosten von unten kommend jeweils in ihren Minima.

7.4 Der optimale Produktionsplan bei vollständiger Konkurrenz

Wie läßt sich die gewinnmaximale Angebotsmenge ermitteln? In welchem Rahmen kann ein Unternehmen kurz- bzw. längerfristig Preissenkungen standhalten? Wodurch läßt sich ein zunächst linearer, ab einer gewissen Ausbringungsmenge jedoch überproportional ansteigender Kostenverlauf erklären?

Begriffe: Gesetz der Massenproduktion, Gewinnschwelle, kurz- und langfristige Preisuntergrenze.

Unter der Annahme vollständiger Konkurrenz wird bei gegebenem Preis die *gewinnmaximale Ausbringungsmenge* gesucht. Gemäß der in 7.1. dargestellten Maximierungsregel müssen Erlös- und Kostengrößen einander gegenübergestellt werden, was zunächst für lineare Kostenverläufe geschehen soll.

Stellen wir nun die (lineare) Gesamterlöskurve einer linearen Gesamtkostenkurve gegenüber und unterstellen wir, daß der Preis höher ist als die (konstanten Grenzkosten, sieht man leicht, daß der Gewinn (die Differenz zwischen Erlös und Kosten) mit zunehmender Ausbringungsmenge ansteigt; demnach liegt die *gewinnmaximale Ausbringungsmenge an der Kapazitätsgrenze* der Unternehmung (x_{Kap}).

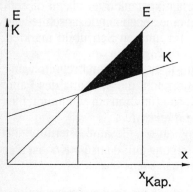

Abb. 7.4.1. Gegenüberstellung von Gesamterlös und Gesamtkosten

Bei linearer Kostenfunktion stellt sich das Optimierungsproblem einfach dar: liegt der Preis oberhalb der Grenzkosten, produziert der Betrieb an der Kapazitätsgrenze; liegt er unterhalb, stellt er die Produktion langfristig ein.

▌ Bei *linearen Kostenverläufen* ist die gewinnmaximale Ausbringungsmenge der ▌
▌ Unternehmung durch die *Kapazitätsgrenze* bestimmt.

Für den *ertragsgesetzlichen Kostenverlauf* sollen nun Gesamterlös- und Gesamtkosten gegenübergestellt werden:

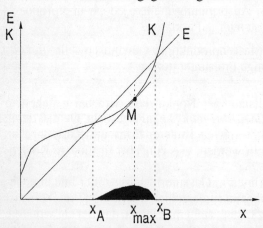

Abb. 7.4.2. Gegenüberstellung von ertragsgesetzlichen Kosten und Erlösen

In diesem Fall wird die Differenz zwischen Erlösen und Kosten (die schraffierte „Gewinnlinse") ab der Gewinnschwelle in x_A zunächst größer, um dann allerdings wieder zu sinken und schließlich an der Gewinngrenze wieder Null zu werden! Aus der *Maximierungsregel* „*Grenzerlös = Grenzkosten*" folgt: der Grenzerlös (Preis) bestimmt die Steigung der Erlöskurve, und diese ist im Punkt M gleich der Steigung der Kostenkurve (den Grenzkosten!).

Fügen wir dem Schaubild der ertragsgesetzlichen Grenz- und Durchschnittskostenverläufe die Preisgerade hinzu ($\bar{p}$ = Grenzerlös!), läßt sich die Maximierungsregel noch verdeutlichen:

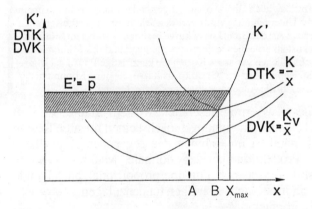

Abb. 7.4.3. „Grenzerlös = Grenzkosten"-Regel

Bei x_{max} – der gewinnmaximalen Ausbringungsmenge – ist der Grenzerlös gleich den Grenzkosten. Eine Ausdehnung der Produktion würde nur dazu führen, daß die zusätzlichen Kosten stärker ansteigen als der zusätzliche Erlös; eine geringere Ausbringungsmenge würde – da links von x_{max} der Grenzerlös immer größer ist als die Grenzkosten – zusätzliche Gewinnmöglichkeiten ausschlagen. Auch hier beträgt der Stückgewinn $\bar{p}$ – k, der Gesamtgewinn entspricht der schraffierten Fläche. Wenn der Preis höher wäre, würden sich, bei gleichbleibenden Kostenverläufen und Anwendung der Maximierungsregel, eine höhere gewinnmaximale Ausbringungsmenge und ein höherer Gewinn ergeben. Fallen darf der Preis allerdings nur bis zum Minimum der Durchschnittskostenkurve: dann lassen sich gerade noch die Kosten decken. Kurzfristig ist es allerdings auch möglich, die Produktion bei einem Preis, der gerade noch die durchschnittlichen variablen Kosten deckt, aufrechtzuerhalten. Die Aufrechterhaltung der Produktion lohnt sich gegenüber einer Einstellung, da ein Teil der sowieso anfallenden Fixkosten noch gedeckt wird. Erwartet der Betrieb baldige Preissteigerungen, lohnt es sich, die Produktion fortzuführen. A und B kennzeichnen also die *kurzfristige* resp. *langfristige Preisuntergrenze.*

Die Angebotskurve einer Unternehmung ergibt sich nun aus dem ansteigenden Ast der Grenzkostenkurve – ab dem Schnittpunkt im Minimum der Stückkostenkurve; kurzfristig ab dem Minimum der durchschnittlichen variablen Kosten.

> Bei *nichtlinearen (ertragsgesetzlichen) Kostenkurven* wird die *Gewinnmaximierungsregel* „Grenzerlös gleich Grenzkosten" angewendet. Die gewinnmaximale Angebotsmenge der Unternehmung wird durch den Schnittpunkt der Preisgeraden mit dem aufsteigenden Ast der Grenzkostenkurve bestimmt – wobei im Minimum der Durchschnittskostenkurve die Gewinnschwelle liegt, und das Minimum der Kurve der durchschnittlichen variablen Kosten die kurzfristige Preisuntergrenze anzeigt. Der aufsteigende Ast der Grenzkostenkurve ab dem Minimum der Stückkostenkurve ergibt die Angebotskurve der Unternehmung.

Wo gelten lineare, wo ertragsgesetzliche Kostenverläufe? Vorstellbar ist bspw., daß eine Unternehmung zunächst einen linearen Kostenverlauf aufweist, nämlich im Rahmen der gegebenen Kapazitäten. Wenn jedoch die Produktion über das „normale" Maß hinaus ausgedehnt werden soll, ergibt sich ein überproportional ansteigender Gesamtkostenverlauf, bedingt durch Überstundenzulagen, überproportionalen Energieverbrauch o. ä.

Das Schaubild zeigt solch eine Kombination von zunächst linearem, ab der Kapazitätsgrenze überproportionalen Kostenverlauf:

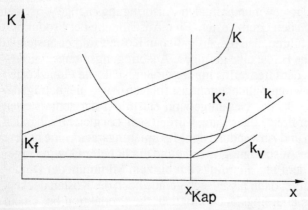

Abb. 7.4.4. Variierender Kostenverlauf

Wie das Schaubild verdeutlicht, sind rein lineare Kostenverläufe höchstens im Ausnahmefall anzutreffen. Auch die Implikationen aus den linearen Kostenverläufen, daß immer an der Kapazitätsgrenze produziert wird, erscheint zur Erklärung realer wirtschaftlicher Abläufe weitgehend ungeeignet. Dagegen ist der ertragsgesetzliche Kostenverlauf unseres Erachtens realistischer. Insofern wird der ertragsgesetzliche Kostenverlauf benutzt, um im folgenden die gesamtwirtschaftliche Angebotskurve abzuleiten.

7.5 Die aggregierte Angebotskurve

Wie verlaufen die individuellen Angebotskurven der einzelnen Unternehmen? Wie kommt es, daß für jede einzelne Unternehmung der Preis ein Datum ist, die gesamtwirtschaftliche Angebotskurve aber verschiedene Preis-Mengen-Kombinationen aufweist?

Begriffe: individuelle und gesamtwirtschaftliche Angebotskurve

Unterstellt man einen nichtlinearen, ertragsgesetzlichen Kostenverlauf, folgt, wie graphisch auf S. 106 veranschaulicht, daß die Grenzkosten zunächst fallen, dann aber ansteigen. Im folgenden soll nun der Preis parametrisch variieren, um aus den individuellen Angebotsmengen das Marktangebot zu ermitteln.

Haben wir z. B. zwei Unternehmen in einer Volkswirtschaft, so aggregiert man die zwei individuellen Angebote und erhält daraus das aggregierte gesamtwirtschaftliche Angebot. Graphisch erfolgt die Ermittlung des Gesamtangebotes durch eine horizontale Addition der individuellen Angebotskurven, wie in Abbildung 7.5.1. veranschaulicht. Theoretisch läßt sich die Aggregation für beliebig viele Unternehmen durchführen, um die gesamtwirtschaftliche Angebotskurve zu ermitteln.

Bei vollkommener Konkurrenz ist der Preis für jeden einzelnen Anbieter ein Datum. Die *Aggregation* der *individuellen Angebotskurven* ergibt eine mit dem Preis ansteigende *gesamtwirtschaftliche Angebotsfunktion*. Eine Vielzahl von Unternehmen sieht sich unterschiedlichen Kostenverläufen gegenüber; bei einem niedrigen Preis können nur die kostengünstigen Unternehmen anbieten, entsprechend klein ist die Angebotsmenge. Bei einem höheren Preis sind auch Unternehmen mit höheren Kosten in der Lage, auf den Markt zu treten, also vergrößert sich das Marktangebot.

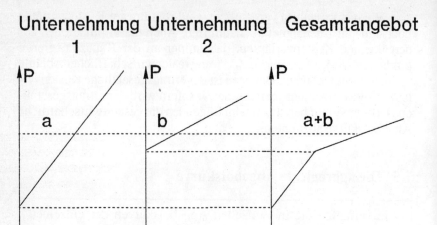

Abb. 7.5.1. Gesamtangebot der Unternehmen

7.6 Monopol und Oligopol

Warum ist die Angebotsmenge des Monopolisten – bei gleichem Preis – kleiner als die eines Anbieters bei vollständiger Konkurrenz? Welche grundsätzlichen Hypothesen gibt es bzgl. des oligopolistischen Anbieterverhaltens? Welchen Konkurrenz- und Nachfragestrukturen sieht sich der „Durchschnittsanbieter" gegenüber?

Bisher sind wir von einem Markt mit vielen Anbietern und Nachfragern ausgegangen. Wir werden nun andere Marktstrukturen und die daraus resultierenden unternehmerischen Verhaltensweisen analysieren. Wir unterstellen nun eine geringe Anzahl von Anbietern, während wir weiterhin viele Nachfrager voraussetzen. Gibt es nur eine Unternehmung, die das Gut x anbietet, zu dem keine Substitute existieren, so liegt ein Angebotsmonopol vor. Setzt man die Annahmen, daß der Monopolist keine Präferenzen für verschiedene Nachfrager hat und die Gesamtnachfrage (Annahme der vollkommenen Markttransparenz) für das von ihm angebotene Gut kennt, kann er autonom zwischen einer Preis- oder Mengenstrategie wählen, um das Ziel eines Gewinnmaximums zu erreichen.

Im folgenden wird die Menge (x) als Handlungsparameter des Monopolisten angesehen, damit anschließend ein Vergleich zwischen Monopol und Polypol vorgenommen werden kann. Es sollte festgehalten werden, daß aus den folgenden Analysen einer Mengenstrategie keinesfalls der Schluß gezogen werden darf, ein Monopolist werde in der Regel Mengenfixierung betreiben; das Gegenteil dürfte eher der Fall sein. Unterstellt wird eine typische Preis-Absatzfunktion, die darüber Auskunft gibt, welche Mengen bei alternativen Preisen verkauft werden können. In mathematischer Form erhalten wir:

$$p = p(x) \qquad \text{mit } p'(x) < 0 \tag{1}$$

Der Umsatz des Monopolisten ergibt sich aus dem Produkt von Menge mal Preis:

$$E = x\,p \qquad \text{bzw. unter Verwendung von (1)} \tag{2}$$
$$E = x\,p(x) \tag{2a}$$

Um auch graphisch das Gewinnmaximum einfach ableiten zu können, unterstellen wir eine lineare Nachfragefunktion mit den Parametern a, b, die konstant und größer als Null sind (siehe auch Graphik 7.6.1.), d. h.:

$$p = a - bx, \qquad \text{mit der die Sättigungsmenge für } p = 0: \tag{1'}$$
$$x = a/b \tag{1''}$$

Die Erlösfunktion ermittelt sich als:

$$E = ax - bx^2 \tag{2a'}$$

Als Grenzerlös erhalten wir (Ableitung nach der Menge):

$$dE/dx = E' = a - 2bx$$

Ist der Grenzerlös Null, ergibt sich:

$$o = a - 2bx \qquad \text{bzw.:}$$
$$x = a/2b \tag{2''}$$

Vergleicht man die Steigung von Grenzerlös- und Nachfragekurve in einem Preis/Mengen-Diagramm (Graphik 7.6.1.), sieht man, daß die Steigung der Nachfrage doppelt so groß ist und sich die beiden Geraden nur bei x = O schneiden (auf der p-Achse in Höhe von a). Des weiteren sieht man anhand von (2'') und (1''), daß der x-Achsenabschnitt der Grenzerlöskurve die Hälfte des x-Achsenabschnittes der Nachfragekurve beträgt.

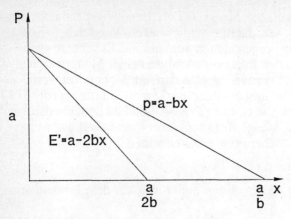

Abb. 7.6.1. Nachfragekurve und Grenzerlöskurve im Monopol

Zur Herleitung des Optimums müssen die Kosten einbezogen werden. Gehen wir wieder von der Annahme mengenabhängiger Kosten aus, so ergibt sich folgendes Maximierungsproblem des Monopolisten:

$$G(x) = E(x) - K(x) \rightarrow \text{Max!}$$

Die notwendige Bedingung bestimmt sich aus:

$$G'(x) = E'(x) - K'(x) = 0 \qquad \text{d. h. } E'(x) = K'(x)$$

unter der hinreichenden Bedingung:

$$G''(x) = E''(x) - K''(x) < 0$$

Wir erhalten die bekannte Bedingung für ein Gewinnmaximum: Der Grenzerlös muß gleich den Grenzkosten sein. Aus dem vorhergehenden Abschnitt 7.3. wissen wir, daß die Grenzkosten mit zunehmender Ausbringungsmenge zunächst fallen und dann überproportional ansteigen. Integrieren wir diesen Sachverhalt in das obige Schaubild, ergibt sich der Monopolpreis p_m und die Monopolmenge x_m:

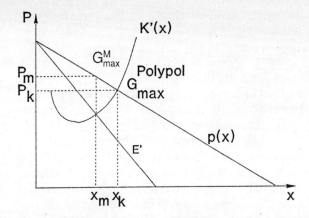

Abb. 7.6.2. Gewinnmaximum im Monopol

Aus der Graphik läßt sich der Unterschied zwischen Polypol und Monopol verdeutlichen. Aus Abschnitt 7.5 wissen wir, daß im Polypol die Bedingung Preis = Grenzkosten die Gewinnmaximierungsbedingung ist. Da der Preis auf der Nachfragekurve bestimmt ist, ist folglich der Schnittpunkt von Grenzkosten und Nachfrage die optimale Preis (p_k)-Mengen (x_k) Kombination für Polypolisten. Im Monopol wird im Vergleich zum Polypol zu *höherem* Preis bei *niedrigerer Menge* produziert.

> Beim Monopol wird die spezielle Regel Preis = Grenzkosten durch die generelle Regel Grenzerlös = Grenzkosten ersetzt. Der Monopolpreis liegt über dem Polypolpreis. Die angebotene Monopolmenge ist kleiner als die Polypolmenge.

Formal elegant kann man die Beziehung zwischen Polypol und Monopol auch über die Preiselastizität der Nachfrage (vgl. auch Kapitel 6) aufzeigen. Da die Grenzkosten für die unterschiedlichen Preise und Mengen von Polypol zu Monopol nicht essentiell sind, werden diese in der folgenden Ableitung vernachlässigt.

Allgemein bestimmt sich der Grenzerlös der Marktnachfrage aus $E = x \, p(x)$ wie folgt:

$$E' = dE / dx = p(x) + x \, dp / dx \qquad \text{(Multiplikationssatz der Differentialrechnung)}$$

Durch Ausklammern von $p(x)$ erhält man

$$E' = p(x) \, [1 + x / p \, dp / dx] \text{ bzw.}$$

da x/p dp/dx gleich der reziproken Preiselastizität $1/\eta_{x,p}$ ist, die Preisflexibilität genannt wird, folgt:

$$E' = p(x) [1 + 1 / \eta_{x,p}]$$

Was sagt uns diese Gleichung? Hat $\eta_{x,p}$ einen endlichen Wert, so operiert ein Anbieter immer in dem Bereich der Nachfragekurve, bei der die Preiselastizität größer als eins ist. Ist $\eta_{x,p}$ unendlich, d. h. reagieren die Preise unendlich schnell auf jedwede Mengenänderung, so liegt der Kehrwert von $\eta_{x,p}$ bei 0, was E' = p bedeutet. Wir haben damit die Bedingung der vollkommenen Konkurrenz (Grenzerlös gleich Preis) erhalten. Die Ableitung zeigt uns deutlich, daß der Fall der vollkommenen Konkurrenz nur bei einer unendlich hohen Preiselastizität der Nachfrage auftreten kann, was dessen geringe Praxisrelevanz andeutet.

Vergleicht man das Versorgungsniveau einer Gesellschaft bei vollkommener Konkurrenz mit dem des Monopols, so stellen wir beim Monopol höhere Preise und niedrigere Mengen im Vergleich zur Konkurrenz fest. Der Monopolist bereichert sich also zu Lasten der Verbraucher, die für weniger Ware mehr Geld bezahlen müssen. Daher wird die „Bekämpfung" der Monopole als wohlfahrtsoptimales Verhalten gedeutet; hieraus ergibt sich die Legitimation der Wettbewerbspolitik. Trotzdem gibt es auch einige „natürliche" Gründe für Monopole, auf die wir im zweiten Band noch eingehen werden; es müssen Vorteile von Monopolen, wie Vorteile der Massenproduktion, Forcierung des technischen Fortschritts und internationale Konkurrenzvorteile mit den wettbewerbspolitischen Nachteilen abgewogen werden (siehe Fusion von Daimler mit MBB).

Eine zweite Marktstruktur ist die des Angebotsoligopols. Ein Angebotsoligopol liegt dann vor, wenn wenige Anbieter vielen Nachfragern gegenüberstehen. Die Oligopoltheorie füllt ganze Bücher: das strategische Verhalten der wenigen Anbieter kann so vielschichtig sein, daß wir darauf hier nicht im einzelnen eingehen können. Der Oligopolist muß auf jeden Fall auch das Verhalten seiner Konkurrenten in seine Planung mit einbeziehen; entsprechend den vielfältigen strategischen Möglichkeiten gibt es auch eine Vielzahl von Verhaltenshypothesen.

8 Volkswirtschaftliche Gesamtrechnung

8.1 Grundlagen der Volkswirtschaftlichen Gesamtrechnung

Wer ist Träger der Volkswirtschaftlichen Gesamtrechnung? Wie werden die wirtschaftlichen Vorgänge erfaßt? Welche Daten liegen der Volkswirtschaftlichen Gesamtrechnung zugrunde?

Begriffe: gesamtwirtschaftliche Buchführung, primär- und sekundärstatistische Daten.

Zur Quantifizierung wirtschaftspolitischer Ziele benötigen wir statistische Daten; diese erhalten wir aus der Volkswirtschaftlichen Gesamtrechnung (VGR), die in der Bundesrepublik Deutschland vom Statistischen Bundesamt in Wiesbaden erstellt wird und in den heutigen Grundzügen schon seit den vierziger Jahren besteht. Bausteine der VGR sind zum einen die traditionellen Volkseinkommensrechnungen, deren Beginn bis in das 17. Jahrhundert zurückreicht, und zum anderen die auf Keynes aufbauende makroökonomische Theorie.

Grundsätzlich wird vom Prinzip der doppelten Buchführung (Doppik) ausgegangen, das besagt, daß jedem Zufluß eines gesamtwirtschaftlichen Aggregates immer ein Abfluß in gleicher Höhe bei einem anderen Aggregat entspricht. Insofern ist die VGR eine nationale Buchführung, mit der – ähnlich dem betrieblichen Rechnungswesen – eine Art gesamtwirtschaftliche „Erfolgsermittlung" betrieben wird. Dabei wird der Erfolg an den Veränderungen bestimmter gesamtwirtschaftlicher Aggregate gemessen, die Auskunft über die wirtschaftliche Lage liefern sollen.

Die Basis jedweder statistischer Analyse sind Daten. Bei der VGR werden sowohl primärstatistische, d. h. für einen speziellen Erhebungszweck erhobene, als auch sekundärstatistische Daten verwendet. Letztere werden für andere Zwecke (z. B.: Einkommmensdaten für steuerliche Zwecke) ermittelt. Um diese Daten in die VGR zu integrieren, müssen Korrekturen wegen abweichender Definitionen und Abgrenzungen vorgenommen werden, was jedoch nicht immer möglich ist. Es darf deshalb nicht verwundern, daß Zahlenangaben in Volkswirtschaftlichen Gesamtrechnungen selbst in Ländern mit qualifizierten statistischen Einrichtungen nicht besonders exakt sein können.

8.2 Aufgaben der Volkswirtschaftlichen Gesamtrechnung

Was bildet die VGR ab? Wie sehen ökonomische Kreislaufbeziehungen prinzipiell aus? Welche Aggregate werden in der VGR unterschieden? Benötigt die Volkswirtschaftspolitik und -theorie überhaupt die VGR? Welche Informationsfunktionen erfüllt die VGR?

Begriffe: VGR, Informationsfunktionen der VGR.

Prinzipiell wird die VGR für zwei Aufgabenbereiche benötigt. Zum einen zielt sie auf eine adäquate Abbildung von Waren- und Dienstleistungsströmen und zum anderen auf das Bereitstellen von volkswirtschaftlichen Informationen. Dabei benutzen wir das schon behandelte Schema der Kreislaufbeziehungen in einer Volkswirtschaft. An einem einfachen Diagramm, das dem des Kapitels 1.4. gleicht, läßt sich die Vorgehensweise graphisch veranschaulichen (S. 117).

Es werden marktbewertete *Güter-* und *Geldströme* zwischen den Aggregaten (aus Vereinfachungsgründen hier nur zwischen Haushalten und Unternehmen) *aufgezeichnet*. In der VGR werden jedoch nicht nur private Haushalte und Unternehmen als gesamtwirtschaftliche Aggregate erfaßt, sondern auch der Staat und die Wirtschaftsbeziehungen mit dem Ausland.

Die durch die VGR ermöglichten *Informationen* sind für die Volkswirtschaftspolitik und -theorie wichtig. Die Theorie benötigt quantitative Informationen (ökonomische Daten), um aufgestellte kausale *Hypothesen* empirisch zu *überprüfen*. Werden Hypothesen nicht falsifiziert (verworfen), so können auf Basis der Daten der VGR ökonomische *Prognosen* erstellt werden.

Für die Volkswirtschaftspolitik sind die Daten der VGR notwendig, um Fehlentwicklungen gesamtwirtschaftlicher Größen festzustellen;

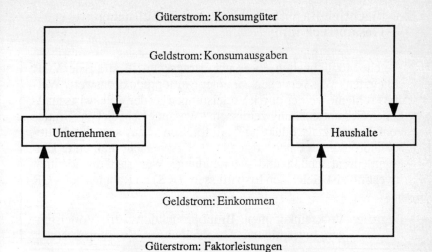

Abb. 8.2.1. Vereinfachter Volkswirtschaftlicher Kreislauf

sie dient damit also der wirtschaftspolitischen *Diagnose.* Aufbauend auf dieser Diagnose können Steuerungsnotwendigkeiten erkannt und Maßnahmen zur Erreichung der gesamtwirtschaftlichen Ziele ergriffen werden. Die Wirkungen der wirtschaftspolitischen Maßnahmen beeinflussen wiederum die gesamtwirtschaftlichen Aggregate, so daß die VGR auch eine *Kontrollfunktion* erfüllt und Erfolg bzw. Mißerfolg der Wirtschaftspolitik anzeigt.

Die VGR ist eine quantitative Abbildung volkswirtschaftlicher Prozesse. Als gesamtwirtschaftliche Buchhaltung liefert sie Informationen zur Erklärung, Prognose, Diagnose und Kontrolle des Wirtschaftsablaufes.

8.3 Wichtige Begriffe der Volkswirtschaftlichen Gesamtrechnung

Welche Möglichkeiten gibt es, um Erfolgskennziffern aus der VGR abzuleiten? Was verstehen wir unter Bruttoproduktionswert? Welche Probleme werden durch Vorleistungen bei der Volkswirtschaftlichen Gesamtrechnung verursacht? Was unterscheidet das Brutto- vom Nettosozialprodukt zu Marktpreisen? Was sagt das Nettosozialprodukt zu Faktorkosten aus? Was versteht man unter Einkommensentstehung und -verwendung? Was sagt die Identität Investition ist gleich den Ersparnissen (I = S) im Rahmen der VGR aus?

Begriffe: Volkseinkommen, Bruttoproduktionswert, Vorleistungen, Investitionen, Abschreibungen, Konsum, Sparen.

Die VGR soll die wirtschaftlichen Tätigkeiten in einer Periode erfassen. Wie aus dem einfachen Kreislaufschema der Abbildung 8.2.1 ersichtlich, werden realwirtschaftliche von monetären Strömungen unterschieden. Realwirtschaftliche Vorgänge betreffen die Güterentstehung und -verwendung, während die monetären Vorgänge durch die Einkommensentstehung (bzw. -verteilung) und -verwendung beschrieben werden. In der VGR unterscheidet man vier Bereiche, nämlich die *Güterentstehung* (in der Graphik: reale Zuflüsse des Unternehmenssektors), *Güterverteilung* (in der Graphik: reale Abflüsse aus dem Unternehmenssektor), *Einkommensverteilung* (in der Graphik: monetare Abflüsse aus dem Unternehmenssektor) und die *Einkommmensverwendung* (in der Graphik: monetäre Zuflüsse des Unternehmenssektors), an denen die statistische Erfassung ansetzen kann. Für jeden der vier Bereiche gibt es Konten, die zusammengefügt ein Kontensystem ergeben, in welchem die Konten durch das Prinzip der doppelten Buchführung verbunden sind. Um Erfolgskennziffern aus diesem Kontensystem abzuleiten, sind alle vier Bereiche als Ausgangspunkt wählbar. Hier wird aus Gründen der Anschaulichkeit von der Güterentstehung (sogenanntes Produktionskonzept) ausgegangen.

Die VGR erfaßt die in einem Lande getätigten Umsätze zu Marktpreisen, d. h. die Verkäufe der Unternehmen ans Ausland (an Wirtschaftpartner, die im Ausland ihren Sitz haben: Exporte), an private Haushalte und an staatliche Stellen (Staat). Nicht alle in einer Volkswirtschaft produzierten Güter werden auch verkauft, wie Lagerbestände und Güter, die zur Stärkung der eigenen Leistungskraft dienen (selbsterstellte Anlagen). Letztere werden als Bruttoinvestition bezeichnet, sie bedeuten eine Vermögenszunahme, die produzierte, aber nicht konsumierte Güter darstellen.

Bestände der Unternehmen und selbsterstellte Anlagen bewertet man zu den Kosten ihrer Herstellung, sie ergeben zusammen mit den erfaßten Umsätzen den *Bruttoproduktionswert* einer Volkswirtschaft an. Exemplarisch sei die Ermittlung des Bruttoproduktionswertes anhand des Unternehmenssektors aufgezeigt. Betrachtet wird dabei ein Unternehmen, dessen Gewinn- und Verlustrechnung in Kontoform wie folgt veranschaulicht werden kann:

Aufwand	Ertrag
1. Vorleistungen aus dem Inland	1. Verkäufe von Konsumgütern an private Haushalte
2. Vorleistungen aus dem Ausland	2. Verkäufe nichtdauerhafter Produktionsgüter
2.1. Einfuhrabgaben	2.1. an den Staat
2.2. Einfuhrwert	2.2. an die Unternehmen
3. Produktionssteuern minus Subventionen	3. Bestandsänderungen an eigenen Erzeugnissen
4. Abschreibungen	4. Verkäufe an das Ausland
5. Mehrwertsteuer	5. Verkäufe an Investitionsgütern
	5.1. an die Unternehmen
	5.2. an den Staat
6. Löhne, Gehälter, Mieten	6. Selbsterstellte Anlagen
7. Gewinn (als Residualgröße)	
Summe der Aufwendungen =	Summe der Erträge

Abb. 8.3.1. Gewinn und Verlustrechnung eines Unternehmens

Für jedes Unternehmen werden Aufwendungen (für Vorleistungen, Arbeitsleistungen, Abschreibungen für den Verschleiß von Maschinen, Steuern) und Erträge (verkaufte Güter und Dienstleistungen an Haushalte und Unternehmen im Inland und Ausland, sowie an staatliche Stellen und selbsterstellte Anlagen)[1] gegenübergestellt. Daraus werden die Gewinne als Residualgröße ermittelt. Sie entstehen, wenn die Erträge größer als die Aufwendungen sind. Alle Erträge von allen Unternehmen einer Volkswirtschaft aggregiert, ergeben dann den nationalen Bruttoproduktionswert. Bei den folgenden Ableitungen

---

[1]   Begriffe werden in den folgenden Ausführungen erklärt.

gesamtwirtschaftlicher Erfolgskennziffern werden wir zunächst die linke Seite (Güterentstehung) und dann die rechte Seite (Güterverwendung) des gesamtwirtschaftlichen nationalen Produktionskontos erklären, das die Produktionskonten der einzelnen Unternehmen zusammenfaßt.

Nationales Produktionskonto

Abschreibungen indirekte Steuern – Faktoreinkommen	Subventionen (Löhne, Gehälter, Zinsen, Mieten Pachten, Gewinne)	Bruttoinvestitionen Privater Konsum Staatsverbrauch Außenbeitrag (Exporte – Importe)

Abb. 8.3.2. Nationales Produktionskonto (allgemein)

Die Verwendung des Bruttoproduktionswerts als Erfolgskennziffer für die wirtschaftliche Tätigkeit führt jedoch zu Verzerrungen, weil hierbei Mehrfachzählungen vorgenommen werden. Eine solche Mehrfachzählung ist die Folge eines mehrstufigen Produktionsprozesses in einer Volkswirtschaft. Die erfolgten Umsätze zwischen Unternehmen (Vorleistungen) verschiedener Produktionsstufen müssen heraussaldiert werden, der Bruttoproduktionswert muß also um diese Vorleistungen bereinigt werden. Die Vorleistungen würden sonst als Leistung des herstellenden und auch als Leistung des kaufenden Unternehmens doppelt erfaßt. Ein Beispiel möge dies verdeutlichen:

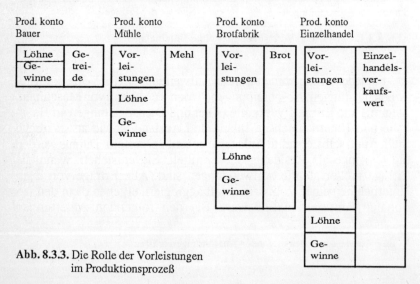

Abb. 8.3.3. Die Rolle der Vorleistungen im Produktionsprozeß

Der Getreideanbau, die Tätigkeit der Mühle, die Brotproduktion und die Dienstleistung des Handels sind produktive Tätigkeiten. Addiert man nun alle *Umsätze*, erhält man den Bruttoproduktionswert, also die Summe der Verkäufe von Getreide plus Mehl plus Brot plus Einzelhandelsverkaufswert. Die Getreideerzeugung wird dann viermal, die Mehlproduktion dreimal und die Brotproduktion doppelt erfaßt. Je disaggregierter die vertikale Produktionsstruktur, desto höher die Umsätze. Die wirtschaftlichen Vorgänge werden nicht adäquat abgebildet. Wären die obigen Produktionsstufen alle in der Hand eines Konzerns, dann erhielte man nur den Einzelhandelsverkaufswert als Indikator der wirtschaftlichen Aktivitäten. Die Eigentumsverhältnisse sollen aber nicht das Niveau des Indikators beeinflussen.

An dieser Stelle sei darauf hingewiesen, daß das Produktionskonzept nur *neu erstellte* Güter und Dienstleistungen einer Periode erfaßt. Damit steigern reine Vermögensübertragungen zwischen den Wirtschaftssubjekten nicht die Leistungskraft einer Volkswirtschaft (z. B. Stipendiengewährung, Aktienerwerb), da lediglich die Verfügungsgewalt über das Vermögen geändert ist.

Subtrahiert man vom Bruttoproduktionswert die Vorleistungen, ergibt sich das Bruttosozialprodukt zu Marktpreisen (BSP_m), welches alle in einer Periode erzeugten Güter einer Volkswirtschaft umfaßt. Ist dies nun eine adäquate Größe, um den Wirtschaftsprozeß abzubilden? Nein, denn es werden zwar Vermögens*zuwächse* (Bruttoinvestitionen), aber nicht der Kapitalverschleiß beachtet. Die Wertminderungen (z.B.: Abnutzung von Anlagen), die als Abschreibungen bezeichnet werden, müssen abgezogen werden. Nach Abzug der Abschreibungen vom BSP_m erhält man das *Nettosozialprodukt zu Marktpreisen* (NSP_m), das nicht nur alle Zuflüsse an erzeugten Gütern, sondern auch den Verschleiß der Produktionsmittel berücksichtigt.

Auch dieses Konzept kann wegen der staatlichen Einflüsse Verzerrungen aufweisen. Vom NSP_m müssen noch die Einflüsse auf die Markttransaktionen, die durch Staatsinterventionen hervorgerufen werden, eliminiert werden. Der Staat erhebt indirekte Steuern und zahlt Subventionen, die bei gleicher wirtschaftlicher Aktivität zu unterschiedlich hohem NSP_m führen kann. So schlägt ein Kaufmann im Normalfall die Mehrwertsteuer auf den Kaufpreis. Dadurch steigen in der gesamten Volkswirtschaft die Preise. Umgekehrt führen Subventionen – staatliche Zuschüsse an Unternehmen – im Normalfall über verringerte Kosten zu sinkenden Preisen. Um die durch Steuern und Subventionen veränderten Markttransaktionen zu bereinigen, werden indirekte Steuern abgezogen und die Subventionen addiert.

Durch diese Bereinigung erhält man das *Nettosozialprodukt zu Faktorkosten* (NSP_f); Faktorkosten deshalb, weil staatliche preisverzerrende Interventionen ausgeschlossen sind. Das NSP_f wird im allgemeinen als Volkseinkommen (Y) bezeichnet, beide Begriffe sind synonym.

Graphisch veranschaulichen kann man sich die bisher aufgezeigten Zusammenhänge an der linken Seite des Produktionskontos der deutschen Volkswirtschaft.

Nationales Produktionskonto (1991)

Abschreibung (D)	327,0 Mrd.	556,5 Mrd.	Bruttoinvestition
indirekte Steuern –			Außenbeitrag =
Subventionen			Export – Import
(T_{ind}-Z)	295,5 Mrd.	186,0 Mrd.	(X – M)
Einkommen von		468,1 Mrd.	Staatsverbrauch
Unternehmen		1420,7 Mrd.	privater Konsum
und privaten			
Haushalten (Y)	2008,8 Mrd.		
Summe: BSP_m =	2631,3 Mrd.	2631,3 Mrd.	

[a]   Aus den Monatsberichten der Deutschen Bundesbank und aus dem Statistischen Jahrbuch ergeben sich die Werte der gesamtwirtschaftlichen Aggregate in DM.

Abb. 8.3.4. Nationales Produktionskonto mit DM-Werten

In der Öffentlichkeit werden die folgenden Größen stark beachtet: die Höhe des Bruttosozialprodukts (2631 Mrd DM im Jahre 1991) und die Höhe des Volkseinkommens (2009 Mrd DM im Jahre 1991). Diese Größen werden zu laufenden Preisen berechnet, was für einen temporalen Vergleich neue Probleme aufwirft.

> Das Bruttosozialprodukt zu Marktpreisen stellt den Wert der in einer Periode neu erzeugten Güter und Dienstleistungen dar. Das Volkseinkommen beschreibt alle wirtschaftlichen Zu- und Abflüsse in einer Periode und ist bereinigt von staatlichen preisverzerrenden Interventionen.

Nachdem nun die Entstehung des Volkseinkommens dargestellt wurde, schließt sich die Frage an, wie es verwendet wird. Diese Frage beantwortet uns die rechte Seite des Produktionskontos. Die Güter können vom Staat ausgegeben (G) oder besteuert (T) werden. Des weiteren können sie privat konsumiert (C) oder investiert (I) werden.

Mit Investitionen werden im folgenden die Bruttoinvestitionen abzüglich der Abschreibungen bezeichnet. Auch sind Exporte (X), d. h. Güterabflüsse in das Ausland, möglich. Da wir eine nationale Erfolgsrechnung anstreben, interessieren uns die Importe, Güter, die im Ausland hergestellt werden, für die binnenwirtschaftliche Leistungskraft nicht. Sie werden deshalb von den Exporten subtrahiert. Formal ausgedrückt, ergibt sich das Volkseinkommen von der Verwendungsseite wie folgt:

$$Y = I + C + X - M + G - T \quad \text{für eine offene Volkswirtschaft} \quad (1)$$

Kommen wir nun zur monetären Seite. Bekanntlich entspricht jedem Güterstrom ein entgegengerichteter Geldstrom. Die fundamentale Identität, daß die Summe aller Geldströme *immer gleich* der Summe aller bewerteten Güterströme ist, zeigt uns, daß das güterwirtschaftlich entstandene Nettosozialprodukt zu Faktorkosten dem Volkseinkommen entspricht. Es bleibt noch zu untersuchen wie das Volkseinkommen verteilt und für was es verwendet wird.

Bei der *Einkommensentstehung* unterscheidet man zwischen dem Einkommen aus unselbständiger Arbeit (überwiegend Einkommen aus Löhnen und Gehältern) und dem Einkommen aus Unternehmertätigkeit und Vermögen (überwiegend Einkommen von Selbständigen sowie Dividenden).

Für zwei verschiedene Zwecke kann das Volkseinkommen *verwendet* werden. Die Wirtschaftssubjekte (Unternehmen, private Haushalte, Staat) können die ihnen zufließenden Einkommen in der Periode ihrer Entstehung wieder verbrauchen d. h. konsumieren, sie können das Einkommen aber auch dem Konsum entziehen und für zukünftige Perioden „aufheben"; man spricht von „Ersparnissen". Formal erhalten wir:

$$Y = C + S \quad \text{mit S = Ersparnis} \quad (2)$$

Um die Kreislaufbeziehungen in einer offenen Volkswirtschaft im Rahmen der VGR zu verdeutlichen, ermitteln wir aus den Gleichungen (1) und (2) durch Gleichsetzung folgende fundamentale Identität:

$$C + S = C + I + X - M + G - T$$
$$T + M + S = I + X + G$$

Injektionen regen die wirtschaftlichen Aktivitäten an; Investitionen, Exporte (Nachfrage des Auslandes) und Staatsausgaben erhöhen die gesamtwirtschaftliche Nachfrage. Absickerverluste hingegen dämpfen, da Steuern, Importe (Nachfrage nach ausländischen Gütern) und

Ersparnisse die gesamtwirtschaftliche Nachfrage verringern. Vernachlässigen wir den Außenbeitrag und den staatlichen Einfluß, sind in einer geschlossenen Volkswirtschaft die Ersparnisse, das sind die „Absickerverluste" aus dem Wirtschaftskreislauf, *immer gleich* den Investitionen, d. h. den „Injektionen" in den Wirtschaftskreislauf. Diese fundamentale Beziehung ist eine rein buchhalterische (ex-post) Identität, die keine wirtschaftspolitischen Schlußfolgerungen ermöglicht, aber Ansatzpunkte (z. B. Erhöhung der Investitionen) zur Belebung des Wirtschaftskreislaufs anzeigt.

8.4 Methodische Probleme der VGR

> Welche Probleme entstehen bei Längsschnittsanalysen und wie werden sie beseitigt? Was versteht man unter einer Querschnittsanalyse? Was heißt Kaufkraftparität? Welche Probleme entstehen beim internationalen Vergleich von Volkseinkommen?
>
> Begriffe: Längsschnittsanalyse, Basisjahr, Querschnittsanalyse, Kaufkraftparität, reales und nominales Sozialprodukt.

Die aus der VGR ermittelten Größen Volkseinkommen und das Bruttosozialprodukt (zu Marktpreisen) werden sowohl national als auch international zu Vergleichen herangezogen. National werden z. B. die Änderungen des Volkseinkommens im Zeitablauf miteinander verglichen (sogenannte Längsschnittsanalysen), um Aussagen über die Entwicklung der wirtschaftlichen Aktivitäten zu gewinnen. Da Veränderungen prinzipiell auf zwei Ursachen zurückgeführt werden können, sind solche Längsschnittsanalysen nicht unproblematisch.

Zum einen kann das Ausmaß der wirtschaftlichen Transaktionen, d. h. eine Veränderung des Niveaus der realwirtschaftlichen Güterproduktion, zum anderen ein verändertes Preisniveau die Ursache für Volkseinkommensvariationen sein. Sollen die realwirtschaftlichen Vorgänge abgebildet werden, so folgt für eine Längsschnittsanalyse, daß die Daten um Preisniveauänderungen bereinigt werden müssen.

Die Bereinigung von Preisniveauänderungen wird mit Hilfe eines auf ein Basisjahr bezogenen Preisindexes vorgenommen. Das Preisniveau des Basisjahres ist die Grundlage für die Berechnungen des von den Preisen bereinigten Volkseinkommens. Realwirtschaftliche Güterströme verschiedener Jahre werden also mit den Preisen des Basisjahres multipliziert. Die sich hierdurch ergebenden Volkseinkommen unterscheiden sich dann nur noch durch Veränderungen der realwirtschaftlichen Größen und sind damit im Zeitablauf vergleichbar. Gesamtwirtschaftliche Aggregate, die mit Hilfe eines Basisjahres ermittelt werden, nennt man z. B. *reales* Volkseinkommen bzw. *reales* Bruttosozialprodukt. Das *nominelle* Volkseinkommen bzw. *nominelle* Bruttosozialprodukt bezeichnet Größen, die mit den jeweils in der Periode herrschenden Preisen berechnet werden.

Bei internationalen Analysen vergleicht man von mehreren Ländern die Volkseinkommen eines bestimmten Jahres miteinander (sogenannte Querschnittsanalysen), um Aussagen über die unterschiedlichen Leistungsfähigkeiten der Volkswirtschaften zu machen. Problematisch bei diesen Querschnittsanalysen ist die Vergleichbarkeit der in verschiedenen Währungen errechneten Sozialprodukte. Um die Vergleichbarkeit herzustellen, werden die Sozialprodukte in eine einheitliche Währung – üblicherweise in US-Dollar – umgerechnet. Die Umrechnung erfolgt mit Hilfe des Wechselkurses, der angibt, wieviel man für eine Währung (z. B. DM) bei Umtausch in eine andere Währung (z.B. Dollar) bekommt. Bildet der Wechselkurs das Verhältnis vom inländischen zum ausländischen Preisniveau korrekt ab. (über den Markt), spricht man von der „Kaufkraftparität" einer Währung.

Stellen die Wechselkurse die Kaufkraftparität her, was allerdings wegen staatlicher Eingriffe unwahrscheinlich ist, können die Volkseinkommen verschiedener Länder miteinander verglichen werden, indem dasjenige des einen Landes in Währungseinheiten eines anderen Landes berechnet wird. In der Realität bilden sich die Wechselkurse meist aber nicht nach der Kaufkraftparität, sie werden vielmehr oft politisch festgelegt. Solche politisch festgelegten Wechselkurse entsprechen höchstens im Ausnahmefall den Kaufkraftparitäten. Kapitalströme können den Wechselkurs zusätzlich verzerren, so daß die in Fremdwährung umgerechneten Volkseinkommen beim Vergleich nicht die tatsächlichen einheimischen Werte wiederspiegeln.

Da der Wechselkurs sich nur durch den Umtausch handelbarer Güter (und Kapitalströme) bildet, folgen daraus weitere Probleme für den internationalen Vergleich. In das Volkseinkommen fließen aber auch nicht-handelbare Güter (z.B. Verkäufe von neuerstellten Häusern, Dienstleistungen) ein, für die es in den Ländern unterschiedliche Preise geben kann, weil der Außenhandel nicht für einen Preisausgleich sorgt und was daher bei internationalen Vergleichen zu weiteren Verzerrungen führen kann. So sind die relativen Preise von international nichtgehandelten Gütern zu gehandelten Gütern in den Entwicklungsländern tendenziell niedriger als in den Industrieländern, woraus für die Entwicklungsländer niedrigere Volkseinkommen folgen.

Methodische Probleme für die Ermittlung des BSP ergeben sich auch bei der Verwendung des Produktionskonzeptes der VGR. Da nur die marktbewerteten Transaktionen erfaßt werden und viele Transaktionen der Wirtschaftssubjekte in den Entwicklungsländern nicht über den Markt abgewickelt werden, wird das Volkseinkommen dort tendenziell zu niedrig ausgewiesen. Weitere Probleme ergeben sich aus der Schwarzarbeit, aus do-it-yourself-Handwerksleistungen oder nicht erfaßten privaten Transaktionen (z. B. Verkäufe von selbsterzeugtem Gemüse unter Privatleuten oder Babysitting). Beispielsweise erhöht die Tätigkeit einer angestellten Haushaltsgehilfin das Sozialprodukt, wenn sie dafür Lohn erhält. Heiratet diese Haushaltsgehilfin ihren Vorgesetzten und verrichtet damit die Haushaltsaufgaben unentgeltlich zum Wohl der Familie, sinkt das Sozialprodukt im Vergleich zur Ausgangslage.

Für ausgewählte Länder zeigt die Tabelle 8.4.1. einen Querschnitt der Bruttosozialprodukte zu Marktpreisen für das Jahr 1990:

Tab. 8.4.1. Bruttosozialprodukte verschiedener Länder

Land	Bruttosozialprodukt zu Marktpreisen	
	insgesamt	je Einwohner
	Mill. US-Dollar	US-Dollar
Luxemburg	10 954	28 980
Japan	3 210 360	25 890
Bundesrepublik Deutschland[a]	1 414 270	22 360
Vereinigte Staaten	5 447 500	21 790
Frankreich	1 101 709	19 520
Australien	284 994	16 680
Großbritannien und Nordirland	921 763	16 060
Korea	231 082	5 400
Libyen[b]	23 337	5 310
Brasilien	402 000	2 680
Mexiko	214 523	2 490
Bolivien	4 517	630
Indien	297 500	350
Burundi	1 139	210
Nepal	3 404	180
Äthiopien	6 141	120

[a]Ohne neue Bundesländer
[b]Daten von 1989

8.5 Sozialprodukt als Wohlstandsindikator

Kann das Konzept des Sozialproduktes als Wohlstandsindikator verwendet werden? Wieso sollte die Freizeit bei Sozialproduktsvergleichen beachtet werden? Muß die Verteilung des Sozialproduktes bei Wohlstandsvergleichen beachtet werden?

Begriffe: multi- und eindimensionaler Indikator, externe Effekte, Zusatzrechnungen zur VGR (Sozialindikatoren).

Vielfach wird das Volkseinkommen pro Kopf der Bevölkerung zum internationalen Wohlstandsvergleich herangezogen. Nun stellt sich jedoch die Frage, ob mit Hilfe des Sozialproduktes Wohlstandsaussagen möglich sind. Bei der Ermittlung des Sozialproduktes erfassen wir lediglich die über den Markt laufenden wirtschaftlichen Transaktionen. Stellen in einem Land die Haushalte viele Güter selber her (Entwicklungsländer: Brot wird selber gebacken, Wäsche selber gewaschen), während sie in anderen Ländern über den Markt zur Verfügung gestellt werden (USA: Bäcker backt Brot, Wäscherei wäscht Wäsche), so wird das Pro-Kopf-Einkommen zu niedrig ausgewiesen. Bei den Vergleichen müßten auch die jeweiligen Zeiteinsätze (Jahresarbeitsstunden) und die Nebenwirkungen (Umweltschäden) berücksichtigt werden.

Ein methodisches, aber auch bei Wohlstandsvergleichen anfallendes Problem sind die beim privaten Konsum und bei der Produktion anfallenden externen Effekte. Unter externen Effekten verstehen wir solche Wirkungen des Handelns eines Wirtschaftssubjektes auf ein anderes Wirtschaftssubjekt, die nicht in die Wirtschaftsrechnungen der Verursacher eingehen. Bei Unternehmen äußern sich solche externen Effekte in Kosten, die anderen auferlegt werden. Externe Kosten verursacht ein Unternehmen z. B. durch Verschmutzungen der Umwelt, die in seiner betriebswirtschaftlichen Kalkulation nicht enthalten sind. Auch durch Unternehmen induzierte Gesundheitsschäden oder die Kosten der regionalen Konzentration laufen nicht über den Markt und werden damit in der VGR nicht erfaßt. Ebenso werden die schon in 8.4. aufgeführten unentgeltlichen Haushaltsleistungen nicht erfaßt, obwohl der Wohlstand eines Volkes unter Einbeziehung dieses Sachverhaltes größer ist.

Externe Nutzen von privaten Haushalten und von Unternehmen müßten zum Sozialprodukt addiert, externe Kosten subtrahiert werden, denn die externen Nutzen stellen Wohlfahrtsgewinne einer Gesellschaft dar, hingegen die externen Kosten Wohlfahrtsverluste. So führt in der VGR die Beseitigung von Umweltschäden zu einem höheren BSP; eigentlich müßten diese Ausgaben als Vorleistungen abgezogen werden.

Für einen aussagekräftigen Wohlstandsvergleich müßte auch die Freizeit monetär bewertet und in die VGR einbezogen werden. Würden z. B. zwei Länder ein gleich hohes Pro-Kopf-Einkommen bei unterschiedlicher Arbeitsleistung vorweisen, so sollte das Land mit der größeren Freizeit wohlstandsmäßig höher eingestuft werden.

Die Einkommensverteilung wirkt sich auch auf die Wohlfahrt eines Landes aus. Je weniger extrem die Verteilung ist, desto höher ist der Wohlstand eines Landes zu beurteilen. Im Jahre 1978 entfielen in Brasilien, als Extrembeispiel, 50,6% des gesamten Sozialproduktes auf 10% der Bevölkerung. Verteilungsaspekte müßten daher beim Wohlstandsvergleich mit einbezogen werden. Die Berücksichtigung mehrerer Merkmale führt aber zu Gewichtungsproblemen. Welches Gewicht soll der Verteilungsaspekt im Vergleich zum Pro-Kopf-Einkommen haben? Da die Gewichtungsprobleme nicht lösbar sind, dient das Pro-Kopf-Einkommen ersatzweise als Wohlstandsindikator.

Ferner werden in der VGR alle öffentlich bereitgestellten Güter (z. B. Bildung, Infrastruktur, Gesundheitswesen usw.) nur mit den Kosten ihrer Produktion erfaßt, da für sie keine Marktpreise existieren. Kostensteigerungen (z. B. Erhöhung der Beamtengehälter) führen dann, obgleich keine realen Veränderungen vorliegen, zu einer Steigerung des Sozialproduktes. Des weiteren haben Staatsleistungen häufig den Charakter von Vorleistungen und müßten eigentlich vom Sozialprodukt abgezogen werden. So sind z. B. Bildungsausgaben und Ausgaben für die Infrastruktur Vorleistungen für nachgelagerte Aktivitäten (z.B.: Erfindungen bei Bildungsausgaben), die, um Doppelzählungen zu vermeiden, subtrahiert werden müßten.

Summa summarum müßte man, um aus dem eindimensionalen Sozialprodukt ein multidimensionales „Wohlstandsprodukt" zu machen, alle sozialen Aspekte monetär bewerten und in die VGR integrieren. Es stellt sich allerdings die Frage, ob wirklich alle sozialen Fakten monetär bewertet werden können. Inwieweit sind Krankheiten beruflich bedingt, wieweit lassen sich die Schmerzen monetär bewerten? Die bisher durchgeführten Korrekturen haben sich bislang nicht durchsetzen können. Das Pro-Kopf-Einkommen ist als Wohlstandsindikator nur beschränkt tauglich – wir haben aber keinen besseren Indikator zur Verfügung. Da das Pro-Kopf-Einkommen die genannten Schwächen aufweist, sollten dieser Größe *Sozialindikatoren* zur Seite gestellt werden, die ein besseres Bild über den Wohlstand eines Landes vermitteln können. Sozialindikatoren sind bspw. Lebenserwartung bei der Geburt, tägliches Kalorienangebot pro Kopf in Prozent des Bedarfs, Einwohner je Arzt, u. a. m. Auch gesellschaftliche und politische Bedingungen bestimmen den Wohlstand eines Landes. Dafür aber wertfreie Indikatoren zu entwickeln, ist nicht unproblematisch und geht über die ökonomische Analyse hinaus.

9 Ökonomische Schulmeinungen

9.1 Einführung

> Begriffe: Fiskalismus (Fiskalisten), Monetarismus (Monetaristen).

Wir wollen nun – bevor wir uns mit Fragen der Wirtschaftspolitik beschäftigen – zunächst an das dogmengeschichtliche Kapitel (Kap. 4) anschließen; dort ging es um den Wandel der ökonomischen Ansichten und Lehrsätze im historischen Zusammenhang und um immer wiederkehrende zentrale Fragen, wie die nach der Rolle des Staates oder nach dem Wesen des Geldes. Wir hatten die Entwicklung von der Klassik zur Neoklassik und zur „Keynesianischen Revolution" kurz nachgezeichnet und uns dann – in den anschließenden mikroökonomischen Kapiteln – im Rahmen der neoklassischen, individualistischen Gleichgewichtstheorie bewegt. In diesem Kapitel wollen wir nun anhand der Gegenüberstellung zweier herrschender Lehrmeinungen zeigen, daß die Wirtschaftswissenschaft immer noch in Bewegung ist, aber weit entfernt davon, unumstößliche, eindeutige Theorien oder Rezepte aufzustellen. Auch heute noch nehmen – wie wir sehen werden – o.g. Fragen eine zentrale Stellung ein.

Von der Mikroökonomie kommen wir nun zur Makroökonomie, also zur Analyse gesamtwirtschaftlicher Größen, deren Erfassung Thema des letzten Kapitels war. Die Wirtschaftspolitik, um die es in den dann folgenden Kapiteln geht, ist mit der gezielten Beeinflussung makroökonomischer Größen befaßt. Um die unterschiedlichen wirtschaftspolitischen Ansätze verstehen und beurteilen zu können, wollen wir uns hier nun mit der theoretischen Fundierung der Wirtschaftspolitik beschäftigen. Es geht dabei nicht darum, unter den widerstreitenden Theorien eine ‚richtige' und eine ‚falsche' Theorie auszumachen; es gibt wohl kaum Kriterien, anhand derer sich der Streit zwischen verschiedenen Dogmen wissenschaftlich entscheiden ließe. Diejenige Theorie, die ein Problem von (momentan) hoher gesellschaftlicher Dringlichkeit thematisiert und zu lösen verspricht, scheint vielfach die überlegene zu sein – Werturteile und politische Kurz- bzw. Weitsichtigkeit spielen offensichtlich dabei eine nicht unerhebliche Rolle.

Im folgenden unterscheiden wir zwischen *„Fiskalismus"* und *„Monetarismus"*. Die Gegenüberstellung dieser beiden Denkrichtungen soll nicht bedeuten, daß wir jeden Ökonomen in die eine oder andere Schublade stecken können, zumal auch innerhalb dieser beiden Gruppen teilweise recht unterschiedliche Ansätze vertreten werden und sich die beiden Gruppierungen auch in einigen Punkten annähern; in den späten 60er und frühen 70er Jahren haben jedoch manche ‚Hardliner' unter den Monetaristen einerseits und den Fiskalisten andererseits erbitterte Gefechte ausgetragen, die während der weltweiten Inflationsbeschleunigung nach der Ölkrise einen Höhepunkt erreichten. Die Benennung soll auf das Schwergewicht und die Richtung der Denkweise hindeuten:

Wie die Benennung andeutet, vertrauen die *Monetaristen* in der Wirtschaftspolitik insbesondere auf geldpolitische Maßnahmen (das Spektrum reicht von der Behauptung, daß es nur auf die Geldpolitik ankomme, bis hin zu der Ansicht, daß die Geldpolitik zumindest auch wichtig sei) und halten fiskalpolitische Maßnahmen (Ausgaben des Staates) für unwirksam bis schädlich. Die keynesianisch geprägten *Fiskalisten* bauen in ihren wirtschaftspolitischen Vorschlägen auf die Wirksamkeit der staatlichen Ausgabenpolitik (Fiskalpolitik) und stehen tendenziell der Wirksamkeit der Geldpolitik skeptisch gegenüber.

9.2 Ursprung und Inhalt der Fiskalismus-Monetarismus-Kontroverse

Auf welche dogmengeschichtlichen Ansichten greifen die Monetaristen einerseits und die Fiskalisten andererseits zurück? Worin wird jeweils die Ursache wirtschaftlicher Schwankungen gesehen? Welche grundsätzlichen Fragen durchziehen die Fiskalismus-Monetarismus-Debatte?

Begriffe: Geldpolitik, Fiskalpolitik, Transmissionsmechanismus.

Obwohl schon vor dem Erscheinen von John Maynard Keynes' bahnbrechendem Werk „The General Theory of Employment, Interest and Money" (1936) der Weltwirtschaftskrise und Massenarbeitslosigkeit allerorts mit staatlichen Ausgabenprogrammen zu begegnen versucht wurde, lieferte Keynes den theoretischen Rahmen für die Ablösung der (Neo)Klassischen Theorie, wonach die Marktkräfte allein imstande sind, zum Vollbeschäftigungsgleichgewicht zurückzuführen. Eine Bestätigung schien die keynesianische Theorie und die darauf aufbauende Politik in der Nachkriegszeit zu finden, bis mit der beschleunigten Inflation, mit der Instabilität in den Wachstumsraten und mit dem neuen Phänomen der Stagflation (Inflation plus Unterbeschäftigung) Probleme auftauchten, denen die keynesianisch geprägte Wirtschaftspolitik nicht gewachsen war.

Die Monetaristen – mit *Milton Friedman* als ihrem ersten Hauptvertreter – sahen die Ursache der neuen Krisen in der Einflußnahme des Staates auf das privatwirtschaftliche System. Sie griffen auf die klassische Argumentation des stabilen marktwirtschaftlichen Mechanismus zurück, die mit neuen Einsichten und aufwendigen empirischen Studien angereichert wurde. Der (reduzierte) *Kern der aufkommenden Kontroverse* läßt sich wie folgt zusammenfassen:

– Die *keynesianischen Fiskalisten* führen Krisen darauf zurück, daß das marktwirtschaftliche System aufgrund von Fehlentscheidungen und Irrtümern der Wirtschaftssubjekte instabil sei; der Staat müsse deshalb kompensierend – insbesondere durch Nachfragebelebung (Staatsausgaben) in Krisenzeiten – eingreifen. Keynes, auf dessen Analyse diese Argumentation beruht, hatte die fehlende Selbstheilungskraft des Marktes damit begründet, daß die Annahmen des Marktmodells (funktionierender Lohn-, Zins- und Preismechanismus) in der Realität nicht gegeben seien. Die Möglichkeit, Geld zu horten und damit der Wirtschaft Kaufkraft zu entziehen, führt zu – je nach den Zukunftsvorstellungen der Handelnden – konjunkturelle Schwankungen, die nachfragebedingt sind, und denen der Staat wirtschaftspolitisch (Stabilitäts- bzw. Stabilisierungspolitik) begegnen sollte.

– Dem setzten die *Monetaristen* entgegen, daß gerade die staatliche Wirtschaftspolitik mit unvermittelten Brems- und Beschleunigungsmanövern (Stop-and-Go-Politik) Konjunkturschwankungen auslöse; diese Politik würde aufgrund ihrer Unberechenbarkeit und Unstetigkeit die Privatwirtschaft verunsichern und somit Fehlentscheidungen und Irrtümer bei Konsum- und Investitionsentscheidungen erst auslösen. Einzige Aufgabe des Staates sei es (gemäß der klassischen Theorie), die Rahmenbedingungen zur Funktionsfähigkeit des an sich stabilen Marktmechanismus durch *stetige*

(Geld)Politik und Ausdehnung des privaten Entscheidungsspielraums zu schaffen.

Als *zentrale Fragen der Debatte* können wir nun festhalten:

- *Wie stabil ist das Marktsystem?* Sind staatliche Eingriffe wirklich notwendig?
- Welche Maßnahmen üben einen stärkeren Einfluß auf die wirtschaftliche Aktivität und damit auf das Volkseinkommen aus – Maßnahmen der *Geldpolitik oder* der *Fiskalpolitik?*
  (Unter fiskalischen Maßnahmen wollen wir Änderungen der Staatsausgaben und/oder der Steuern bei konstanter Geldmenge verstehen; Geldpolitik beinhaltet die Steuerung der im Umlauf befindlichen Geldmenge durch die Zentralbank).
- Wie werden geldpolitische oder fiskalische Impulse weitergeleitet, d. h. durch welchen Mechanismus oder Wirkungskomplex wird die Wirtschaftstätigkeit beeinflußt (*Frage nach dem Transmissionsmechanismus wirtschaftspolitischer Maßnahmen*)?

Wir wollen nun zunächst die Theorien der „Väter" der Kontroverse – der Klassiker und Keynes' – kurz darstellen, um dann zu sehen, welche Elemente von Monetaristen und Fiskalisten übernommen wurden.

9.3 Theoretischer Hintergrund: (Neo)Klassik …

Wie werden Volkseinkommen und Beschäftigungsniveau im klassischen System bestimmt? Was besagt die „klassische Dichotomie"? Welche Rolle spielt das Geld in der Klassik? Was besagt „Vollbeschäftigung" und wie stellt sich das Vollbeschäftigungsgleichgewicht ein?

Begriffe: Freiwillige Arbeitslosigkeit, Say'sches Theorem, Neutralität des Geldes, Quantitätsgleichung.

Für eine kurze Darstellung der Grundzüge neoklassischer und keynesianischer Makrotheorie betrachten wir jeweils den aggregierten *Arbeits-, Geld-, Güter- und Kreditmarkt.* Wenn alle Märkte gleichzeitig (*simultan*) betrachtet werden, können wir das gesamtwirtschaftliche Gleichgewicht analysieren. Die Märkte und Marktseiten haben jedoch in der klassischen bzw. keynesianischen Theorie ein unterschiedliches Gewicht:

In der *klassischen Theorie* kommt der *Angebotsseite* und dem *Arbeitsmarkt* die größte Bedeutung zu; durch den Arbeitsmarkt werden die Höhe des Volkseinkommens und der Grad der Beschäftigung festgelegt – das Angebot schafft seine eigene Nachfrage. Hingegen werden Volkseinkommen und Beschäftigungsniveau bei *Keynes* durch den *Güter- und Geldmarkt* bestimmt; entscheidend ist dabei die gesamtwirtschaftliche *Nachfrage*.

Beginnen wir mit dem *neoklassischen Arbeitsmarkt*. Auch hier haben wir wieder – wie in den vergangenen Kapiteln – gewinnmaximierende, rational handelnde Individuen sowie die Bedingungen des vollkommenen Marktes, also (auch auf dem Arbeitsmarkt!) funktionierende Preismechanismen. Die Nachfrage der Unternehmer nach Arbeitskräften (*Arbeitsnachfrage*) richtet sich an einer gesamtwirtschaftlichen Produktionsfunktion mit fallenden Grenzerträgen aus; mit steigendem Arbeitseinsatz wird bei konstantem Kapitaleinsatz das reale Sozialprodukt unterproportional erhöht, der Grenzertrag der Arbeitsleistung sinkt daher mit jeder weiteren Arbeitskraft. Der gewinnmaximierende Unternehmer setzt – wie gehabt – Arbeitskräfte gemäß der Regel Grenzerlös = Grenzkosten ein. Der Grenzerlös der letzten eingesetzten Arbeitskraft ist deren Grenzertrag (oder, was das gleiche ist, Grenzprodukt, GP_A), bewertet mit dem Produktpreis, die Grenzkosten sind der Nominallohnsatz 1^n. Bei gegebener Produktionsfunktion fragt der Unternehmer also entsprechend der Regel

Wert des Grenzprodukts $\quad = \quad$ Nominallohnsatz

$p \cdot GP_A \qquad\qquad\quad = \quad 1^n$

oder $GP_A \qquad\qquad = \quad \dfrac{1^n}{p} = 1^r$

Grenzprodukt $\qquad\qquad = \quad$ Reallohnsatz

Arbeitskräfte nach und erstellt die entsprechende Gütermenge. Wie aus den Gleichungen ersichtlich, ändert sich an der Produktionsentscheidung nichts, wenn sich 1^n und p gleichgerichtet und im selben Ausmaß verändern, es sind also die Preisverhältnisse und nicht die absoluten Preise entscheidend!

Das Angebot der Haushalte an Arbeitsleistung (*Arbeitsangebot*) entspricht dem Grenznutzenkalkül bzw. dem 2. Gossenschen Gesetz; es wird soviel Arbeit angeboten, bis der Grenznutzen von Freizeit und Lohn ausgeglichen ist. Auch diese optimale Position verändert sich nicht, wenn Güterpreise und Lohn gleichgerichtet und im selben Ausmaß variieren – also ist auch das Arbeitsangebot eine Funktion der relativen Preise bzw. des Reallohnsatzes: Es nimmt mit steigendem Reallohn zu.

Wir erhalten graphisch:

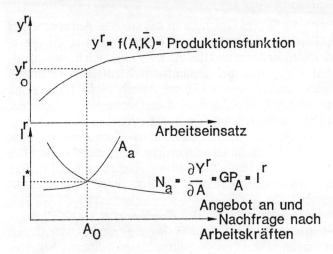

Abb. 9.3.1. Neoklassischer Arbeitsmarkt

Das *Vollbeschäftigungsgleichgewicht* beim Lohnsatz 1* besagt, daß jeder, der zu diesem Reallohn arbeiten will, auch beschäftigt wird. Verlangt er einen höheren Nominallohnsatz, als diesem Reallohn entspricht, verlangt er mehr als den Wert seines Grenzproduktes – er gilt als *freiwillig arbeitslos*.

Steigen die Nominallöhne bei konstanten Preisen und konstanter Arbeitsproduktivität, so sind die Grenzkosten des Arbeitseinsatzes größer als der Grenzerlös; die Arbeitsnachfrage der Unternehmer sinkt (wodurch der Grenzertrag steigt), bis der Wert des Grenzprodukts wieder dem (gestiegenen) Nominallohnsatz entspricht. Wenn das Arbeitsangebot steigt (Verschiebung der A_a-Kurve nach rechts), werden die zusätzlichen Arbeitskräfte – vollkommene Konkurrenz und flexible Löhne unterstellt – bei einem geringeren Reallohnsatz für alle Arbeiter auch eingestellt, was sich bei niedrigeren Löhnen für die Unternehmen lohnt. Arbeitslosigkeit kann also nur vorübergehend auftreten, bis sich über die Anpassung des Preises für Arbeit – des Reallohnsatzes – Angebot und Nachfrage auf dem Arbeitsmarkt wieder im Gleichgewicht befinden. Die monetären Güterpreise haben einen Einfluß auf das Gleichgewicht am Arbeitsmarkt: steigende Güterpreise bedeuten Reallohnsenkungen und damit einerseits einen Anstieg der Arbeitsnachfrage, andererseits einen Rückgang des Angebots. Die

Konkurrenz unter den Unternehmen um das geringere Arbeitsangebot
führt zu steigenden Nominallöhnen, bis der vorherige Gleichgewichts-
reallohn wieder hergestellt ist.

Wir kommen damit zum *Gütermarkt*: das erstellte Angebot in der
dargestellten Gleichgewichtssituation ist Y_o. Es wird durch die (kurzfristige) Produktionsfunktion und das Arbeitsmarktgleichgewicht anscheinend unabhängig von der gesamtwirtschaftlichen Nachfrage
durch die Angebotsseite bestimmt.[1] Dieses Angebot schafft sich seine
eigene Nachfrage (*Say'sches Theorem*): Güter werden nur angeboten,
weil mit dem Erlös andere Güter nachgefragt werden sollen, Arbeitskraft wird angeboten, um mit dem Einkommen Konsumwünsche zu
befriedigen. Das System ist im Gleichgewicht, weil jeder Anbieter mit
seinem Erlös oder Lohn eine gleichwertige Nachfrage ausübt. Was
passiert jedoch mit den Ersparnissen, die nicht direkt zum Konsum
verwendet werden?

Diese Ersparnisse werden über den *Kreditmarkt* (S = Kreditangebot) anderen Wirtschaftssubjekten zur Verfügung gestellt – wir nehmen
an, zu Investitionszwecken (I = Kreditnachfrage). Sparen bedeutet
daher Nachfrageausfall nach Konsumgütern, aber auch eine vermehrte
Nachfrage nach Investitionsgütern; nur die Aufteilung des Sozialproduktes auf Konsum und Investition ändert sich also!

Wir erinnern uns an die ex-post-Identitäten einer geschlossenen
Wirtschaft ohne Staat (Kap 8.3)

$$Y = C + S \quad \text{bzw.} \quad Y = C + I$$

woraus

$$S = I$$

folgte.

Die Klassiker unterstellen, daß sowohl die Ersparnisse als auch die
Investitionen vom Realzinssatz (i) abhängig sind, und zwar sind die
geplanten Ersparnisse umso höher, je höher der Zinssatz ist, und je
niedriger der Zinssatz, umso höher ist die geplante Nachfrage nach
Krediten zur Finanzierung von Investitionen. Beim Gleichgewichtszins
i* sind die geplanten Ersparnisse gleich den geplanten Investitionen
(also nicht nur die stets geltende ex-post-Gleichheit!), der Kreditmarkt
ist im Gleichgewicht. Dieses Gleichgewicht bedeutet, daß die

---

[1] Die Nachfrage bestimmt die Absatzmöglichkeiten, die wiederum für die Arbeitsnachfrage der Unternehmen entscheidend sind. Von daher ergibt sich eine
Interdependenz, die aus den Say'schen Theorem nicht deutlich wird.

Ressourcen ausgeschöpft oder „vollbeschäftigt" sind, es gibt weder zu hohe Ersparnisse noch zu hohe Investitionen.

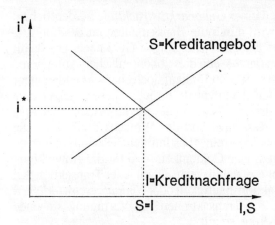

Abb. 9.3.2. Klassischer Kreditmarkt

Welche Rolle spielt nun aber im klassischen System das Preisniveau, wenn es keinen Einfluß auf das Arbeitsmarktgleichgewicht und damit auch keinen Einfluß auf das (kurzfristige) Angebot hat, das wiederum seine eigene Nachfrage schafft? Die Klassiker gehen davon aus, daß sich die Wirtschaftssubjekte an realen Größen (Reallohn, Realzins) orientieren, daß sie also *keiner „Geldillusion"* unterliegen: der Preis – egal wie hoch oder niedrig er in monetären Größen ist, sagt nichts aus über das reale Tauschverhältnis zwischen den Gütern, auch der Nominallohn wird bei allen Entscheidungen stets um die Preisniveauentwicklung korrigiert. Nominale Preise und damit das Geld haben keinen Einfluß auf die *Gleichgewichtswerte* von Arbeits- und Gütermarkt! Man spricht deshalb von der *Neutralität des Geldes* oder von dessen *realwirtschaftlicher Passivität.* Rein technisch erscheinen die nominalen Größen nur in Quotienten, die jeweils zwei nominale Variablen enthalten; der Quotient ist dann eine reale Größe:

$$\frac{l^n}{p} = l^r\,; \quad \frac{i^n}{p} = i^r$$

Wenn sich Zähler und Nenner in gleichem Ausmaß und in gleicher Richtung verändern, bleibt der reale Wert der Größe konstant. Die Neutralität des Geldes beinhaltet, daß eben dies bei Geldmengenveränderung geschieht! Strukturveränderungen des Preissystems, die reale Auswirkungen haben, sind von reinen Niveauvariationen, die neutral wirken, zu unterscheiden.

Dies läßt sich anhand einer *Geldmarktbetrachtung* verdeutlichen. Das *Geldangebot (M)* wird durch die Banken autonom bestimmt (s. auch Kap.13). Die Wirtschaftssubjekte fragen Geld nach, um damit Transaktionen zu tätigen (auch wenn dies „ökonomischen Anfängern" seltsam anmutet, da man sich beim Einkauf doch eher als Geldanbieter empfindet – wir kommen darauf noch zurück); diese *nachgefragte Geldmenge* – im klassischen System *nur für Transaktionszwecke nachgefragt!* – ist der Kassenbestand der Wirtschaftssubjekte. Die Geldmenge M wird nun während eines bestimmten Zeitraums mehrfach für Transaktionen genutzt, jede Geldeinheit wird für die Abwicklung mehrerer Zahlungen eingesetzt und wechselt mit jeder Transaktion den Besitzer. Ist V die Transaktionshäufigkeit oder *Umlaufgeschwindigkeit des Geldes*, M der für die Transaktionen zur Verfügung stehende durchschnittliche Geldbetrag, so gilt

$$M \cdot V = P \cdot Y^r$$

Das gesamte geldmäßige Transaktionsvolumen $M \cdot V$ entspricht also dem nominalen Sozialprodukt $P \cdot Y^r$!

Diese Gleichung wird *Quantitätsgleichung* genannt, sie bildet einen wichtigen Baustein der klassischen Theorie. Sie ist zunächst nur eine dem Prinzip der doppelten Buchführung entsprechende Identität, die nichts anderes besagt, als daß definitionsgemäß das Produkt aus Geldmenge und Umlaufgeschwindigkeit $(M \cdot V)$ dem Geldbetrag entspricht, der für die Umsetzung der in Geld bewerteten Sozialprodukttransaktionen $(P \cdot Y^r)$ benötigt wird. Einleuchtend ist, daß, wenn die Geldmenge M verändert wird, sich mindestens eine der anderen drei Größen auch verändern muß; die Quantitätsgleichung wird zur *Quantitätstheorie*, wenn man Hypothesen über die Art dieser Veränderung aufstellt. Die Klassiker nehmen V als kurz bis mittelfristig konstant an – d. h. die Zahlungsgewohnheiten ändern sich nicht. Ferner hatten wir im Sinne der klassischen Theorie auf dem Arbeitsmarkt ein ebenfalls kurzfristig konstantes Y^r ermittelt. Eine Geldmengenerhöhung beeinflußt dann also zunächst nur das Preisniveau P!

Die Geldnachfrage zu Transaktionszwecken (L_T) ist von der Höhe der Transaktionen (bzw. des Sozialprodukts) $P \cdot Y^r$ abhängig sowie von den Zahlungsgewohnheiten. Wenn die Geldmenge M als Nachfrage für Transaktionszwecke (L_T) interpretiert wird, erhalten wir nach Umformung der Quantitätsgleichung:

$$L_T = \frac{\overline{Y}^r \cdot P}{\overline{V}}$$

d. h.: bei konstantem realem Sozialprodukt und konstanter Umlaufgeschwindigkeit – was die Querstriche über den Größen andeuten – ist die Geldnachfrage nur vom Preisniveau abhängig. Mit steigendem Preisniveau steigt auch die Geldnachfrage.

Wir können nun auch das Gleichgewicht auf dem Geldmarkt darstellen:

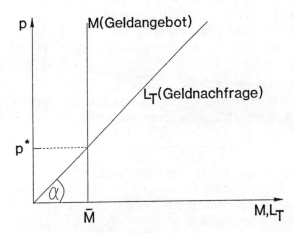

Abb. 9.3.3. Klassischer Geldmarkt

Die Steigung der Geldnachfragekurve wird durch die gegebene Höhe des Sozialprodukts und der Umlaufgeschwindigkeit bestimmt ($\tan \alpha = \frac{Y^r}{V}$) das Geldangebot wird durch die Zentralbankpolitik exogen vorgegeben. Wenn wir von einer gegebenen Geldnachfragefunktion ausgehen, führt also eine Erhöhung der Geldmenge (Rechtsverschiebung der M-Kurve) nur zu einem Preisanstieg!

Damit haben wir nun die wichtigsten Bausteine des neoklassischen Systems dargestellt und fassen zusammen:

Auf dem Arbeitsmarkt bildet sich ein Gleichgewichtslohnsatz, zu dem Vollbeschäftigung herrscht (Vollbeschäftigungsgleichgewicht). Damit ist auch das reale Sozialprodukt (das gesamtwirtschaftliche Angebot) bestimmt, das sich selbst seine Nachfrage schafft (Say'sches Theorem). Der Gleichgewichtszinssatz auf dem Kreditmarkt bringt geplante Investitionen und Ersparnisse in Übereinstimmung; der Gütermarkt dient damit zur Bestimmung des Zinssatzes und zur Aufteilung des

Sozialproduktes auf Konsum und Investitionen. Letztlich führt bei gegebenem Güterpreisniveau die Anpassung auf den Faktormärkten (Arbeitsmarkt via Lohnsatz, Kreditmarkt via Zinssatz) zum Vollbeschäftigungsgleichgewicht. Der Geldmarkt dient zur Bestimmung des Preisniveaus und hat keinen Einfluß auf Beschäftigung und reales Volkseinkommen. Man spricht deshalb auch von *„klassischer Dichotomie"* (Zweiteilung zwischen realem und monetärem Bereich).

9.4 ... und Keynes

Worauf beruht das keynesianische Gleichgewicht bei Unterbeschäftigung? Welche Verbindung besteht bei Keynes zwischen Geld- und Gütermarkt, zwischen Arbeits- und Gütermarkt? Wodurch kann im Keynes'schen System Vollbeschäftigung erreicht werden?

Begriffe: marginale/durchschnittliche Spar- und Konsumquote; Multiplikatoreffekt; Transaktions- und Spekulationskasse.

Im Gegensatz zu den Klassikern ist bei Keynes die *effektive (mit Kaufkraft versehene) Nachfrage auf dem Gütermarkt entscheidend für Beschäftigungs- und Sozialproduktniveau.* Keynes bezweifelte die Wirksamkeit der Mechanismen, die in der klassischen Theorie dafür sorgen, daß sich das Güterangebot automatisch seine eigene Nachfrage schafft; seine Diagnose der Weltwirtschaftskrise beinhaltete u. a., daß die Nachfrage weit entfernt davon war, das Angebotspotential auszuschöpfen. Wodurch ist dann aber die Nachfrage bestimmt – wenn nicht durch das Angebot und das daraus entstehende Volkseinkommen?

Bei der Nachfrage muß zwischen der privaten Konsumnachfrage, der Investitionsnachfrage und der des Staates und des Auslands unterschieden werden. Die Konsumnachfrage steht im Zentrum seiner Analyse. Keynes' *„psychologisches Gesetz"* besagt: zwar steigen bei zunehmendem Einkommen auch die Ausgaben, aber nicht in dem Maße wie die Einkommen; nur ein Teil der zusätzlichen Einkommen wird nachfragewirksam. Beschränken wir uns auf eine geschlossene Wirtschaft ohne Staatsaktivitäten, so erhalten wir – entsprechend der Sozialproduktermittlung von der Güterverwendungsseite her – die gesamtwirtschaftliche Nachfrage

$$N = C + I$$

Für das *Konsumverhalten* wird nun angenommen, daß – abgesehen von einem einkommensunabhängigen Basiskonsum (C^a) – dieser von der Höhe des Volkseinkommens abhängig ist und in Abhängigkeit von Y unterproportional zunimmt:[1]

$$C = C^a + cY \quad \text{mit} \quad C^a > o; o < c < 1.$$

Wegen

$$Y = C + S$$

ist durch die Konsumfunktion auch die Sparfunktion determiniert:

$$Y - C = S$$

bzw. nach Umformung:

$$S = -C^a + (1 - c)Y$$

wenn wir

$$1 - c = s$$

setzen, erhalten wir analog zur Konsumfunktion die *Sparfunktion*

$$S = -C^a + sY \quad \text{mit} \quad 0 < s < 1.$$

Damit sind die Ersparnisse – wie der Konsum – auch vom Einkommen abhängig und nicht, wie bei den Klassikern, vom Zinssatz! c und s werden als *marginale Konsumquote* und *marginale Sparquote* bezeichnet, da sie die Änderung des Konsums bzw. der Ersparnis bei einer Änderung des Volkseinkommens anzeigen:

$$c = \Delta C/\Delta Y$$
$$s = \Delta S/\Delta Y$$

Durchschnittliche Konsum- bzw. Sparquote sind C/Y bzw. S/Y. Sie addieren sich, genau wie auch die marginalen Quoten, immer zu 1. Bzgl. der Investitionen gehen wir zunächst davon aus, daß sie unabhängig vom Einkommen vorgegeben sind.

---

[1] Bei den Klassikern war der Zins die entscheidende Größe, die auf dem Gütermarkt für die Aufteilung des Einkommens auf I und C sorgte.

Der Gütermarkt stellt sich dann graphisch folgendermaßen dar:

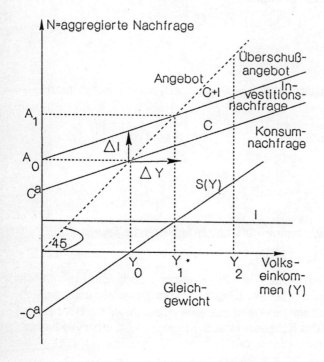

Abb. 9.4.1. Realwirtschaftliches Keynesmodell

Im klassischen System würde immer Gleichgewicht entlang der (gestrichelten) 45°-Linie herrschen, das Volkseinkommen (auf der Abzisse abgetragen) würde der aggregierten Nachfrage (auf der Ordinate) entsprechen. Die 45°-Linie kann als Angebotsfunktion interpretiert werden: jeder Einkommenshöhe ist eine entsprechende Höhe der Produktion zugeordnet. Im oberen Quadranten ist die keynesianische Konsumfunktion abgetragen, ihre Steigung entspricht der marginalen Konsumquote. Die Investitionsgüternachfrage ist vertikal zur Konsumnachfrage aufaddiert; genauso könnte man auch mit autonomen Staatsausgaben verfahren. Ferner haben wir die Investitionen noch einmal als Parallele zur Abzisse dargestellt, um die Gleichgewichtsbedingung S = I separat zeigen zu können, wobei die Sparfunktion am negativen Ordinatenabschnitt $(-C^a)$ ihren Ursprung hat und mit der Steigung entsprechend der marginalen Sparquote bei Y_0 positiv wird.

Ein Gleichgewicht liegt nun immer vor, wenn die geplante aggregierte Nachfrage der geplanten Produktion (45°-Linie) entspricht. Wenn bspw. das Angebot A_1 geplant ist und auch realisiert wird, entsteht Einkommen (Y_1) in gleicher Höhe. Wenn dieses Einkommen voll für die geplanten Konsum – (C_1) und Investitionsgüterausgaben (I_1) eingesetzt wird, ist das gesamte Güterangebot damit abgesetzt. Ferner ist hier, wie der untere Teil der Abbildung zeigt, S = I.

Gleichgewicht herrscht aber keinesfalls automatisch: Entscheidungen über Produktion und Nachfrage werden zunächst unabhängig voneinander getroffen, die Produktions- und Nachfragepläne stimmen nicht überein. Rechts von Y_1 bspw. ist das geplante Angebot größer als die gesamte geplante Nachfrage, die geplanten Ersparnisse sind größer als die geplanten Investitionen. Angenommen, das Vollbeschäftigungseinkommen wäre bei Y_2. Im klassischen System würden bei S > I die Zinsen sinken und die Investitionen zu Lasten der Konsumgüternachfrage ansteigen, bis S = I bei Y_2, die gesamtwirtschaftliche Nachfrage entspricht in ihrer Aufteilung dann wieder den Gleichgewichtsbedingungen.[1]

Im Keynes'schen System haben Zinssenkungen eine andere Funktion, die aus den Zinssenkungen resultierende Stimulierung der Investitionsnachfrage reicht zur Erlangung eines Vollbeschäftigungsgleichgewichtes nicht aus. Bei Y_1 haben wir wieder ein Gleichgewicht auf dem Gütermarkt – jedoch ist dies ein *Gleichgewicht bei Unterbeschäftigung*.

Man sieht an dieser Abbildung auch, daß die Höhe des Volkseinkommens – bei gegebener Konsumfunktion – von der Höhe der Investitionsnachfrage abhängt. Wenn diese größer wird, können mehr Investitions- *und* Konsumgüter abgesetzt werden; denn das durch die Produktion zusätzlicher Investitionsgüter geschaffene zusätzliche Einkommen fließt zu einem Teil wieder in Konsumausgaben . Wieder entsteht Einkommen, folgen Konsumausgaben ... Diese Kettenreaktion resultiert aus dem keynesianischen *Multiplikatoreffekt*, dessen Gesamtwirkung beim Übergang von Gleichgewichtseinkommen Y_1

---

[1] Im Grunde genommen läßt sich das klassische Modell nicht so ohne weiteres in dieses realwirtschaftliche Keynes-Modell einfügen, da bei der Klassik nicht die Nachfrage, sondern das Angebot die tatsächliche Produktion bestimmt.

durch das Verhältnis der Investition (I) zum zusätzlich geschaffenen Einkommen (ΔY) gemessen wird. Ein solcher Multiplikatoreffekt resultiert auch aus der Erhöhung der autonomen Konsum- und/oder Staatsausgaben!

Für den *Gütermarkt* können wir zusammenfassen:

> Vollbeschäftigung und Gleichgewicht auf dem Gütermarkt fallen, wenn überhaupt, nur zufällig zusammen, wenn die Wirtschaft dem Marktmechanismus überlassen bleibt; Gleichgewicht bei Vollbeschäftigung ist nur bei einer bestimmten Höhe der aggregierten Nachfrage möglich. Normal ist hingegen eine Unterbeschäftigung oder eine Nachfragelücke.

Die anderen keynesianischen Märkte wollen wir nur kurz skizzieren:

Der *Geldmarkt* unterscheidet sich vom klassischen Geldmarkt dadurch, daß nicht nur Geldnachfrage zu Transaktionszwecken zugelassen wird, sondern auch eine sogenannte *„Nachfrage nach Spekulationskasse"*, ferner dient der Geldmarkt – zusammen mit dem Gütermarkt – zur Bestimmung des Zinses und des Volkseinkommens (und nicht, wie bei den Klassikern, zur Bestimmung des Preisniveaus!)

Spekulationskasse wird gehalten, um dieses Geld – je nach Zinsentwicklung – irgendwann zum Kauf von Wertpapieren zu benutzen.

Die Nachfrage nach Transaktionskasse (L_T) ist einkommensabhängig und damit zinsunelastisch, hingegen ist die Nachfrage nach Spekulationskasse (L_S) umso größer, je niedriger der Zins ist: niedrige Zinsen bedeuten hohe Wertpapierkurse[1], man geht davon aus, daß diese wahrscheinlich sinken werden; um Kursverluste zu vermeiden, wird das Geld lieber in der Spekulationskasse gehalten als es anzulegen. Hieraus erklärt sich die Tatsache, daß Zinssenkungen nicht ihre volle

---

[1] An einem Beispiel kann der Zusammenhang von Wertpapierkurs und Zins verdeutlicht werden: Kauft ein Anleger ein Wertpapier mit unendlicher Laufzeit für 1000 DM mit einer festen Verzinsung von 5% p. a., so erhält er 50 DM Zinsen im Jahr. Nehmen wir an, die Zinsen steigen auf 10% und bleiben auf diesem Niveau. Der Anleger möchte nun auch sein Geld mit 10% verzinsen. Dafür muß er zunächst sein bereits gekauftes Wertpapier liquidieren. Für seine 1000 DM bekommt er aber nunmehr nur 500 DM, weil die Nachfrager nach Wertpapieren nur 10%-ige Verzinsungen akzeptieren (im Beispiel: 50 DM von 500 DM sind gleich 10%). Damit ist gezeigt, daß der Wertpapierkurs (von 1000 DM auf 500 DM) bei steigendem Zins (von 5% auf 10%) sinkt – das gleiche gilt auch umgekehrt. Wertpapiere mit unendlicher Laufzeit (in England z.B. consols) sind die Ausnahme; bei endlicher Laufzeit werden die Berechnungen komplizierter – der Grundgedanke der obigen Ableitung bleibt aber erhalten.

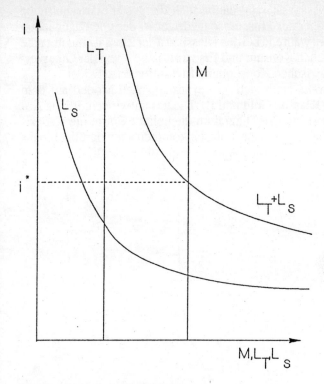

Abb. 9.4.2. Keynes'scher Geldmarkt

Wirkung auf die Stimulierung der Nachfrage ausüben: ein Teil der Geldnachfrage wandert in die Spekulationskasse und ist damit nicht nachfragewirksam! Die gesamte Geldnachfrage setzt sich zusammen aus $L_T + L_S$; im Gleichgewicht – wenn das exogene Geldangebot (M) der Nachfrage $L_T + L_S$ gleich ist, ergibt sich der Gleichgewichtszins i*, der damit von den Dispositionen der Wirtschaftssubjekte über ihre Wertpapier- und Kassenhaltung und von der Geldmenge abhängig ist.

Graphisch wird dieser Sachverhalt in Abb. 9.4.2. dargestellt.

Im Gegensatz zur Klassik haben wir hier nun keine Dichotomie mehr, sondern wichtige *Verbindungen zwischen Geld- und Gütermarkt, insbesondere über den Zinssatz*: der sich auf dem Geldmarkt bildende Zinssatz beeinflußt die Höhe der Investitionen (die umso niedriger sind, je höher der Zinssatz ist) und damit auch die gesamtwirtschaftliche Nachfrage! Je höher der Zins, umso niedriger ist das Gleichgewichtsvolkseinkommen, während bei den Klassikern der Zinssatz nur über die Aufteilung zwischen Konsum und Ersparnis bzw. – von der Güterverwendung her – zwischen Konsum und Investition entscheidet.

Das *Preisniveau* stellt sich im keynesianischen Modell auf dem Gütermarkt ein (Klassik: Geldmarkt!): Die gesamtwirtschaftliche Angebotsfunktion hat im Y^r/P Diagramm die übliche Form; die Kapazitätsgrenze liegt bei Y^r_V das reale Volkseinkommen kann darüber hinaus nicht ausgedehnt werden, die Faktoren sind vollbeschäftigt.

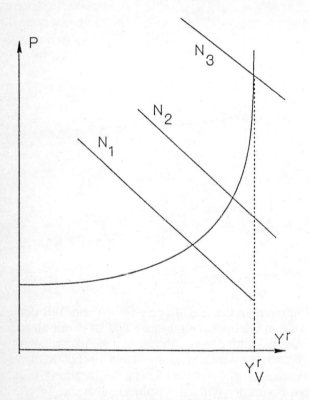

Abb. 9.4.3. Gesamtwirtschaftliche Angebots- und Nachfragekurve

Die aggregierten Nachfragefunktionen beziehen sich auf gegebene Ausgabensummen. Bei steigendem Preisniveau kann nur weniger gekauft werden (die Mengenkomponente Y ist bei hohem P und konstanter monetärer Nachfrage kleiner) und umgekehrt.

Eine Erhöhung der Nachfrage zeigt sich graphisch in einer Außenverschiebung der Nachfragekurve; entsprechend erhöht sich – wie auch in der einzelwirtschaftlichen Betrachtung – das Preisniveau. Wenn Vollbeschäftigung erreicht ist (Y_v^r), kann die Mengenkomponente nicht mehr gesteigert werden, eine weiter steigende Nachfrage führt nur noch zur Steigerung des Preisniveaus.

Es bleibt der *Arbeitsmarkt* zu behandeln: Der wichtigste Unterschied zum klassischen System ist hier, daß die Löhne nicht (zumindest nicht nach unten) flexibel sind; Mindestlohnvorschriften o. ä. verhindern, daß der Arbeitsmarkt immer (über Lohnsatzveränderungen) zum Vollbeschäftigungsgleichgewicht hin tendiert.

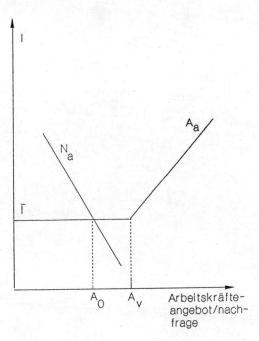

Abb. 9.4.4. Keynes'scher Arbeitsmarkt

Die vorstehende Abbildung zeigt, daß der Arbeitsmarkt im Prinzip immer „im Gleichgewicht" ist – auch beim Mindestlohnsatz $\bar{l}$ und dem Beschäftigungsniveau A_o, das unterhalb des Vollbeschäftigungsniveaus A_v liegt. Hier herrscht Unterbeschäftigung in Höhe von $A_v - A_o$!

Diese Unterbeschäftigung kann nur durch eine Ausdehnung der gesamtwirtschaftlichen Güternachfrage und eine daraus folgende Rechtsverschiebung der Arbeitsnachfragekurve beseitigt werden. Es gibt im keynesianischen Modell keine Rückkoppelung des Arbeitsmarktes auf die anderen Märkte; im Grunde genommen ist der Arbeitsmarkt im Keynes-Modell schwach modelliert, da er nur eine „Indikatorfunktion" ausübt, er zeigt die Höhe der Arbeitslosigkeit an – damit erschöpft sich seine Funktion. *Gleichgewichtssituationen bei unterschiedlichen Beschäftigungsniveaus* zeigt noch einmal die folgende Abbildung:

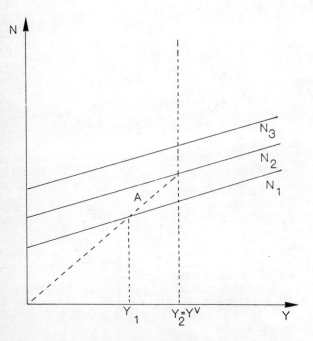

Abb. 9.4.5. Verschiedene Beschäftigungsgleichgewichte

Klassisch:

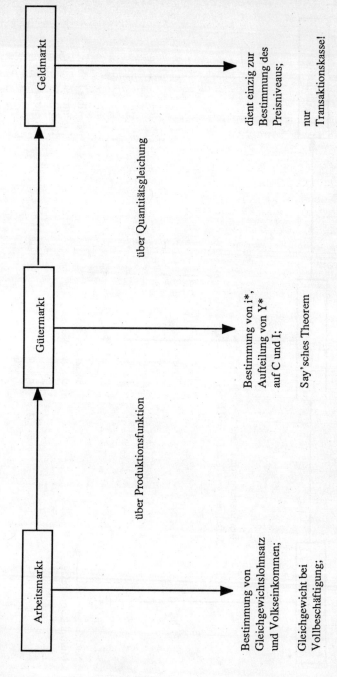

Keynes:

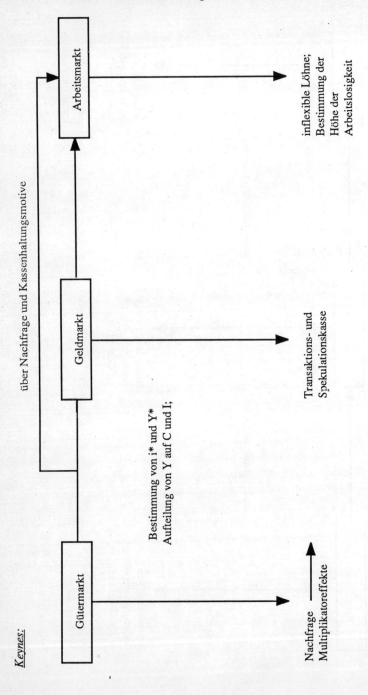

über Nachfrage und Kassenhaltungsmotive

Arbeitsmarkt

inflexible Löhne; Bestimmung der Höhe der Arbeitslosigkeit

Geldmarkt

Transaktions- und Spekulationskasse

Gütermarkt

Bestimmung von i* und Y* Aufteilung von Y auf C und I;

Nachfrage Multiplikatoreffekte

Abb. 9.4.6. Unterschied von Klassik und Keynes

Das Volkseinkommen Y_2 bedeutet volle Ausnutzung der Produktionskapazitäten, also Vollbeschäftigung. Bei einer Nachfragelücke (N_1 < Vollbeschäftigungsnachfrage N_2) und einem Gleichgewichtseinkommen von Y_1 herrscht Unterbeschäftigung, die durch eine Ausweitung der Nachfrage auf N_2 beseitigt werden kann. Die Nachfrage N_3 bedeutet andererseits einen Nachfrageüberhang; die Produktion kann nicht über Y_2 hinaus gesteigert werden. Statt dessen kommt es zu einer Erhöhung der Preise und des nominalen Volkseinkommens. Eine Beschneidung der inflationären Tendenzen müßte hier an einer Nachfragereduzierung ansetzen!

Abb. 9.4.6 auf S. 149–150 stellt die Marktstrukturen des klassischen und des keynesianischen Modells noch einmal gegenüber.

9.5 Monetaristische und fiskalistische Wirtschaftstheorie

Wo zeigt der Monetarismus Unterschiede und Weiterentwicklungen im Verhältnis zur Neoklassik? Worin unterscheiden sich monetaristischer und fiskalistischer Transmissionsmechanismus? Welche Preis- bzw. Zinstheorie bieten Monetaristen einerseits und Fiskalisten andererseits an? Wie beurteilen Monetaristen und Fiskalisten Arbeitslosigkeit bzw. Inflation?

Begriffe: Dauereinkommenshypothese; Neoquantitätstheorie; Realkasseneffekt, Transmissionsmechanismus der relativen Preise.

Die *Monetaristen* leiten ihre Hypothesen aus der neoklassischen Theorie ab; die ihrer Analyse zugrundeliegenden Annahmen (hohes Wettbewerbsniveau, langfristiger Gleichgewichtszustand) bedingen einen grundsätzlichen *Stabilitätsoptimismus*. Von der neoklassischen Theorie unterscheiden sich die Monetaristen jedoch erheblich, was die Vorstellung zur Bedeutung des Geldes in der Wirtschaft betrifft: *kurzfristig sei der Geldmarkt entscheidend*, d. h. die Einflüsse der Geldmenge auf die Wirtschaft (Fiskalisten: Nachfrage!); langfristig würden sich allerdings *reale Faktoren* durchsetzen.

Ansatzpunkte für die monetaristische Theorie sind:

- eine auf der *Lebenseinkommenshypothese*[1] basierende Konsumtheorie, die keynesianische Multiplikatoreffekte, die von der Steuerung des laufenden Einkommens erwartet werden, widerlegen will;
- die *Neoquantitätstheorie*: während die ursprüngliche Quantitätstheorie den Prozeß der Preisniveaubeeinflussung durch die Geldmenge nicht erklären konnte, kann die Neoquantitätstheorie als Geldnachfragetheorie interpretiert werden; die Anpassungsprozesse in der Geldnachfrage bei Geldmengenänderungen sind die
- *Transmissionsmechanismen*, die die indirekten Wirkungen von Geldmengenänderungen auf das Sozialprodukt erklären.

Zunächst wird von den Monetaristen die keynesianische Konsumfunktion abgelehnt, die die laufenden Konsumausgaben als *stabile und vorhersehbare* Funktion der Höhe des laufenden Einkommens erklärt. Hieraus folgt (keynesianisch), daß eine Veränderung des Einkommens sofort zu einer Veränderung der Nachfrage führt. Friedmann stellt dieser Hypothese entgegen, daß der Konsum von dem auf Dauer – d. h. mehrere Jahre – erwarteten Einkommen abhängig sei (andere Autoren gehen gar vom Lebenseinkommen aus: ein Student bspw. hat in Erwartung eines höheren Einkommens in einigen Jahren während der Studienzeit höhere Konsumausgaben, als es das gegenwärtige Einkommen allein erwarten ließe). Zusätzlich verfügbares Einkommen würde daher als vorübergehend (transitorisch) angesehen – ein kurzfristiger Multiplikatoreffekt sei unsicher und auf jeden Fall geringer als ein langfristiger.

Das langfristig erwartete Realeinkommen ergibt sich aus dem Gesamtvermögen eines Wirtschaftssubjektes, das aus Geld, Wertpapieren, Sachvermögen und auch aus menschlichem Leistungsvermögen (Humankapital: Ausbildung, Qualifikation, (berufliche) Erfahrung) besteht. Der *vermögenstheoretische Ansatz* ist für den monetaristischen Transmissionsmechanismus wichtig, verstärkt aber auch die These der geringen Steuerbarkeit des Konsums durch die Beeinflussung des laufenden Einkommens: Auch der Konsum ist vom Vermögen abhängig, und Veränderungen des laufenden Einkommens wirken sich zunächst nicht merklich auf das Vermögen aus.

Die ursprüngliche Quantitätstheorie postulierte bei konstanter Umlaufgeschwindigkeit des Geldes und konstantem realen Sozialpro-

---

[1]   Nicht nur die absolute Höhe des Gegenwartseinkommens, sondern auch das in der Vergangenheit erreichte, sowie das in der Zukunft erreichbare Einkommensniveau (Lebensstandard) bestimmen nach dieser Hypothese die laufenden Konsumausgaben.

dukt, daß eine Variation der exogenen, autonomen Geldmenge zur proportionalen Veränderung des Preisniveaus führt. Die klassische Geldnachfrage für Transaktionszwecke (L_T) war von der Höhe der Transaktionen ($p \cdot Y^r$) abhängig sowie von den institutionell bestimmten Zahlungsgewohnheiten. Friedman sieht nun in der Umlaufgeschwindigkeit eine Verhaltensgröße, die die *Nachfrage der Wirtschaftssubjekte nach Kassenhaltung* darstellt. Die Geldnachfrage richtet sich nach der Höhe der gewünschten realen Kassenhaltung, die nur eine Form der Vermögenshaltung ist; Geld ist also nicht mehr nur ein Tauschmedium. Gleichgewicht herrscht, wenn die tatsächliche reale Geldmenge (M/P) der von den Wirtschaftssubjekten gewünschten realen Kassenhaltung entspricht.

Wenn bspw. die Geldmenge erhöht wird, ist die tatsächliche Kassenhaltung größer als die gewünschte; die Wirtschaftssubjekte erhöhen ihre Ausgaben, um die überschüssige Kassenhaltung abzubauen. Bei Unterbeschäftigung – also in einer Situation, wo sich der reale Output noch steigern läßt – erfolgt die Anpassung dadurch, daß sich mit dem steigenden Volkseinkommen auch die gewünschte reale Kassenhaltung erhöht. *Langfristig folgen jedoch nur Preissteigerungen* (Nominallöhne, -einkommen und Preisniveau steigen), die Geldmengenerhöhung zeigt also nur eine „Schleierwirkung"; Anpassung an das Gleichgewicht erfolgt durch die Verminderung des Realwertes der gegebenen nominalen Geldmenge. Diese Erklärung der direkten Beziehung zwischen Geldmenge und Einkommen krankt jedoch daran, daß es nicht vorstellbar ist, warum plötzlich ohne Zutun der Wirtschaftssubjekte die tatsächliche Realkassenhaltung größer als die gewünschte sein soll.[1]

Diesem *Realkasseneffekt* wurde daher ein indirekter monetaristischer Transmissionsmechanismus entgegengesetzt – der *Transmissionsmechanismus der relativen Preise (oder Ertragsraten)*. Die Wirtschaftssubjekte treffen Entscheidungen über die Höhe der gewünschten realen Kassenhaltung im Rahmen der Optimierung ihrer gesamten Vermögensstruktur – sie erstreben ein Gleichgewicht in der Zusammensetzung ihrer Vermögensobjekte (Geld, Sparbücher, Wertpapiere, Sachanlagen etc.). Dieses Gleichgewicht ist erreicht, wenn die relativen Grenznutzen (Verhältnis Grenznutzen zu Preis) aller Anlagearten – entsprechend dem zweiten Gossenschen Gesetz! – gleich sind. Die Wirtschaftssubjekte verhalten sich also in neoklassischer

---

[1] Lakonisch meint Friedmann, daß ein Helikopter Geld übers Land verstreue; Patinkin, ein israelischer Ökonom (kein Monetarist!) behilft sich mit dem Manna-Ereignis; alle Leute haben plötzlich (proportional gleich) mehr Geld in ihren Geldbörsen.

Tradition rational und gewinnmaximierend. *Änderungen der Geld-menge wirken nun indirekt auf das Ausgabeverhalten, nämlich über eine Anpassung der Vermögensstruktur.* Eine Ausweitung der Geld-menge zerstört das finanzielle Gleichgewicht, die Realkassenhaltung ist im Vergleich zum Bestand an anderen Finanzanlagen zu groß – der Grenznutzen der Kassenhaltung ist gesunken. Die Kassenhaltung wird abgebaut, indem andere Aktiva zusätzlich nachgefragt werden; die Wertpapierkurse steigen, deren Realverzinsung – auf den jetzt gelten-den Preis bezogen – sinkt. Die Wertpapiere mit gesunkenen Ertrags-raten werden verstärkt verkauft und durch andere Finanzaktiva, deren Verzinsung noch nicht gesunken ist, ersetzt, bis auch deren Ertragsrate sinkt. Schließlich wird von diesen Umschichtungsprozessen auch der reale Bereich betroffen: wenn die Ertragsraten der Finanzanlagen im Vergleich zu denen realer Aktiva (Aktien, Investitionen) sinken, wird der Realkapitalbestand erhöht; die Investitionsnachfrage steigt, bis schließlich das Vermögensgleichgewicht wieder erreicht ist. Aus der vermehrten Sachkapitalnachfrage kann bei Unterbeschäftigung ein realer Expansionseffekt folgen, langfristig ist nur mit einem höheren Preisniveau zu rechnen.

Wie es zu einer Erhöhung der Geldmenge kommt, wird allerdings auch bei diesem indirekten Transmissionsmechanismus nicht geklärt. Die nominale Geldmenge (Geldangebot) fällt wie Manna vom Himmel, die reale Geldmenge erklärt sich als endogene Größe aus dem Wirtschaftsprozeß; *Mengen und Preise passen sich quasi der Geldmen-ge an!*

> Aus dem Geschilderten folgt, daß nach Ansicht der Monetaristen geld- und fiskal-politische Maßnahmen nur auf das laufende Einkommen und auf das Gefüge der Ertragssätze einwirken können; Konsum- und Investitionsentscheidungen sind hingegen vom permanenten Einkommen und vom Vermögen abhängig.

Die Monetaristen versuchen ihre Theorie durch umfangreiche empirische Tests zu untermauern, auf die an dieser Stelle aber nicht eingegangen werden kann.

Die *fiskalistische Theorie* ist schnell erklärt:

> Während die Monetaristen sich auf die Geldmenge als Indikator der Geldpolitik stützen, betonen die Fiskalisten die *Bedeutung des Zinsniveaus.* Der fiskalistische Transmissionsmechanismus überträgt geldpolitische Aktionen, die eine Verände-rung des Zinsniveaus implizieren, über eben diese Zinsniveauveränderungen in den realen Bereich. Die *fiskalistische Zinstheorie* kann also als *monetär* bezeichnet werden (Monetaristen: realwirtschaftlich!); hingegen erklärt sich das *Preisniveau* bei den Fiskalisten aus *realwirtschaftlichen Anpassungen* (Monetaristen: mone-tär!)

Aus Geldmengenerhöhungen folgt bei den Fiskalisten (s. keynesianischer Geldmarkt!) eine Zinssenkung (ceteris paribus). Auch die Fiskalisten lassen ähnliche Vermögensumschichtungen wie die Monetaristen zu – hier sind sich die Theorien gar nicht so fremd. Entscheidend ist bei den Fiskalisten jedoch, daß der *Zins* der *Preis der Geldhaltung* ist (Monetaristen: Preisniveau); ein niedriger Zins bedeutet, daß Geldhaltung „billig" ist – dem Wirtschaftssubjekt entgeht kein großer Ertrag, wenn es statt anderer Finanzaktiva Geld hält. Bei zinselastischer Nachfrage nach Investitionsgütern – welche die Fiskalisten unterstellen – kommt es bei Zinssenkungen (durch Geldmengenerhöhung) verstärkt zu Investitionen, zu Beschäftigungseffekten und zu einem höheren Volkseinkommen (vgl. keynesianischer Gütermarkt). Die Geldpolitik spielt allerdings kurzfristig für die Fiskalisten kaum eine Rolle (wohl langfristig für die Wachstumspolitik!), wie wir noch sehen werden. *Kurzfristig wichtig ist für die Fiskalisten der keynesianische Einkommen-Ausgaben-Multiplikatormechanismus*, d. h.: eine Erhöhung des laufenden Einkommens führt zu steigenden Ausgaben und damit zu Multiplikatoreffekten. Es kann auch zum Preisniveauanstieg kommen; dem stehen die Fiskalisten jedoch gelassener gegenüber als die Monetaristen. Für die Fiskalisten ist Arbeitslosigkeit schlimmer als Inflation – was die Monetaristen genau umgekehrt sehen. Auf mögliche Zusammenhänge zwischen Arbeitslosigkeit und Inflation kommen wir im Kapitel 11 noch zurück.

9.6 Monetaristische und fiskalistische Wirtschaftspolitik

Worin sehen Monetaristen und Fiskalisten die Ursache von Wirtschaftskrisen? In welchem Rahmen besteht – gemäß den Theorien – Eingriffsnotwendigkeit seitens des Staates? Wie lauten die jeweiligen wirtschaftspolitischen Forderungen?

Begriffe: Theorie der rationalen Erwartungen; prozyklische und antizyklische Fiskalpolitik.

Aus den beiden Theorien sollen nun die jeweiligen wirtschaftspolitischen Schlußfolgerungen abgeleitet werden. Da die wichtigsten Argumente schon genannt wurden, können wir uns hier kurz fassen.

Der *Grund für Wirtschaftskrisen* wird von den *Monetaristen*, wie schon mehrfach erwähnt, in der destabilisierenden Wirkung der Geld- und Fiskalpolitik gesehen. Zum einen wirke das Instrumentarium

immer – wie auch empirische Studien belegen – mit einer Zeitverzögerung, so daß sich Staatsausgabenerhöhungen oder Geldmengenauswei-
tungen (zur Nachfragebelebung) bspw. nicht in einer Rezession, wo sie
wirken sollen, bemerkbar machen, sondern erst dann, wenn sich die
Wirtschaft schon wieder zum Aufschwung ‚aufgerappelt' hat. Die
Politik wirke prozyklisch und nicht, wie gewünscht, antizyklisch, d. h.
wirtschaftliche Schwankungen werden verstärkt und nicht geglättet.
Zum anderen verpuffen die Maßnahmen, wenn sie von den Wirtschaftssubjekten vorhergesehen und auch in die wirtschaftlichen Handlungen
mit einbezogen (antizipiert) werden: Bei steigenden Staatsausgaben
werden Preissteigerungen erwartet und in Lohn-, Preis- und Zins-
verhandlungen mit einbezogen; daraus folgen schließlich Preis-
niveausteigerungen und eine nominal höhere Nachfrage, aber kaum
reale Effekte. Nur bei Überraschungseffekten sind Beschäftigungswir-
kungen zu erwarten; kurzfristige Überraschungseffekte verunsichern
aber die Wirtschaft und haben deshalb langfristig negative Auswirkungen (*Theorie der rationalen Erwartungen*). *Fiskalisten* sehen hingegen den Grund für Wirtschaftskrisen in der Instabilität des privaten
Sektors.

Eingriffsnotwendigkeit seitens des Staates sehen die *Monetaristen*
kaum, da der private Sektor mit externen Schocks in der Regel selbst
fertig werde. Staatseingriffe verunsichern nur; insbesondere diskretionäre – d. h. fallweise – Eingriffe sollen daher vermieden werden. Die
Fiskalisten hingegen befürworten aufgrund der von ihnen angenommenen Instabilität des privaten Sektors auch kurzfristige konjunkturpolitische Steuerungen. Der Gefahr der Inflation in Hochkonjunkturphasen
soll durch Nachfragedämpfung (staatliche Ausgabeneinschränkung,
Steuererhöhung) der Gefährdung des Vollbeschäftigungsziels in
Rezessionsphasen durch Nachfragebelebung (Steuersenkung, staatliche Ausgabenerhöhung) begegnet werden.

Die *Monetaristen* fordern daher weitgehenden Verzicht auf ad hoc
betriebene Geld- und Fiskalpolitik zugunsten einer Verstetigung des
Wachstums von Geldmenge und Staatshaushalt. Exogene Schocks und
Verunsicherung der Privatwirtschaft werden dadurch vermieden. Das
Geldvolumen soll genau um soviel gesteigert werden, wie zur Finanzie-
rung des realen Sozialprodukts notwendig ist. *Fiskalisten* bleiben in
keynesianischer Tradition dabei, daß kurzfristig die Geldpolitik zur
Konjunktursteuerung weniger geeignet ist; allerdings spielen für das
längerfristige Wachstum Stabilität und Höhe des Zinsniveaus eine
Rolle. Für die kurzfristige Stabilisierungspolitik wird die staatliche
Dosierung der gesamtwirtschaftlichen Nachfrage durch steuer- und/
oder budgetpolitische Maßnahmen propagiert.

Vernachlässigt haben die Fiskalisten jedoch den Finanzierungs-aspekt der Staatsausgaben. Über den Steuereinnahmen liegende Staats-ausgaben erhöhen die Staatsverschuldung – mit den Auswirkungen hoher Zinsen (und damit einer Verdrängung privater Nachfrage, vornehmlich von für Wachstum notwendigen Investitionen), hoher Inflation (bei struktureller statt konjunktureller Arbeitslosigkeit) und fiskalischer Manövrierunfähigkeit (wegen des hohen Anteils der Zinsen auf die Staatsschuld, die im falschen Moment Budgetkürzungen zur Folge haben).

10 Ursachen der Arbeitslosigkeit

10.1 Das Problem

Wenngleich der Höhepunkt der Beschäftigungskrise in der BRD zunächst überwunden zu sein scheint, kann man bei ca. 2 Mio Arbeitslosen und einer Arbeitslosenquote von 7,1% (1992) wohl kaum von einer merklichen Entspannung sprechen.

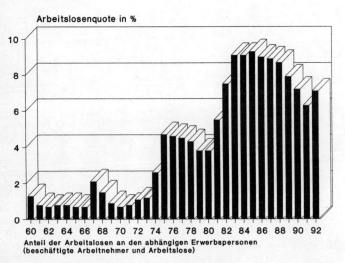

**Arbeitslosenquote in der BRD
1960-1992**

Arbeitslosenquote in %

Anteil der Arbeitslosen an den abhängigen Erwerbspersonen
(beschäftigte Arbeitnehmer und Arbeitslose)

Abb. 10.1.1. Entwicklung der Arbeitslosenquote

Die Einschätzung des Problems der Arbeitslosigkeit variiert – je nach Betroffenheit und zugehörigem Lager – zwischen den Extremen des Verdachts der Arbeitsunwilligkeit (wer arbeiten will, findet auch Arbeit) einerseits und der Heraufbeschwörung einer „Neuen Armut" andererseits. Die *negativen Folgen der Arbeitslosigkeit* sind auch ohne jede emotionale Überspitzung sowohl für den einzelnen als auch für die Gesellschaft gravierend. Neben der materiellen Not, die mit Arbeitslosigkeit verbunden sein kann (zur Arbeitslosenunterstützung s. 2. Band), ist die subjektiv empfundene Not häufig noch schlimmer; das Gefühl der Nutzlosigkeit, Zukunftsangst und gesellschaftliche Isolation führen zu großen psychischen Belastungen bis hin zu extremen Verdrängungs- oder Bewältigungsstrategien (Alkoholismus, Kriminalität). Für den einzelnen und für die Gesellschaft ist ferner der Verlust an Erfahrung der Arbeitslosen (Humankapital) negativ zu verbuchen. Die folgende Abbildung zeigt, daß die Beschäftigungslage nicht nur in der Bundesrepublik zu den großen Problemen der Wirtschaftspolitik zählte. Die meisten Länder haben mit hohen Arbeitslosenquoten zu kämpfen. Die Daten der beiden Abbildungen sind nur im Verlauf, nicht aber in den

Arbeitslosenquoten[1] ausgewählter Länder

Länder	1975–1991	1989	1990	1991
Bundesrepublik Deutschland	5,2	5,6	4,9	4,3
Frankreich	7,8	9,4	8,9	9,4
Großbritannien	8,3	7,1	6,8	8,9
Italien	9,0	10,9	10,3	9,9
Belgien	9,3	8,0	7,3	7,7
Niederlande	8,2	8,3	7,5	7,0
Spanien	14,0	16,9	15,9	16,0
Schweiz	0,6	0,6	0,6	1,3
Österreich	3,0	4,3	4,6	5,1
Vereinigte Staaten	6,9	5,2	5,4	6,6
Japan	2,3	2,3	2,1	2,1

[1]Von der OECD aus den nationalen Angaben standardisierter Arbeitslosenquoten: Anteil der Arbeitslosen (gemäß Definition des Internationalen Arbeitsamtes (ILQ)) an den gesamten Erwerbspersonen.
Quelle: OECD, Main Economic Indicators, verschiedene Jahrgänge

Abb. 10.1.2. Internationale Übersicht der Arbeitslosigkeit

Werten vergleichbar, da jeweils andere Meßkonzepte zugrunde liegen.

Direkte Kosten fallen für die öffentlichen Haushalte durch Arbeitslosengeld bzw. Arbeitslosenhilfe für unterstützungsberechtigte Arbeitslose an; wenn ferner auch die entgangenen Steuern und Beiträge zur Rentenversicherung berücksichtigt werden, kostet ein unterstützter Arbeitsloser die Gemeinschaft durchschnittlich ca. 28 000 DM pro Jahr.

So ist das Ziel eines „hohen Beschäftigungsstandes" als eines der vorrangigen Ziele der staatlichen Wirtschaftspolitik auch im Stabilitätsgesetz (s. folgendes Kapitel) festgelegt. Bevor wir uns in Band 2 mit den Vorschlägen zur Überwindung der Arbeitslosigkeit beschäftigen, gilt es jedoch, die möglichen Ursachen der Arbeitslosigkeit darzustellen und für die derzeitige Beschäftigungskrise eine Diagnose zu erstellen; erst dann kann man sich der Therapie zuwenden.

10.2 Mögliche Ursachen und Arten der Arbeitslosigkeit

Wie wird die Arbeitslosenquote ermittelt? Welche Arten der Arbeitslosigkeit sind relativ unbedenklich? Wie werden konjunkturelle und strukturelle Arbeitslosigkeit unterschieden? Wodurch kann strukturelle Arbeitslosigkeit bedingt sein?

Begriffe: Versteckte, offene, saisonale, friktionelle, konjunkturelle und strukturelle Arbeitslosigkeit; Arbeitslosenquote.

Das oben genannte Ziel eines hohen Beschäftigungsstandes impliziert schon, daß ein völliger Abbau der Arbeitslosigkeit nicht zu erreichen ist; gewisse Arten der Arbeitslosigkeit sind unvermeidlich und auch noch nicht weiter bedenklich – wie die friktionelle oder Fluktuationsarbeitslosigkeit (bei Arbeitsplatzwechsel) und die saisonale Arbeitslosigkeit (bspw. in der Landwirtschaft oder Bauwirtschaft). Das Vollbeschäftigungsziel kann mit Hilfe der Arbeitslosenquote angegeben werden, wobei sich keine wissenschaftlich begründeten Zahlen für die Vollbeschäftigung bestimmen lassen.

Die *Arbeitslosenquote* benennt den Anteil der bei den Arbeitsämtern registrierten Arbeitslosen an der Gesamtzahl der unselbständigen Erwerbspersonen (neuerdings in den bundesdeutschen Statistiken auch an der Gesamtzahl aller Erwerbspersonen). Damit ist das tatsächliche Ausmaß der Arbeitslosigkeit nicht erfaßt, da die *versteckte Arbeitslosigkeit* oder „Stille Reserve" – wenn diese Größe ermittelt werden könnte – die Quote erhöhen würde.

Zur „Stillen Reserve" gehören alle diejenigen arbeitslosen Personen, die eine Arbeit aufnehmen wollen, sich aber nicht beim Arbeitsamt melden – sei es, weil sie noch keine Ansprüche auf Unterstützungsleistungen haben (Berufsanfänger, Schul- und Hochschulabgänger) oder die Ansprüche verloren haben und/oder weil sie auf die selbständige Stellensuche ohne Vermittlung des Arbeitsamtes setzen.

Andererseits will auch nicht jeder, der keinen Arbeitsplatz hat, eine Beschäftigung vermittelt bekommen: Nach Angaben der ILO (Internationale Arbeitsorganisation) entspricht die Zahl der in der „*Schattenwirtschaft*" tätigen „*Schwarzarbeiter*" – die natürlich nur ganz grob geschätzt werden kann, da es sich hierbei ja um illegale Beschäftigungen handelt – in der BRD in etwa der Zahl der registrierten Arbeitslosen, wobei sich die beiden Gruppen zwar überschneiden, jedoch nicht identisch sind: Neben Arbeitslosen gehen auch Erwerbstätige, Rentner, Schüler und Studenten einer Beschäftigung „ohne Steuerkarte" nach, die von gelegentlichen Aushilfs- oder Nebentätigkeiten bis hin zur organisierten Schwarzarbeit (insbesondere im Bausektor) mit illegaler Arbeitsvermittlung reichen kann. Darauf, ob Schwarzarbeit volkswirtschaftlich schädlich ist bzw. ob nicht ihr Beitrag zur Lockerung von sozialen Spannungen in Krisenzeiten positiv einzuschätzen ist, werden wir noch zurückkommen.

> Neben offener/registrierter und versteckter Arbeitslosigkeit unterscheidet man üblicherweise zwischen
>
> * saisonaler
> * friktioneller
> * konjunktureller und
> * struktureller
>   Arbeitslosigkeit.

Die *saisonale Arbeitslosigkeit* wurde schon als unvermeidlich und relativ unbedenklich beschrieben. Erfahrungsgemäß hat sie (witterungsbedingt) ihren Höhepunkt in den Monaten Januar/Februar und erreicht den niedrigsten Stand im September. In der Arbeitslosenstatistik werden neben den unbereinigten Ursprungswerten auch saisonbereinigte Werte ausgewiesen, da die saisonalen Einflüsse das Bild der gesamtwirtschaftlichen Situation verzerren.

Friktionelle Arbeitslosigkeit bei Arbeitsplatzwechsel – bedingt durch den Such- und Informationsprozeß – ist kurzfristiger Natur und gilt insofern als „normal", als dies eine Begleiterscheinung der Arbeitsvertragsfreiheit und der Anpassungsprozesse am Arbeitsmarkt ist. Allerdings dürfte bei angespannter Arbeitsmarktlage und damit ungünstigen Voraussetzungen für einen freiwilligen Arbeitsplatzwechsel die Fluktuationsarbeitslosigkeit eine geringere Rolle spielen als bei hohem Beschäftigungsgrad.

Konjunkturelle Arbeitslosigkeit ist durch zyklische Nachfrageschwankungen bzw. durch den mit einer Rezession verbundenen generellen Nachfragerückgang bedingt. Die gesamtwirtschaftliche Güternachfrage reicht dann nicht aus, die eigentlich vorhandenen Arbeitsplätze zu besetzen bzw. besetzt zu halten. Vielfach werden konjukturelle Einbrüche auch von Kurzarbeit begleitet; im Konjunkturaufschwung, wenn die Nachfrage wieder ansteigt – evtl. durch eine nachfragebelebende Wirtschaftspolitik initiiert – steigt das Beschäftigungsniveau wieder an.

Die *strukturelle Arbeitslosigkeit* ist hiervon leichter theoretisch als praktisch zu unterscheiden; insbesondere ist sie nicht durch Nachfragebelebung im Aufschwung abzubauen, sie kann sogar in Aufschwungphasen erst auftreten. Strukturelle Arbeitslosigkeit äußert sich in *qualitativen Beschäftigungsungleichgewichten*, bei konjunktureller Arbeitslosigkeit liegen hingegen globale Beschäftigungsungleichgewichte vor. Qualitative Beschäftigungsungleichgewichte äußern sich darin, daß im wirtschaftlichen Strukturwandel Arbeitsplätze in bestimmten Sektoren (bspw. Textilindustrie, Bergbau) abgebaut werden; ferner stimmt die sich verändernde Nachfrage nach Arbeitskräften in qualitativer oder regionaler Hinsicht nicht mit der regionalen und beruflichen Struktur des verfügbaren Arbeitskräftepotentials überein. Ein Überangebot an Lehrern steht beispielsweise einem hohen Bedarf an Datenverarbeitungsfachleuten gegenüber; eine hohe Arbeitslosenquote im Saarland geht einher mit vorhandenen Beschäftigungsmöglichkeiten in Baden-Württemberg. Wenngleich Arbeitsplätze prinzipiell vorhanden sein können, so können diese durch die gleichzeitig Arbeitslosen aufgrund von *Merkmalsdiskrepanzen* nicht besetzt werden.

Neben der *beruflichen* und der *regionalen* strukturellen Arbeitslosigkeit muß noch die *institutionell bedingte strukturelle Arbeitslosigkeit* genannt werden, von der man spricht, wenn bspw. aufgrund von gesetzlichen oder tarifrechtlichen Bestimmungen oder aus betriebsorganisatorischen Gründen Arbeitswillige nicht eingestellt werden können – bspw. Teilzeitarbeitsuchende. Auch Personen, die wegen geringer Leistungsfähigkeit nicht zum Tariflohn eingestellt werden können, aber zu einem unterhalb des Tariflohnsatzes liegenden Lohn arbeiten würden, es aber nicht dürfen, sind institutionell bedingt arbeitslos.

Als *Bodensatzarbeitslosigkeit* bezeichnet man die „unechte Arbeitslosigkeit", d. h. die Arbeitslosigkeit von als arbeitslos registrierten Personen, die nicht ernsthaft an der Aufnahme eines Beschäftigungsverhältnisses interessiert sind.

10.3 Arbeitslosigkeit in der BRD

> Durch welche strukturellen Merkmale ist die Arbeitslosigkeit derzeit geprägt? Welche Wachstumsfaktoren der Nachkriegszeit – die damals Nachfrageüberschuß nach Arbeitskräften begründeten – sind heute nicht mehr gegeben? Welche allgemeinen strukturellen Ursachen sind heute für die Arbeitslosigkeit verantwortlich? Warum schuf der technische Fortschritt früher Arbeitsplätze und gilt heute als „Job-Killer"? Wodurch kann Nachfrageschwäche begründet sein? Wodurch kann die staatliche Haushaltspolitik (Einnahmen und Ausgaben!) zur Arbeitslosigkeit beitragen? Wie können Lohnniveau und Lohnstruktur Arbeitslosigkeit forcieren? Welche Probleme ergeben sich durch eine ausgeprägte soziale Sicherung? Welche außenwirtschaftlichen Gründe gibt es für die Arbeitslosigkeit?

Die Darstellung in 10.2 erweckt leicht den Eindruck, daß es eindeutige Erklärungen für das Phänomen der Arbeitslosigkeit gäbe; diese in den Lehrbüchern übliche Einteilung der Arten und Ursachen der Arbeitslosigkeit erfaßt aber kaum die komplexen Zusammenhänge. Dies gilt auch für manche „Stammtischweisheiten", die häufig gerade in Krisenzeiten schnelle Verbreitung finden und gesellschaftlich auch gefährlich werden können: so kann eine Überbetonung des technologischen Aspektes der Arbeitslosigkeit zur irrationalen Technologiefeindlichkeit führen, die monokausale Erklärung der Arbeitslosigkeit als tariflohnbedingt kann dazu führen, die Tarifautonomie in Frage zu stellen, und latente Ausländerfeindlichkeit kann offen zutage treten, mit dem Argument, die Gastarbeiter würden „unsere" Arbeitsplätze besetzt halten.

Zur Struktur der Arbeitslosigkeit

Arbeitslose	September									
	1984		1985		1986		1987		1988	
	1000	Anteil in vH	1000	Anteil in vH	1000	Anteil in vH	1000	Anteil in vH	1000	Anteil in vH
Insgesamt	2143	100	2151	100	2046	100	2107	100	2100	100
nach Geschlecht										
Männer	1155	53,9	1132	52,6	1040	50,8	1082	51,4	1074	51,1
Frauen	988	46,1	1019	47,4	1006	49,2	1025	48,6	1026	48,9
nach Nationalität										
Deutsche	1896	88,5	1907	88,6	1803	88,1	1843	87,5	1837	87,5
Ausländer	247	11,5	244	11,4	243	11,9	264	12,5	262	12,5
nach Berufsausbildung										
mit Abschluß	1085	50,6	1082	50,3	1006	49,2	1042	49,5	1075	51,2
ohne Abschluß	1058	49,4	1069	49,7	1040	50,8	1065	50,5	1024	48,8
nach Stellung im Beruf										
Facharbeiter	405	18,9	387	18,0	351	17,2	362	17,2	364	17,4
Nichtfacharbeiter	954	44,5	967	45,0	928	45,3	949	45,1	922	43,9
Angestellte										
mit gehobener Tätigkeit	520	24,3	496	23,1	470	23,0	442	21,0	449	21,4
mit einfacher Tätigkeit	264	12,3	301	14,0	297	14,5	354	16,8	364	17,4
nach gewünschter Arbeitszeit										
Vollzeitarbeit	1915	89,4	1915	89,0	1815	88,7	1875	89,0	1860	88,6
Teilzeitarbeit	228	10,6	236	11,0	230	11,3	232	11,0	240	11,4
mit gesundheitlichen Einschränkungen	417	19,5	410	19,0	406	19,9	421	20,0	466	22,2
darunter: Schwerbehinderte	139	6,5	133	6,2	122	6,0	129	6,1	130	6,2

nach Dauer der Arbeitslosigkeit									
unter 1 Monat	249	11,6	265	12,3	249	12,2	256	12,1	246	11,7
1 bis unter 3 Monate	464	21,7	434	20,2	409	20,0	427	20,3	421	20,1
3 bis unter 6 Monate	348	16,2	341	15,8	320	15,6	336	16,0	337	16,0
6 bis unter 12 Monate	464	21,7	446	20,7	414	20,2	418	19,8	411	19,6
1 bis unter 2 Jahre	371	17,3	363	16,9	334	16,3	332	15,8	337	16,1
2 Jahre und länger	247	11,5	303	14,1	320	15,6	338	16,1	347	16,5
davon:									
2 bis unter 3 Jahre	.	.	.	.	144	7,0	141	6,7	140	6,6
3 bis unter 4 Jahre	.	.	.	.	81	4,0	80	3,8	76	3,6
4 Jahre und länger	.	.	.	.	95	4,7	117	5,6	132	6,3
nach Altersgruppen									
unter 20 Jahre	177	8,3	174	8,1	149	7,3	132	6,2	102	4,8
20 bis unter 25 Jahre	406	18,9	389	18,1	354	17,3	347	16,5	313	14,9
25 bis unter 35 Jahre	584	27,2	584	27,2	562	27,5	582	27,6	596	28,4
35 bis unter 45 Jahre	375	17,5	367	17,1	357	17,4	371	17,6	374	17,8
45 bis unter 55 Jahre	333	15,5	357	16,6	368	18,0	390	18,5	403	19,2
55 Jahre und älter	268	12,5	279	13,0	256	12,5	285	13,5	312	14,9
darunter: 59 Jahre und älter	104	4,9	104	4,8	80	3,9	93	4,4	107	5,1
Leistungen nach dem Arbeitsförderungsgesetz									
Bezieher von Arbeitslosengeld	730	34,0	679	31,6	647	31,6	809	38,4	820	39,1
Bezieher von Arbeitslosenhilfe	565	26,3	568	26,4	528	25,8	476	22,6	467	22,2
Leistungen beantragt	228	10,7	224	10,4	218	10,7	193	9,1	153	7,3
keine Leistungen	620	28,9	680	31,6	653	31,9	630	29,9	659	31,4
Nachrichtlich:									
Vor der Arbeitslosigkeit in schulischer Ausbildung	135	6,3	141	6,6	139	6,8	130	6,2	111	5,3

Abb. 10.3.1. Struktur der Arbeitslosigkeit
(Quelle: Jahresgutachten 1989/90 des Sachverständigenrates zur Begutachtung der gesamtwirtschaftlichen Entwicklung, Wiesbaden, 1989, S. 79.

Um die aktuelle Situation zu durchleuchten, ist es sinnvoll, sich zunächst die Arbeitslosenstatistik unter strukturellen Gesichtspunkten etwas näher anzuschauen:
Die 10.3.1. Tabelle zeigt: Die Langzeitarbeitslosigkeit (ein Jahr und länger) hat stetig zugenommen und macht etwa ein Drittel der Gesamtarbeitslosigkeit aus; entsprechend ist der Anteil der Bezieher von Arbeitslosengeld gesunken und der Anteil derjenigen, die Arbeitslosenhilfe bzw. keine Leistungen (mehr) beziehen, gestiegen. Auch die Anzahl/der Anteil älterer Arbeitsloser hat sich ständig erhöht – der Rückgang der Arbeitslosen über 55 Jahren seit 1986 ist darauf zurückzuführen, daß diese seitdem leichter aus dem Erwerbsleben ausscheiden können und dann nicht mehr als arbeitslos gezählt werden (Vorruhestand). Weitere Problemgruppen sind offensichtlich Arbeitslose mit gesundheitlichen Einschränkungen sowie solche ohne abgeschlossene Berufsausbildung, deren Anteil unter den Arbeitslosen im Verhältnis zu ihrem Anteil an der Erwerbsbevölkerung überproportional hoch ist. Auch beruflich fehlende Qualifikation bedeutet ein hohes Risiko, arbeitslos zu werden und auch zu bleiben: häufig treten mehrere Merkmale gleichzeitig auf und bedingen sich auch gegenseitig.

Warum werden diese Arbeitskräfte nicht mehr gebraucht? Offensichtlich ist der Bedarf an Arbeitsleistung geringer geworden und/oder hat sich in seiner Struktur verändert. Die folgende Graphik zeigt, daß der Bedarf (Anzahl der offenen Stellen) nach 1970 rückläufig war, daß aber immer auch – trotz hoher Arbeitslosigkeit – Stellen unbesetzt blieben (s. Abb. 10.3.2.).

In den 50er Jahren wurde die zunächst hohe Arbeitslosigkeit durch Wiederaufbau und große Wachstumsleistungen kontinuierlich abgebaut; bis 1965 stieg der Bedarf an Arbeitskräften stetig an und konnte nicht einmal durch den starken Zustrom angeworbener Gastarbeiter gedeckt werden. Während dieser Zeit waren die Löhne im Grunde genommen zu niedrig: statt zu rationalisieren (Ersparnis hoher Löhne) importierte man Arbeitskräfte. In der zweiten Hälfte der 60er Jahre kam es zu einer ersten konjunkturellen Stockung. Durch Beschäftigungsprogramme wurde die Krise 1967 rasch überwunden[1]; doch seit Anfang der 70er Jahre stiegen die Arbeitslosenzahlen wieder an – bis zu einem vorläufigen Höhepunkt in 1988 mit 2,242 Mio. Arbeitslosen im Jahres-

---

[1] Allein 1967 erhöhte sich die Staatsverschuldung um 17,2% (zweithöchster Zuwachs seit Bestehen der Bundesrepublik Deutschland; 1975: Zunahme 36,9%); Die Schuldenquote erhöhte sich von 18,9% des Bruttosozialprodukts im Jahr 1966 auf 21% im Jahr 1967!

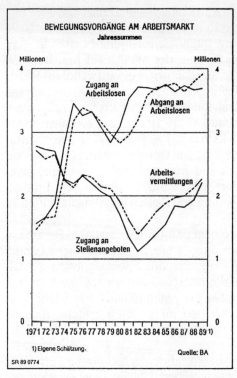

BEWEGUNGSVORGÄNGE AM ARBEITSMARKT
Jahressummen

Millionen   Millionen

Zugang an Arbeitslosen

Abgang an Arbeitslosen

Arbeits-vermittlungen

Zugang an Stellenangeboten

1971 72 73 74 75 76 77 78 79 80 81 82 83 84 85 86 87 88 89 1)

1) Eigene Schätzung.

Quelle: BA

SR 89 0774

Abb. 10.3.2. Bewegungsvorgänge am Arbeitsmarkt
Quelle: Jahresgutachten 1989/90 des Sachverständigenrates zur Begutachtung der gesamtwirtschaftlichen Entwicklung, Wiesbaden 1989, S 76.

durchschnitt. Im Vergleich der Wachstumsfaktoren in den 50er und 60er Jahren mit heute werden folgende Argumente vorgetragen:

– Während in der Nachkriegszeit ein erheblicher Nachholbedarf an Konsumgütern und Investitionen und entsprechende Nachfrage bestand, sind viele Märkte heute gesättigt (*Übersättigungsthese*), so daß höchstens noch Ersatzbedarf besteht: 95% der Haushalte haben einen Kühlschrank, 85% eine Waschmaschine. In den Staaten der Dritten Welt, wo Bedarf vorhanden ist, fehlt hingegen die Kaufkraft. Eine generelle Übersättigung trifft aber wohl kaum zu; eher hat sich die Bedarfsstruktur gewandelt (bspw. hin zu gehobenen Freizeitgütern). Selbst wenn manche Wirtschaftszweige und folglich auch die Arbeitsplätze dort weichen müssen, müßte theoretisch der Strukturwandel in anderen, neuen Wirtschaftszweigen Arbeitsplätze hervorbringen.[1])

---

[1] Eine generelle Übersättigung würde bedeuten, daß die Nachfrage nach Einkommen sinkt; davon kann keine Rede sein; jeder möchte ein höheres Einkommen erzielen, da er genug Nachfragefelder hat.

– Aufgrund einer hohen Kapitalproduktivität und hoher Gewinne und Gewinnerwartungen waren in den 50er und 60er Jahren auch die Investitionsanreize und die Innovationsneigung hoch. Mit dem Wachstum stieg das Lohnniveau, der Wohlstand brachte auch seitens des Staates hohe Sozialausgaben für ein aufwendiges Sicherungsnetz mit sich. Gleichzeitig entwickelten sich die sogenannten Billiglohnländer zu ernstzunehmenden Konkurrenten auf einigen Märkten. Kostenanstiege und Absatzprobleme – zu denen (auch weltweit) die Ölpreisschocks von 1973/74 und 1979/80 mit beitrugen – verschlechterten Gewinne und Gewinnerwartungen, was zur Investitionsschwäche führte und dazu, daß Innovationen und Investitionen hauptsächlich darauf konzentriert werden, die Produktionsprozesse durch Einsparung von Kosten und Arbeitskräften zu rationalisieren.

– Während früher Krisen in einem Land durch verstärkte Exporte in prosperierende Länder bewältigt werden konnten (diese Länder übernahmen dann eine ,Lokomotivenfunktion'), führten die Ölpreisschocks, von denen alle ölimportierenden Länder betroffen waren, zu einem weltweiten konjunkturellen Tief; inländische Nachfrageschwäche konnte also nicht durch erhöhte Exporte kompensiert werden. Wir beobachteten eine Gleichschaltung der konjunkturellen Entwicklung.

– In den frühen Wachstumsphasen führte der technische Fortschritt hauptsächlich zur Outputsteigerungen; heute dient er eher zur Inputeinsparung, insbesondere zur Einsparung von teuer gewordener Arbeitskraft.

– In der Nachkriegszeit bestand noch erheblicher Industrialisierungsspielraum und auch -bedarf, das Wachstum des Industriesektors verlangsamt sich nun in allen industrialisierten Ländern. Die historische Erfahrung zeigt, daß auf die Industriegesellschaft die Dienstleistungsgesellschaft folgt (vgl. das Kap. Strukturpolitik in Band 2); aber selbst wenn durch die Expansion des Dienstleistungssektors andere Beschäftigungsmöglichkeiten entstehen, so wird insgesamt der technische Fortschritt zur weiteren Einsparung des Faktors menschliche Arbeit bei gleichem Output führen.

Vor diesem Hintergrund können nun die Gründe für die derzeitige Arbeitslosigkeit systematisiert werden. Aus der obigen Schilderung geht hervor, daß die *Ursachen überwiegend struktureller Art sind.* Wir wollen hier unterscheiden zwischen 1) allgemein strukturellen, 2) binnenwirtschaftlichen und 3) außenwirtschaftlichen Ursachen der Arbeitslosigkeit.

1) *Allgemeine strukturelle Ursachen*: Die oben geschilderte Veränderung der Rahmenbedingungen – Ölpreisschocks, technischer Wandel und Veränderung der Bedürfnis- und Konsumstrukturen – hätten, um die negativen Beschäftigungseffekte in Grenzen zu halten, rechtzeitig Anpassungsprozesse auslösen müssen. Diese blieben jedoch aus bzw. vollziehen sich nur schleppend. Die Diskussion um Energiesubstitute wurde erst durch die Ölkrise ausgelöst; anstatt sich im Anschluß an die Ölpreisschocks schnellstens an die neuen Rahmendaten anzupassen und eine konsequente, langfristig ausgerichtete Strukturpolitik zu betreiben, die den neuen Datenkranz in Rechnung gestellt hätte, hat man in den Industrieländern kurzfristige Politiken der Nachfrageausweitung und Subventionierung betrieben, die im Endeffekt nur eine hohe Staatsverschuldung und hohe Inflationsraten brachten. Notwendige Anpassungen an die neuen technischen Gegebenheiten (bspw. durch Berufsbildung, Arbeitszeitgestaltung etc.) kommen erst langsam in Gang, und all jene Faktoren, die die allgemeine Investitionsschwäche begründen (s. u.), verhindern auch die Anpassung der Investitions- und Konsumgüterproduktion. Zu einem großen Teil ist diese fehlende Anpassungsflexibilität der Arbeitsmärkte durch die Wirtschaftspolitik bedingt gewesen.

Zur *technologisch bedingten Arbeitslosigkeit*: Rationalisierungen und Effizienzsteigerungen durch technischen Fortschritt sind nichts Neues, man denke nur an die Auswirkungen des Einsatzes von Webmaschinen oder der Fließbandproduktion. Mikroelektronik und Industrieroboter wirken partiell als „Job-Killer" – auch im Dienstleistungsbereich (Büroautomation, Informationsverarbeitung) – schaffen aber auch zusätzliche Arbeitsplätze. Bei flexiblen Arbeitsmärkten ergeben sich strukturelle Anpassungen. In den letzten 200 Jahren sind 95% der Arbeitsplätze wegrationalisiert worden – mit dem Ergebnis, das wir noch nie so viele gut bezahlte Arbeitsplätze hatten.

Dort wo die Automation eingesetzt wird, werden aufgrund der besseren Wettbewerbsfähigkeit die verbleibenden Arbeitsplätze sicherer; neue Arbeitsplätze in der Entwicklung und Produktion von Mikroprozessoren und Robotern entstehen aber z. Z. hauptsächlich in Japan und in den USA, weil dort bessere Rahmenbedingungen vorliegen. Da auch der Dienstleistungsbereich von der „elektronischen Revolution" stark betroffen ist (ein Drittel aller Büroarbeiten können etwa automatisiert werden), kann dieser die vom Industriesektor freigesetzten Arbeitskräfte ohne strukturelle Anpassungen kaum auffangen.

Prognosen bzgl. der mittel- und langfristigen Auswirkungen sind hier schwierig; bis zum Jahr 2000 wird der Arbeitsplatzabbau auf ca. 3 Millionen geschätzt. Betroffen davon sind auf jeden Fall zunächst Arbeitsfelder, die geringere Qualifikationsanforderungen stellen (Montagearbeiten am Fließband, Hilfstätigkeiten, aber auch Schreibarbeiten im Büro). Die Dringlichkeit beruflicher Qualifikation und Fortbildung – auch des Wandels der Qualifikationsstrukturen – ist damit offensichtlich, um diese Arbeitslosen wieder zu integrieren.

Vor diesem Hintergrund erscheint die *demographische Entwicklung* als recht günstig (von Problemen für die Rentenversicherung wollen wir hier absehen). Zur Zeit steigt das Erwerbspersonenpotential noch an – bedingt durch den Eintritt der geburtenstarken Jahrgänge bis etwa 1967 ins Erwerbsleben. Diese starke Belastung für den Arbeitsmarkt wird sich mit dem für ab 1990 erwarteten Rückgang des Erwerbspersonenpotentials verringern; dann wird sich der „Pillen-Knick" (Rückgang der Geburtenzahlen ab ca. 1966) bemerkbar machen.

2) *binnenwirtschaftliche Ursachen*:

a) Die *Nachfrageschwäche* wird von keynesianischer Seite auf eine *Konsumschwäche* zurückgeführt. Einerseits spielen hierbei die durch die Arbeitslosigkeit sinkenden Einkommen eine Rolle, andererseits aber auch eine aufgrund von unsicheren Erwartungen sinkende Konsumquote bzw. steigende Sparquote (Nachfrageausfall!).

Andere Ökonomen (tendenziell mehr ordnungspolitischer Provenienz) betonen den Nachfrageausfall durch die *Investitionsschwäche* (d. h. verminderte Nachfrage nach Investitionsgütern) und damit gleichzeitig auch eine bzgl. der Beschäftigungsmöglichkeiten zu geringe Realkapitalausstattung (neoklassische Erklärung der Arbeitslosigkeit). Die Investitionsschwäche ist dadurch bedingt, daß überzogene Löhne und die Steuerlast die Gewinne geschmälert haben; hohe Zinsen verhindern die Finanzierung der Investitionen über Kredite. 33,67% des Volkseinkommens von 1989 entsteht aus Unternehmertätigkeit; in den 60er Jahren waren es noch 40%.

Unsichere Gewinnerwartungen, Bürokratisierung und das starke Einmischen des Staates hemmen ebenfalls die Risikoneigung und Investitionslust der Unternehmer.

Neben Konsum- und Investitionsschwäche besteht eine weitere Nachfragelücke durch die *Haushaltskonsolidierung* des Staa-

tes: die Rückführung der Staatsverschuldung verlangt Ausga-
beneinsparungen – so beim Personal, aber auch bei Transferzahlungen. Der Ausfall der Konsumausgaben der Transferemp-
fänger macht sich ebenso bemerkbar wie sinkende staatliche
Investitionsnachfrage.

b) Eine weitere binnenwirtschaftliche Ursache der Arbeitslosigkeit kann in der *Kreditverknappung* gesehen werden: Redu-
ziertes Geldmengenwachstum zur Wahrung der Geldwertstabilität führte zu einer Verteuerung und Verknappung
von Krediten. Zudem ist die Kapitalmarktbeanspruchung durch
den Staat sehr hoch – Kredite, die von Unternehmen benötigt
werden, beansprucht der Staat für sich und verdrängt damit
letztlich private Investitionen (*Crowding-Out-These*).

c) Der sog. „*Babyboom*" der 60er Jahre wurde als eine Ursache
schon genannt; das dadurch sehr hohe Angebot an Arbeitskräften verstärkte die ohnehin schon bestehenden Arbeitsmarktpro-
bleme.

d) Sehr wichtige, ebenfalls schon erwähnte Ursachen sind im
überzogenen Lohnniveau und in der *nivellierenden Lohnstruktur* zu sehen: Die Ansprüche der Arbeitnehmer, die sie im
Verteilungskampf – teilweise in konjunkturell besseren Jahren
– errungen haben, wirken nun wie ein Bumerang auf die
Nachfrage nach Arbeitskräften. Da die Kosten der Arbeit zu
hoch sind, bemühen sich die Unternehmen zu rationalisieren
und verschieben Neueinstellungen. Zusätzlich ist von den Gewerkschaften eine stärkere Nivellierung der Löhne angestrebt
worden, so daß weniger produktive Arbeitskräfte es besonders
schwer haben, einen Arbeitsplatz zu finden (*nicht markt-
gerechte Lohnstruktur*). Ein Blick auf den „klassischen
Arbeitsmarkt" (s.134f.) verdeutlicht diese – allerdings partial-
analytische – Argumentation.

e) Als letztes sei eine *marktinkonforme und in manchen Bereichen
überzogene Sozialpolitik* erwähnt, die dazu geführt hat, daß
Anpassungszwängen nicht mehr in dem Maße wie früher
nachgegeben wird. Das soziale Netz ist stellenweise so dicht
geknüpft, daß es die Marktkräfte „fesselt": staatliche Vorsorge
läßt private Vorsorge als nicht notwendig erscheinen und
bremst damit die Vermögens- und Kapitalbildung, Arbeitneh-
merschutzbestimmungen (bspw. Kündigungsschutz) und hohe
Personalnebenkosten werden häufig als Grund für unterlassene
Neueinstellungen genannt, und auch ein Mißbrauch der Ar-

beitslosenversicherung infolge der nun für den einzelnen weniger dringlichen Mobilität ist nicht auszuschließen. Die Notwendigkeit sozialpolitischer Sicherungsmaßnahmen soll nicht in Frage gestellt werden – ab einem gewissen Grade haben sie jedoch langfristig unsoziale Nebenwirkungen; das Anspruchsdenken wird gefördert und der Leistungswille untergraben. Ähnliches gilt für manche wirtschaftspolitischen Maßnahmen – so für steigende Steuerlasten und für die hohen Strukturerhaltungssubventionen (Bergbau, Stahl, Werften, Landwirtschaft).

3) *Außenwirtschaftliche Ursachen*:

a) Hier ist zunächst die schon erwähnte *Schwellenländerkonkurrenz* zu nennen. Einigen Ländern (bspw. Taiwan, Korea, Brasilien, Israel) ist es im Zuge der Industrialisierung gelungen, bei manchen Produkten wettbewerbsfähiger zu sein. Hiermit drängen sie auf unseren Binnenmarkt und sind zugleich Konkurrenten auf Drittmärkten, wodurch insgesamt die Nachfrage nach inländischen Produkten (und damit auch seitens der Produzenten nach Arbeitskräften) zurückgeht. Zu erwähnen ist in diesem Zusammenhang auch die japanische Exportoffensive.

b) Auch die *Zahlungsunfähigkeit mancher Schwellen- und Entwicklungsländer* sowie ehemaliger Comecon-Staaten – bedingt durch hohe Verschuldung – läßt Nachfrage bei uns ausfallen. Weitere Kredite bekommen diese Länder nicht mehr, es sei denn, sie zeigen ernsthafte Konsolidierungsbemühungen, die aber wiederum zu weiteren Nachfrageeinbußen unserer Exporte führen.

c) Eine gravierende Ursache konnte ferner in der Wirtschaftspolitik der USA gesehen werden: im Zuge einer monetaristischen Politik wurde dort eine extrem restriktive Geldpolitik betrieben, die aber gleichzeitig mit einer lockeren Finanzpolitik des Staates verbunden war. Die hohen Budgetdefizite des amerikanischen Bundeshaushaltes brachten den USA einen Nachfrageboom und einen Beschäftigungsrekord. Die dadurch bedingten Leistungsbilanzdefizite ließen sich nur durch hohe Zinsen finanzieren. Auslandskapital strömte in die USA; zur Sicherung des Wechselkurses benötigte die Bundesrepublik ebenfalls höhere Zinsen als gesamtwirtschaftlich erwünscht, womit weitere hiesige Investitionsnachfrageausfälle begründet werden. Im Gegensatz zu den zuvor genannten Ursachen überwiegend struktureller Art ist dies jedoch eher eine konjunkturell bedingte Ursache.

10.4   Einige ordnungspolitische Überlegungen

> Welches ordungspolitische Konzept herrscht in der Bundesrepublik Deutschland vor?

Es wurde schon mehrfach erwähnt, daß die mangelhafte strukturelle Anpassungsfähigkeit und damit auch ein großer Teil der Arbeitslosigkeit auf Versäumnisse und Fehlentscheidungen in der Wirtschafts- und Sozialpolitik zurückzuführen sind; offensichtlich hat die Politik die Anpassungsfähigkeit des Marktmechanismus nicht stärken können, sondern hat stattdessen die notwendige Flexibilität gar gebremst und die Selbstheilungskräfte geschwächt.

Das ordnungspolitische Konzept der BRD – oder auch das wirtschaftspolitische Leitbild – ist die „Soziale Marktwirtschaft". Ihr Begründer, Müller-Armack, betonte, daß die Leistungsfähigkeit der Marktwirtschaft ein tragfähiges Fundament für die Sozialpolitik sei; der Marktmechanismus garantiere die ökonomische Effizienz, die Sozialpolitik sei für den nachträglichen Ausgleich der sozial unerwünschten Marktergebnisse verantwortlich. Nun werden politische Entscheidungen aber in den seltensten Fällen in Anlehnung an ein Konzept getroffen, das von allen Parteien und Interessengruppen getragen wird; in der Regel beruhen politische Maßnahmen auf einem oft langwierigen Verhandlungsprozeß verschiedener Interessengruppen (Parteien, Arbeitgeberverbände, Gewerkschaften), die jeweils für ihre Klientel den Anteil am „Kuchen" zu vergrößern suchen. Im Zuge solcher Verhandlungen hat sich schließlich auch ein falsches Verständnis – oder besser die falsche Auslegung und Handhabung – des Konzeptes der Sozialen Marktwirtschaft durchgesetzt, das nun anscheinend als eine sozial verpflichtete Marktwirtschaft, in der der Markt sozial gemacht werden soll, interpretiert wird.

Statt einer ursachenadäquaten oder ordnungspolitischen Antwort hat der Staat zu häufig in den Marktprozeß eingegriffen, und damit Flexibilität und Effizienz gemindert sowie die Motivation untergraben. „In einer geschlossenen Gesellschaft von Taschendieben profitiert keiner", stellte Herbert Giersch fest. Langfristig unbewegliche Systeme (Eurosklerose) bringen immer die Gefahr erhöhter Arbeitslosigkeit.

11 Die Ziele der Wirtschaftspolitk

11.1 Allgemeine Einführung

> Welche Zusammenhänge bestehen zwischen der konkreten Wirt-
> schaftspolitik, der Theorie der Wirtschaftspolitik und der Volks-
> wirtschaftstheorie? Was wird unter einer „rationalen Wirtschafts-
> politik" verstanden? Welche normativen Elemente enthält diese?
>
> Begriffe: rationale Wirtschaftspolitik; positive/normative Ökono-
> mie.

Schon im ersten Kapitel hatten wir folgende Zusammenhänge zwischen
der Volkswirtschaftstheorie, der Theorie der Wirtschaftspolitik und der
konkreten Wirtschaftspolitik angesprochen:

> Die *Wirtschaftspolitik* will ökonomische Größen beeinflussen. Über Gesetzmä-
> ßigkeiten zwischen dem Einsatz wirtschaftspolitischer Instrumente und deren
> Einfluß auf wirtschaftspolitische Ziele liefert die *Theorie der Wirtschaftspolitik* die
> notwendigen Informationen; diese wiederum fußt auf der *Volkswirtschaftstheorie*,
> die sich mit der Darstellung und Analyse grundsätzlicher wirtschaftlicher Zusam-
> menhänge befaßt.

Bisher haben wir uns hauptsächlich mit der Volkswirtschaftstheorie
befaßt. Allerdings zeigte das Kapitel 9 (ökonomische Lehrmeinungen)
bereits, wie aus unterschiedlichen Interpretationen wirtschaftlicher
Zusammenhänge in der Volkswirtschaftstheorie konkurrierende Theorien der Wirtschaftspolitik und entsprechend auch unterschiedliche
Auffassungen über die konkrete Wirtschaftspolitik erwachsen. Während bezüglich der in diesem Kapitel behandelten Ziele der Wirtschaftspolitik grundsätzlich noch weitgehend Einigkeit besteht (allerdings
weniger bzgl. deren Rangordnung), werden wir in den folgenden
Kapiteln – wenn das Instrumentarium behandelt wird – auch häufig
darauf eingehen müssen, welche unterschiedlichen Instrumente zur

Erreichung eines Ziels von den verschiedenen Schulen präferiert werden.

Dabei nehmen alle Schulen für sich in Anspruch, das Rüstzeug für eine *rationale Wirtschaftspolitik* zu liefern. Einer Denkrichtung das Gegenteil nachzuweisen ist solange unmöglich, wie die theoretischen Zusammenhänge, die der jeweiligen wirtschaftspolitischen Empfehlung zugrunde liegen, empirisch noch nicht widerlegt sind.

> Eine Wirtschaftspolitik wollen wir dann als rational bezeichnen, wenn ihr
>
> – eine systematische Analyse der Ausgangssituation,
> – die Kenntnis der Zielzusammenhänge und eine eindeutige Zielformulierung
> – die Kenntnis des Instrumentariums sowie der Wirkungszusammenhänge beim Einsatz des Instrumentariums, und
> – der Einsatz des Instrumentariums gemäß dem ökonomischen Prinzip
>
> zugrunde liegt.

Wenn wir zuvor die Forderung erhoben haben, der Wissenschaftler sollte sich auf intersubjektiv überprüfbare Aussagen beschränken, so werden nun die Grenzen solch einer werturteilsfreien Analyse deutlich. Wie die obige Auflistung zeigt, enthält eine rationale Wirtschaftspolitik sowohl Elemente der *positiven*, d. h. der objektiv erklärenden *Ökonomik*, als auch Elemente einer *normativen*, also wertenden *Ökonomik*: Alle Aussagen, die sich auf die Ziele der Wirtschaftspolitik beziehen, enthalten Werturteile. Insbesondere bei Zielprioritäten – bspw. bei einer Höherbewertung der landwirtschaftlichen Einkommenssicherung gegenüber einer preiswerten Nahrungsmittelversorgung der Verbraucher – lassen sich wirtschaftspolitische Entscheidungen selten wissenschaftlich begründen. Um so wichtiger ist es daher, die Ziele offenzulegen, sie klar und eindeutig zu formulieren und Aussagen über die Zielzusammenhänge zu machen (Lassen sich die Ziele logisch und praktisch vereinbaren?). Die Theorie der Wirtschaftspolitik geht in ihrer Analyse i. d. R. von gegebenen Zielen aus – unter der Annahme, daß diese einem politischen Konsens entsprechen. Bevor wir uns, dieser Vorgehensweise folgend, mit einzelnen Teilbereichen der Wirtschaftspolitik beschäftigen, wollen wir uns der wirtschaftspolitischen Zielbildung widmen.

11.2   Warum Wirtschaftspolitik?

Warum sind die Voraussetzungen für ein reibungsloses Marktgeschehen nicht immer gegeben? Wodurch kann eine stetige Wirtschaftsentwicklung gefährdet sein? Wann spricht man von Marktversagen? Warum sind häufig auch wirtschaftlich effiziente Marktergebnisse korrekturbedürftig?

Begriff: Soziale Marktwirtschaft.

Die Frage, warum überhaupt Wirtschaftspolitik betrieben wird, steht noch im Raum und ist deshalb an dieser Stelle zu behandeln, weil die Tatsache, daß Wirtschaftspolitik betrieben wird, impliziert, daß es gesellschaftliche und gesamtwirtschaftliche Ziele geben muß, die durch das Marktgeschehen allein nicht erreicht werden (können), bzw. daß das Marktgeschehen zu Ergebnissen führt, die nicht der gesellschaftlichen Zielsetzung entsprechen und deshalb korrigiert werden müssen.

Wirtschaftspolitik muß zunächst deshalb betrieben werden, um die *Voraussetzungen für die Funktionsfähigkeit des Marktes zu schaffen.* Wettbewerb ist nur unter Gleichen möglich; der Staat muß durch die Rechtsordnung Wettbewerb ermöglichen, schützen und überwachen (Wettbewerbspolitik als Ordnungspolitik), denn der Markt ist ein Kulturprodukt und keine Naturpflanze. Aber auch wenn ein funktionsfähiger Markt vorliegt, kann, begründet durch wirtschaftspolitische Zielsetzungen, der Markt in eine gewünschte Richtung beeinflußt werden.

Mit Giersch wollen wir unter Wirtschaftspolitik die Gesamtheit aller Handlungen, Bestrebungen und Maßnahmen verstehen, die zielbezogen den Ablauf des Wirtschaftsgeschehens in einem Bereich oder Gebiet ordnen.

Die klassische Theorie ging noch davon aus, daß sich die Wirtschaft bei entsprechendem Ordnungsrahmen auch ohne staatliche Eingriffe stetig entwickeln könnte. Wir hatten schon gesehen, daß die Überwindung des direkten Tausches durch die Geldwirtschaft reale Nachfragelücken entstehen lassen kann, die zur Unterauslastung der Ressourcen und damit zur Arbeitslosigkeit führen.

Nach Keynes sind die Unternehmer diejenigen Wirtschaftssubjekte, deren Investitionsgüternachfrageverhalten Konjunkturschwankungen hervorruft. Die entstehenden Nachfragelücken soll der Staat ausfüllen, bzw. der Staat soll durch entsprechende wirtschaftspolitische Maßnahmen dafür Sorge tragen, daß die private Nachfrage belebt wird, damit das allgemeine gesamtwirtschaftliche Ziel einer *stetigen Wirtschaftsentwicklung* nicht gefährdet wird.

Auch die Bereitstellung bestimmter, gesellschaftlich wichtiger Güter kann der Markt nicht leisten. Hierzu zählen all jene (auch immateriellen) Güter, von deren Konsum auch diejenigen nicht ausgeschlossen werden können, die dafür keinen Preis bieten – bspw. kann von der Landesverteidigung niemand ausgeschlossen werden – und bei denen folglich das Angebots-Nachfrage-Prinzip versagen muß. *Öffentliche Güter* stellt im allgemeinen der Staat bereit, genauso wie diejenigen Güter, deren gesamtgesellschaftlicher Nutzen größer ist als der Gewinn, der sich in der privaten Produktion erzielen läßt; um also die vom gesellschaftlichen Standpunkt aus zu geringe Bereitstellung dieser *meritorischen Güter* (bspw. Schulwesen) auszudehnen, muß der Staat selbst produzieren oder durch geeignete Maßnahmen Anreize zur Produktionsausweitung schaffen. Mit diesen Fällen des Marktversagens bzw. der Korrekturbedürftigkeit des Marktergebnisses, die die *staatliche Bereitstellung bestimmter Güter* betreffen, wollen wir uns im 4. Kapitel des 2. Bandes befassen.

Aber auch wenn sich das Ergebnis privater Wirtschaftstätigkeit vom rein wirtschaftlichen Standpunkt aus als effizient erweist, kann es dennoch korrekturbedürftig sein, weil der Markt auf übergeordnete Ziele sozialer Art (soziale Gerechtigkeit, soziale Sicherheit, sozialer Friede) keine Rücksicht nimmt.[1] Hier muß die Sozialpolitik diejenigen schützen, die, aus welchen Gründen (ob einer aus Faulheit oder Krankheit kein ausreichendes Einkommen erzielt; es wird ihm Sozialhilfe gewährt) auch immer, nicht in der Lage sind, an den Marktergebnissen ausreichend teilzuhaben; die Finanzpolitik wird daher zur Korrektur der Ungleichgewichte der Einkommensverteilung eingesetzt. Zusammenfassend können wir also festhalten:

Wirtschaftspolitik wird betrieben, um

- die Voraussetzungen für die Funktionsfähigkeit des Marktmechanismus zu schaffen,
- eine stetige Wirtschaftsentwicklung zu gewährleisten,
- Marktversagen auszugleichen und
- gesellschaftlich unerwünschte Marktergebnisse zu korrigieren.

Das Leitbild der Wirtschaftspolitik der BRD ist das von Müller-Armack begründete und durch Ludwig Erhard geprägte Konzept der

---

[1] Einige paläolioberale Vertreter lehnen Korrekturen der Marktergebnisse generell ab.

„*Sozialen Marktwirtschaft*". Dabei geht es im wesentlichen darum, das Prinzip der Freiheit auf dem Markt mit einer Komponente des sozialen Ausgleichs zu verbinden. Dieses Leitbild soll auch Grundlage unserer folgenden wirtschaftspolitischen Überlegung sein.

11.3 Gesellschafts- und wirtschaftspolitische Ziele

In welchem Zusammenhang stehen wichtige wirtschaftspolitische Ziele und gesellschaftspolitische Grundziele? Lassen sich wirtschaftspolitische Ziele im Rahmen der positiven Ökonomie logisch ableiten? Wie tragen Wachstum und Stabilität zur gesellschaftlichen Wohlfahrt bei? Welches Gerechtigkeitspostulat charakterisiert eine Marktwirtschaft?

Begriffe: Stabilitäts-, Wachstums- und Verteilungsziel; Wohlfahrtsökonomik.

Ohne hier noch einmal auf den normativen Charakter jeder Zielsetzung oder auf die Mehrdeutigkeit von Begriffen wie Freiheit, Frieden etc. einzugehen, können doch gesellschaftliche Grundwerte benannt werden, die sich im Zusammenleben durch freiwillige, rationale Übereinkommen herausgebildet haben. Als *gesellschaftspolitische Grundziele* gelten

- *Freiheit* – bspw. die Freiheit des einzelnen, selbstgesetzte Ziele mit selbstgewählten Mitteln zu verfolgen, unter der Nebenbedingung, daß dadurch die Freiheit anderer nicht übermäßig eingeschränkt wird;
- *Gerechtigkeit* – als Forderung nach Gleichheit der formalen Freiheit (Freiheit vor dem Gesetz) und Chancengleichheit unumstritten, hingegen widerstreitend in den Interpretationen als Verteilungsnormen, nach dem Leistungsprinzip, dem Bedarfsprinzip oder dem Egalitätsprinzip ;
- *Sicherheit und Frieden* – d. h. Abwesenheit offener Konflikte jeder Art, Deckung der Grundbedürfnisse sowie Beschränkung der Existenzrisiken auf ein zumutbares Maß.

Das Oberziel der *Maximierung der gesellschaftlichen Wohlfahrt* beinhaltet neben der Verwirklichung der genannten gesellschaftspolitischen Grundziele ferner die *ökonomische Wohlstandssteigerung*, kurzfristig verstanden als optimale Ausnutzung gegebener Möglichkeiten (optimale Faktorallokation), langfristig als wirtschaftliches Wachstum (Einkommens- und Vermögenssteigerung).

Ein Zweig der Volkswirtschaftslehre – die *Wohlfahrtsökonomik* (welfare economics) – bemüht sich seit Anfang der 50er Jahre darum, das Problem der Wohlfahrtsmaximierung zu formalisieren. Hierzu werden gesellschaftliche Wohlfahrtsfunktionen hergeleitet, die sich als gesellschaftliche Indifferenzkurven (aus der Aggregation individueller Indifferenzkurven) darstellen lassen; dieses gesellschaftliche Präferenzsystem wird mit der gesamtwirtschaftlichen Transformationskurve konfrontiert, wobei dann der Tangentialpunkt der Transformationskurve mit der höchsten Indifferenzkurve das höchstmögliche Wohlfahrtsniveau angibt. Dieses ist dadurch gekennzeichnet, daß kein Wirtschaftssubjekt seine eigene ökonomische Position weiter verbessern kann, ohne daß dadurch mindestens ein anderes Wirtschaftssubjekt schlechter gestellt wird. Als Entscheidungsregel für die (gelenkte) Ressourcenallokation gilt dann: wähle auf der Transformationskurve diejenige Güterkombination, die die Wirtschaftssubjekte insgesamt relativ besser stellt als die vorherige. So bestechend dies vielleicht zunächst klingt, so unbrauchbar ist das Konzept für die konkrete Wirtschaftspolitik: weder läßt sich eine gesamtgesellschaftliche Wohlfahrtsfunktion in der Realität erstellen (zumindest dann nicht, wenn man von unterschiedlichen individuellen Präferenzen ausgehen muß), noch wird durch die Formalisierung das Problem impliziter Werturteile umgangen. Verteilungsprobleme (das Optimum gilt jeweils für gegebene Verteilungskonstellationen), das Wachstumsziel und auch die Bedeutung „kollektiver Bedürfnisse" (öffentliche Güter) werden meist nicht in die Analyse aufgenommen.

Die Konkretisierung des Ziels „Maximierung der gesellschaftlichen Wohlfahrt" läßt sich formal nicht lösen. Es bleibt also nur, auf der Basis der genannten Grundziele mittelbare – in unserem Zusammenhang wirtschaftliche – Ziele festzulegen, die zur Annäherung an das Oberziel verhelfen können. Dabei sind verschiedene Klassifizierungen denkbar, da eine direkte Ableitung von Unterzielen kaum möglich ist.

Wir wollen hier die genannten Grundziele auf den ökonomischen Bereich beziehen und kommen damit zu den folgenden *wirtschaftspolitischen* Zielen:

– Die *Wahrung wirtschaftlichen Freiheitsspielraums* impliziert als Ziel der Wirtschaftspolitik die grundsätzliche Entscheidung für ein marktwirtschaftliches Ordnungssystem, das jedoch – wie schon gezeigt – durch die Gewährung von Rechtssicherheit (Eigentumsrechte), durch die Aufrechterhaltung des Wettbewerbs (Wettbewerbspolitik) sowie durch die Sicherung des Geldsystems und der Währung zu schützen ist.

– *Wirtschaftliche Gerechtigkeit* als *Verteilungsgerechtigkeit* betrifft das Anliegen, das Produktionsergebnis nach einem mit der grundsätzlichen Ordnungsform konsistenten Kriterium auf die Gesellschaftsmitglieder zu verteilen. In der Marktwirtschaft erfolgt die Entlohnung grundsätzlich nach dem Leistungsprinzip, d. h. nach dem Marktwert der erbrachten Leistung. Diese Primärverteilung ist jedoch, wie schon erläutert, im Rahmen der Sozial- und Finanzpolitik entsprechend sozialethischer Oberziele zu korrigieren.

– Im engen Zusammenhang hiermit stehen die wirtschaftspolitischen Ziele der *sozialen Sicherheit und des sozialen Friedens*. Hiermit ist die soziale Ausgleichskomponente des Konzepts der Sozialen Marktwirtschaft angesprochen.

– Fortschritt in Richtung ökonomischer Wohlstandssteigerung ist wirtschaftspolitisch mit dem *Wachstumsziel* verbunden. Ökonomischer Wohlstand ermöglicht auch Fortschritt im Sinne einer Annäherung an das gesellschaftliche Wohlfahrtsziel, da bspw. die Ziele der Verteilungsgerechtigkeit und der sozialen Sicherheit bei Einkommenswachstum eher zu verwirklichen sind als bei Stagnation.

– Ein weiteres wirtschaftspolitisches Ziel, das nicht nur der ökonomischen Wohlstandssteigerung dient, ist das *Stabilitätsziel*: *Vollbeschäftigung* der Produktionsfaktoren, *Geldwertstabilität* und *Zahlungsbilanzausgleich* sind zum einen Bedingungen einer stetigen Wirtschaftsentwicklung; deren Nichterfüllung kann aber auch der Erfüllung gesellschaftlicher Oberziele entgegenstehen. So wird die Arbeitslosigkeit der Problemgruppen als Verstoß gegen das Gerechtigkeitspostulat empfunden, ebenso eine Inflation, die unerwünschte Verteilungseffekte mit sich bringt und dem Sicherheitsziel widerspricht; außenwirtschaftliche Ungleichgewichte haben komplexe Auswirkungen auf Wachstum, Beschäftigung und Preisniveau und können dadurch dem Ziel der Wohlstandssteigerung auf vielfältige Weise entgegenwirken.

Das folgende Schema ist – ohne Anspruch auf Vollständigkeit – ein Versuch der Systematisierung der genannten Ziele, wobei aber bedacht werden muß, daß die Ableitung der wirtschaftspolitischen Ziele nicht logisch zwingend ist und daß die vielfältigen Wechselwirkungen im gesamten Zielsystem nicht dargestellt werden können. Die grundsätzliche Entscheidung zugunsten eines marktlichen Ordnungssystems und damit zugunsten der Wahrung wirtschaftlichen Freiheitsspielraums wird dabei vorausgesetzt und nicht explizit aufgeführt.

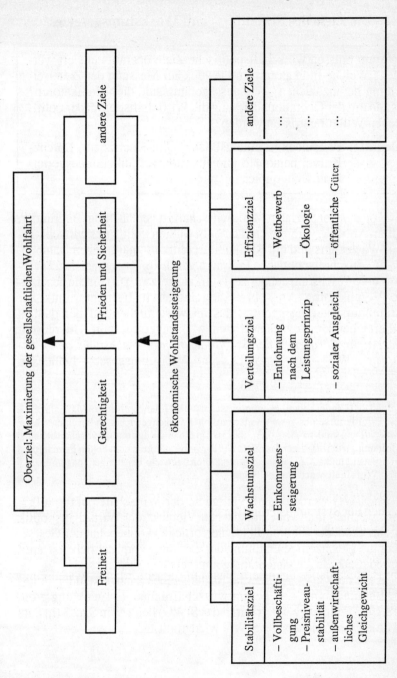

Abb. 11.3.1. Wohlfahrtsmaximierung

11.4   Die Ziele des Stabilitäts- und Wachstumsgesetzes

Warum müssen wirtschaftspolitische Ziele operationalisiert werden? Welche Indikatoren sind jeweils zur Messung der Zielerreichung heranzuziehen? Wie aussagefähig sind diese Indikatoren? Kann mit der Operationalisierung die Wirtschaftspolitik der politischen Willkür entrissen werden?

Begriffe: Preisindex, Zahlungsbilanz, Gini-Koeffizient, Lorenz-Kurve, personale und funktionale Einkommensverteilung, Lohnquote.

Das Konzept der Sozialen Marktwirtschaft ist gemäß ihrem Begründer, Müller-Armack, vereinbar mit einer bewußten Politik des wirtschaftlichen Wachstums und mit Konjunkturpolitik im marktlichen Rahmen. Dieser wirtschaftspolitische Freiraum wurde im Krisenjahr 1967 (verlangsamte Wachstumstendenzen, starker Preisanstieg) für die gesetzliche Verankerung eines breit angelegten Instrumentariums zur Konjunktursteuerung genutzt, das im wesentlichen auf der damals vorherrschenden keynesianischen Makrotheorie fußte. In diesem *„Gesetz zur Förderung der Stabilität und des Wachstums der Wirtschaft"* (StWG) – kurz Stabilitäts- und Wachstumsgesetz – heißt es in § 1:

> „Bund und Länder haben bei ihren wirtschafts- und finanzpolitischen Maßnahmen die Erfordernisse des gesamtwirtschaftlichen Gleichgewichts zu beachten. Die Maßnahmen sind so zu treffen, daß sie im Rahmen der marktwirtschaftlichen Ordnung gleichzeitig zur Stabilität des Preisniveaus, zu einem hohen Beschäftigungsstand und außenwirtschaftlichem Gleichgewicht bei stetigem angemessenem Wirtschaftswachstum beitragen."

Im StWG werden damit vier Ziele der Wirtschaftspolitik aufgeführt, weshalb man vom „magischen Viereck" der Wirtschaftspolitik spricht. Trotz der Zielkonflikte, die vorliegen können, hat der Gesetzgeber die gleichzeitige Erfüllung der vier Ziele vorgeschrieben. Damit werden die Ziele als gleichrangig angesehen.

In § 2 des Gesetzes über die Bildung eines Sachverständigenrates zur Begutachtung der gesamtwirtschaftlichen Entwicklung vom 14.8.1963 (zuletzt geändert durch das StWG) heißt es in Satz 3 (in Satz 2 werden die Ziele aus § 1 StWG wiederholt):

In die Untersuchung sollen auch die Bildung und die Verteilung von Einkommen und Vermögen einbezogen werden.

Auch das Verteilungsziel erfährt damit „offizielle Anerkennung". Durch die Benennung sind die Ziele jedoch noch nicht operationalisiert. Die eingangs geforderte klare und eindeutige Zielformulierung verlangt die *Festlegung von Indikatoren* und Grenzwerten, damit der Zielerreichungsgrad beurteilt werden kann.

„Stabilität des Preisniveaus"

Hiermit ist nicht die Konstanz aller Preise gemeint, sondern die Stabilität des Durchschnitts aller Preise. Die einzelnen Preise müssen nach oben und unten flexibel sein, damit sie ihre Lenkungsfunktionen erfüllen; während einige Güter qualitativ besser und gleichzeitig billiger werden (bspw. Taschenrechner), steigt der Preis für andere Güter. Als Meßlatte für die mittlere Preissteigerung werden deshalb *Preisindizes* ermittelt, die die Kaufkraft des Geldes ausdrücken sollen und zum räumlichen und zeitlichen Vergleich herangezogen werden können.

So wird bspw. ein Warenkorb mit denjenigen Arten und Mengen von Waren und Dienstleistungen zusammengestellt, die ein Arbeitnehmerhaushalt mit vier Personen und mittlerem Einkommen im Durchschnitt verbraucht; die Kosten dieses (vorerst konstant gehaltenen) Warenkorbes werden auf ein Basisjahr bezogen, für das die Ausgaben für diesen Warenkorb gleich 100 gesetzt werden. Eine Steigerung des Index auf bspw. 108 zeigt dann eine mittlere Preissteigerungsrate von 8 % an. (Für weitere Preisindizes und beispielhafte Berechnungen s. Kapitel 6 des 2. Bandes).

In einem Gutachten der Bundesbank von 1965 heißt es, daß der Preisindex für die Lebenshaltung des eben geschilderten Haushaltes nicht um mehr als 1 % steigen darf, damit Geldwertstabilität gewährleistet ist. Selbst bei einer Erhöhung zwischen 1 und 2 % könne nicht von einer Geldentwertung gesprochen werden. Positive – in den genannten Grenzen unbedenkliche – Werte der Preissteigerungsrate ergeben sich im wesentlichen durch Qualitätsverbesserungen und Strukturveränderungen zugunsten höherer Qualität. Auf Grund der Tatsache, daß solch niedrige Zielvorgaben nur in wenigen Ausnahmejahren (1953–1954, 1967–69, 1986–88) erreicht wurden, wird politisch oft ein höherer Wert toleriert (1989: 3 %; 1985:2,2 %; 1984: 2,4 %). Die höchsten Preissteigerungen ergaben sich mit 6,9 % für 1973 und 1974.[1]

---

[1] Preissteigerungsrate für die Lebenshaltung der privaten Haushalte.

„Hoher Beschäftigungsstand"

Auf den gebräuchlichen Indikator – die *Arbeitslosenquote* – wurde bereits im letzten Kapitel eingegangen. Lange Zeit galt eine Quote zwischen 0,8 und 1,2% als Zeichen der Zielerreichung; da aber nur in den Jahren zwischen 1961 und 1971 das Ziel, die Arbeitslosenquote unter 1% zu drücken, erreicht wurde, wurden die politischen Zielgrößen den tatsächlichen, ansteigenden Arbeitslosenquoten angepaßt. 1984 und 1985 wurden Arbeitslosenquoten von unter 9% angestrebt; selbst bei Erreichung solcher Werte würde aber wohl niemand davon sprechen, daß damit auch das Beschäftigungsziel erfüllt sei.

Die Arbeitslosenquote sagt nichts über die Struktur der Arbeitslosigkeit aus und ist, auch aufgrund verschiedener Verzerrungen, in ihrer Aussagefähigkeit zu relativieren. Verzerrungen ergeben sich bspw. aus der Rückkehr ausländischer Arbeitnehmer in ihre Heimat bei Arbeitslosigkeit (deren Verbleiben im Inland würde die Arbeitslosenquote erhöhen), aus Kurzarbeit oder aufgrund versteckter Unterbeschäftigung. Versteckte Unterbeschäftigung liegt vor, wenn Arbeitnehmer unterqualifiziert beschäftigt sind oder wenn Arbeitskräfte im Warten auf bessere Zeiten vorerst nicht entlassen werden. Auch Personen, die sich nur deshalb weiterbilden, weil sie keine Lehrstelle gefunden haben, müßten im Grunde als Arbeitslose aufgefaßt werden und die Arbeitslosenquote erhöhen; genauso bspw. auch Hausfrauen, die bei besserer Arbeitsmarktlage lieber außer Haus ihrem erlernten Beruf nachgehen würden. Allerdings gibt die Arbeitslosenquote immerhin die Tendenz auf dem Arbeitsmarkt wieder.

„Außenwirtschaftliches Gleichgewicht"

Vereinfacht kann man von einem außenwirtschaftlichen Gleichgewicht dann sprechen, wenn mittelfristig gleich hohe Zahlungsströme das Inland verlassen, wie andererseits vom Ausland einfließen. Ein Indikator außenwirtschaftlichen Gleichgewichts ist daher die *Devisenbilanz*, deren *Saldo* bei gleich hohen Zu- und Abflüssen von Devisen *Null* ist, so daß sich die Währungsreserven in ihrer Menge nicht verändert haben. Die recht komplizierte außenwirtschaftliche Buchführung, die den Warenhandel, den Im- und Export von Dienstleistungen, Transferzahlungen und den Kapitalverkehr umfaßt – all das zusammen ergibt die *Zahlungsbilanz* – werden wir im Kapitel 15 behandeln; es wird sich dann zeigen, daß *verschiedene Gleichgewichtsdefinitionen* möglich sind, je nachdem, welche Bilanzpositionen entsprechend des Erkenntnisziels herangezogen werden.

Möglicherweise fragt man sich, warum als wirtschaftspolitisches Ziel ein Ausgleich der Außenhandelsbeziehungen und nicht etwa die Maximierung der Exporte gewählt wird. Dagegen ist folgendes einzuwenden: Überschüsse mögen zwar vordergründig die Leistungsfähigkeit einer Wirtschaft anzeigen, sie bedeuten aber auch gleichzeitig

Defizite anderer Länder, die finanziert werden müssen, was nur durch Stützungen zum Ausgleich der Leistungsbilanz möglich ist. Während inländische Güter und Dienstleistungen an das Ausland verkauft werden, häufen sich im Inland Devisenbestände an, die unter Umständen (die noch zu erläutern sind) eine „importierte Inflation" bewirken können. Bei unterbewerteter inländischer Währung kann ein Überschuß/Defizit langfristig auch gegen das Wachstumsziel wirken, da Unternehmen, die eigentlich international nicht wettbewerbsfähig sind, auf dem Markt bleiben und notwendige Strukturanpassungen unterbleiben.

An dieser Stelle soll es vorerst ausreichen zu betonen, daß sich unausgeglichene Außenwirtschaftsbeziehungen bei der heutigen weltweiten Verflechtung und Reaktionsverbundenheit negativ auf die Möglichkeiten der Erreichung anderer wirtschaftspolitischer Ziele auswirken können.

„Angemessenes und stetiges Wachstum"

Auf die Bedeutung wirtschaftlichen Wachstums wurde schon mehrfach eingegangen. Wachstumseinbußen führen zu Problemen auf dem Arbeitsmarkt, bei der sozialen Sicherung und bei der Finanzierung öffentlicher Haushalte, zur Minderung internationaler Wettbewerbsfähigkeit und zu wachsenden Verteilungskonflikten. Wie im Kapitel zur Volkswirtschaftlichen Gesamtrechnung gezeigt wurde, sind quantitative Wachstumsindikatoren nicht unbedingt auch Wohlstandsindikatoren; das *Bruttosozialprodukt* oder das *Volkseinkommen sowie deren Veränderungen* zeigen jedoch an, was produziert wurde, wie sich die gesamtwirtschaftliche Produktion entwickelt und was daher zur Verteilung ansteht. Welche Wachstumsraten als angemessen bzw. als Zielgröße gelten, hängt – ähnlich wie bei der Arbeitslosenquote – von der tatsächlichen wirtschaftlichen Entwicklung ab.

„Gerechte Einkommens- und Vermögensverteilung"

Unter einer gerechten Verteilung soll – ohne hier noch einmal auf den normativen Charakter des Begriffs einzugehen – eine leistungsgerechte Verteilung bei Abwesenheit extremer Ungleichheiten verstanden werden. Eine extrem ungleiche und gesellschaftspolitisch inakzeptable (ungerechte) Verteilung liegt vor, wenn – wie bspw. in einigen Entwicklungsländern – die reichsten 10% der Haushalte allein bis zu 50% (Brasilien: 50,6%) des Einkommens für sich beanspruchen können. Bei diesen extremen Fällen wird die Verteilung auch kaum leistungsgerecht sein. Der gebräuchlichste Indikator zur Erfassung der Ungleichheit der Einkommensverteilung ist der *Gini-Koeffizient*. Er zeigt die relative

Abweichung der tatsächlichen Verteilung von der Gleichverteilung. Graphisch läßt sich dessen Ermittlung mit Hilfe einer *Lorenz-Kurve* zeigen:

In einem Koordinatensystem werden an der Ordinate das Einkommen, auf der Abszisse die Einkommensempfänger jeweils in Prozent angegeben. Die Einkommensempfänger werden dabei nach steigender Höhe des Einkommens in Gruppen von je 20 Prozent geordnet. Auf der Ordinate wird der „kumulierte" Anteil am Gesamteinkommen, den die jeweiligen Gruppen bekommen, aufgetragen. Für Brasilien ergeben sich also Kurvenpunkte von (20/2), (40/7). Das bedeutet, daß die unterste Einkommensgruppe 2% des Gesamteinkommens verdient, die beiden untersten Gruppen zusammen erhalten 7%.

Bei völliger Gleichverteilung stehen 20 Prozent der Empfänger auch 20 Prozent des Einkommens gegenüber. Die Lorenzkurve hat dann den Verlauf einer Diagonalen.

Der Quotient der Flächen unter den Kurven (Gleichverteilungsgerade und Kurve der tatsächlichen Verteilung) wird als Gini-Koeffizient bezeichnet. Er kann als Maß der Ungleichverteilung interpretiert werden: je größer der Gini-Koeffizient, desto mehr weicht die Verteilung von einer Gleichverteilung ab.

Tab. 11.4.2. Ausgewählte Gini-Koeffizienten

Gini-Koeffizienten einiger Länder:	
(Gleichverteilung)	0,00
Brasilien	0,54
Bangladesch	0,36
Bundesrepublik Deutschland	0,26
Vereinigte Staaten	0,30
Quelle: eigene Berechnungen nach Daten des Weltentwicklungsberichts 1988	

In den folgenden Graphiken werden die Einkommensverteilungskurven einiger Länder im Vergleich gezeigt. Besonders ungleich sind die Einkommen in Brasilien verteilt, wo der ärmsten Bevölkerungsgruppe (20%) nur 2% des Einkommens zur Verfügung steht, der reichsten Gruppe dagegen 66,5%. In Bangladesch, einem der ärmsten Länder der Welt, zeigt sich eine etwas „gerechtere" Einkommmens-

Brasilien (1972)

Einkommen (100%)

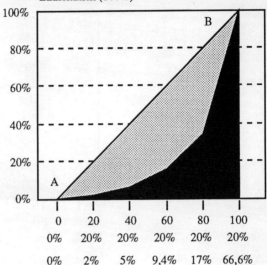

Bevölkerungsanteil:	0%	20%	20%	20%	20%	20%
Einkommensanteil:	0%	2%	5%	9,4%	17%	66,6%

Bangladesch (1981/82)

Einkommen (100%)

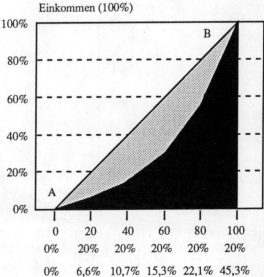

Bevölkerungsanteil:	0%	20%	20%	20%	20%	20%
Einkommensanteil:	0%	6,6%	10,7%	15,3%	22,1%	45,3%

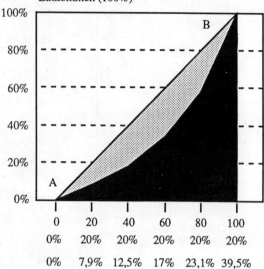

Bundesrepublik Deutschland (1978)

Einkommen (100%)

Bevölkerungsanteil:	0%	20%	20%	20%	20%	20%
	0	20	40	60	80	100
Einkommensanteil:	0%	7,9%	12,5%	17%	23,1%	39,5%

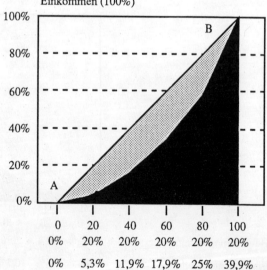

Vereinigte Staaten (1980)

Einkommen (100%)

Bevölkerungsanteil:	0%	20%	20%	20%	20%	20%
	0	20	40	60	80	100
Einkommensanteil	0%	5,3%	11,9%	17,9%	25%	39,9%

Abb. 11.4.1. Lorenzkurven

verteilung, die mit der Verteilung in den beiden gezeigten Industrieländern USA und Bundesrepublik Deutschland annähernd verglichen werden kann.

Die Gleichverteilungsgeraden AB zeigen eine Situation, in der die Einkommen aller Einkommensbezieher gleich hoch sind; je größer die schraffierte Fläche ist, um so größer ist die Abweichung von der Gleichverteilung. Der Gini-Koeffizient ergibt sich aus dem Verhältnis zwischen dieser schraffierten Fläche und der Fläche unterhalb der Gleichverteilungsgeraden; im Falle der völligen Gleichverteilung nimmt der Koeffizient den Wert Null an, – im anderen Extremfall, wenn das gesamte Einkommen von nur einer Person bezogen wird, ist der Gini-Koeffizient gleich eins.

Während es bisher um die *personale (primäre) Einkommensverteilung* ging, die zu verbessern evtl. Aufgabe der Verteilungs- und Sozialpolitik sein kann, ist hiervon die *funktionale Einkommensverteilung* zu unterscheiden: Diese betrifft die Entlohnung der Produktionsfaktoren und damit die Aufteilung in *Löhne* (für den Produktionsfaktor Arbeit), *Zinsen* (für den Produktionsfaktor Kapital) und *Pachteinkommen* (für den Produktionsfaktor Boden); außerdem verbleiben den Unternehmen *Gewinne*, die sich aus dem Volkseinkommen abzüglich der Entlohnung für die Produktionsfaktoren ergeben. In der Verteilungsdebatte – bspw. in der gewerkschaftlichen Politik spielt die *Lohnquote*, d. h. der Anteil der Bruttoeinkommen aus unselbständiger Arbeit in Prozent des Volkseinkommens, eine große Rolle. Allerdings besagt eine steigende Lohnquote nicht unbedingt, daß es damit auch den ärmeren Bevölkerungsschichten besser geht: der arme Bergbauer zählt bspw. zu den Gewinnbeziehern, während der reiche Manager eines Großunternehmens zu den abhängig Beschäftigten gerechnet wird.

11.5 Zielbeziehungen

Welche Beziehungen können grundsätzlich zwischen wirtschaftspolitischen Zielen bestehen? Wie lässt sich die Phillips-Kurve
interpretieren? Wirkt Inflation wachstumshemmend oder wachs-
tumsfördernd? Welche Auswirkungen können Verteilungskämpfe
für Wachstum und Stabilität haben? Wann kann ein Zielkonflikt
zwischen außenwirtschaftlicher und binnenwirtschaftlicher Stabilität bestehen?

Begriffe: Zielneutralität, Komplementarität und Zielkonflikt;
Phillips-Kurve.

Neben der Offenlegung und Konkretisierung wirtschaftspolitischer
Ziele hatten wir eingangs auch Aussagen über die Zielzusammenhänge
gefordert. Hier sind grundsätzlich drei Konstellationen denkbar:

Zielneutralität besteht dann, wenn die Ziele unabhängig voneinander angesteuert
werden können, d. h. wenn der Einsatz des wirtschaftspolitischen Instrumentariums zur Beeinflussung einer Zielgröße keinen Einfluß auf andere Ziele hat. Wenn
die Verfolgung eines Ziels auch gleichzeitig der Annäherung an ein anderes Ziel
nutzt, spricht man von *Zielkomplementarität*; ein *Zielkonflikt* liegt vor, wenn sich
ein Ziel nur auf Kosten eines anderen Ziels erreichen läßt.

Die „Magie" des wirtschaftspolitischen Vier- oder Fünfecks besteht
darin, bei gegebenen, begrenzten ökonomischen Möglichkeiten eine
Vielzahl von sich teilweise entgegenstehenden Interessen und Forderungen miteinander zu versöhnen – d. h. ein Gleichgewicht oder
Kompromiß bei der Zielsetzung und -verfolgung anzustreben. Wir
wollen uns deshalb hier in erster Linie möglichen Zielkonflikten widmen, weil Zielneutralität und -komplementarität für die Wirtschaftspolitik keine Probleme aufwerfen.

Ein grundsätzlicher, den hier herausgearbeiteten Zielen über-
geordneter *Zielkonflikt* kann *zwischen Effizienz und Wettbewerb* bestehen: die Effizienz der Produktion verlangt häufig Mindestbetriebs-
größen zur Realisierung von Skalenerträgen, während andererseits die
Aufrechterhaltung des Wettbewerbs eher bei kleineren Produktionsein-
heiten gewährleistet ist; kostenoptimale Unternehmensgrößen führen
dann zu wettbewerbspolitischen Problemen, und wettbewerbsoptimale
Unternehmensgrößen sind mit Ineffizienzen verbunden. Wenn die
wettbewerbsoptimale geringer ist als die kostenoptimale Unter-
nehmensgröße, und diese nur wenige (oder gar nur ein einziges)

Unternehmen zuläßt, kann durch eine Öffnung der Volkswirtschaft für das Ausland oder durch Integration einzelner Staaten dieser Konflikt durch Markterweiterung gelöst werden: die Zahl der Anbieter vergrößert sich, ohne daß auf die Vorteile der Massenproduktion verzichtet werden muß.

Innerhalb des Zielkatalogs des StWG wird vorrangig ein *Zielkonflikt zwischen Preisniveaustabilität und Vollbeschäftigung* herausgestellt. Die Argumentation wird von der *Phillips-Kurve* gestützt: Der englische Ökonom Phillips hatte für den Zeitraum zwischen 1862 und 1957 einen negativen Zusammenhang zwischen dem Anstieg der Geldlöhne und der Arbeitslosenquote beobachtet; dieser Zusammenhang wurde später auf das Preisniveau einerseits und die Arbeitslosenquote andererseits übertragen (modifizierte Phillips-Kurve).

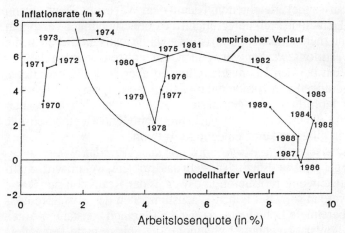

Abb. 11.4.3. Phillipskurve für die BRD

Die Kurve wird i. a. so interpretiert, daß bei günstiger Wirtschaftslage und entsprechend niedriger Arbeitslosigkeit die Gewerkschaften in der Lage seien, höhere Lohnforderungen durchzusetzen, die von den Unternehmen auf die Preise abgewälzt würden (*Bargaining-Theorie*). Ein anderer Ansatz (*allgemeine Markttheorie*) interpretiert eine niedrige Arbeitslosenquote bei relativ großen Preissteigerungsraten als Überschußnachfrage auf dem Arbeitsmarkt in guten Zeiten, was stärkere Lohn- und entsprechende Preissteigerungen bedingt.

Die Phillips-Kurve suggeriert, daß sich ein stabiles Preisniveau durch eine relativ hohe Arbeitslosenquote erkaufen läßt, bzw. daß das Preisstabilitätsziel nur auf Kosten des Beschäftigungsziels erreicht werden kann. Die tatsächlichen Kombinationen von Arbeitslosenquoten und Preissteigerungsraten in der BRD (wie aus Abbildung 11.4.3. ersichtlich) zeigen jedoch, daß die Existenz der Phillips-Kurve – zumindest in dem abgebildeten Zeitraum und für die BRD – bestreitbar ist ("Phillips-Illusion"). Offensichtlich sind die Zusammenhänge komplizierter, d. h. die Wirtschaftspolitik kann nicht, wie bei einer Speisekarte, zwischen Preisstabilität und Vollbeschäftigung bzw. zwischen alternativen Kombinationen von Inflationsraten und Arbeitslosenquoten auswählen.

Ein ähnlicher Konflikt kann zwischen dem *Wachstumsziel und dem Ziel der Preisniveaustabilität* bestehen. Es ist möglich, daß Inflation den Strukturwandel erleichtert und damit dem Wachstum dient – wenn sich bei allgemeinen Preissteigerungen die Lohnerhöhungen verzögern und die Unternehmer daher kurzfristig Gewinne realisieren können, die sie zu Investitionszwecken verwenden. Andererseits können die Gewerkschaften bei den Lohnverhandlungen aber auch die erwarteten Preissteigerungen von vornherein einkalkulieren (antizipieren); wenn ferner mit der Inflation die Zinsen steigen, vermindert sich die Realkapitalbildung, die Inflation wirkt wachstumshemmend. Der theoretische Sachverhalt gibt also keine eindeutige Antwort.

Auch zwischen dem *Wachstums- und dem Verteilungsziel* kann es Konflikte geben: grundsätzlich besteht das Problem, wer im wirtschaftlichen Aufschwung profitieren und wer in der Rezession zur Kasse gebeten werden soll. Bei hohen Wachstumsraten des Sozialprodukts sinkt die bereinigte Lohnquote (das ist die für einen konstanten Anteil Unselbständiger berechnete Lohnquote; die unbereinigte Lohnquote wird dadurch verzerrt, daß sich der Anteil der Unselbständigen verändert), weil zunächst die Gewinne steigen und die Löhne erst später angepaßt werden. In der Rezession steigt die bereinigte Lohnquote hingegen an. Wenngleich die Lohnquote langfristig relativ stabil ist, scheint kurzfristig ein Konflikt zwischen Wachstum und Verteilung zu bestehen. Dieser Konflikt tritt auch dann zutage, wenn eine verteilungspolitisch motivierte Unternehmensteuererhöhung die Investitionsbereitschaft senkt.

Der Streit um Verteilungskonsequenzen kann schließlich auch stabilitätspolitische Maßnahmen blockieren, so, wenn der Staat aus Rücksicht auf verschiedene Interessengruppen vor Ausgabenkürzungen zurückschreckt oder wenn die gewerkschaftliche Lohnpolitik einer notwendigen Preisstabilisierung entgegensteht.

Als letztes Beispiel soll ein möglicher Zielkonflikt zwischen *Preisniveaustabilität und außenwirtschaftlichem Gleichgewicht* genannt werden: wenn sich das Inland um Preisstabilisierung bemüht und im Ausland das Preisniveau stärker ansteigt, kommt es bei festen Wechselkursen zum Ansteigen der Exportüberschüsse, die wiederum negative Auswirkungen auf daß Preisniveau im Inland haben können. Selbst bei flexiblen Wechselkursen kann es zu Einflüssen auf das inländische Preisniveau kommen, wenn das Land von Rohstoffimporten abhängig ist. Preis- und Wechselkursänderungen wirken auf die Produktionskosten und damit auf das heimische Preisniveau. Kein Zielkonflikt besteht hingegen, wenn in der Ausgangssituation eine negative Außenhandelsbilanz vorliegt und die Preisstabilisierungspolitik wegen steigender Preise im Ausland einen Exportanstieg ermöglicht.

11.6 Von den Zielen zu den Instrumenten

Was sind wirtschaftspolitische Instrumente? Wie lassen sich diese Instrumente systematisieren? Was „ordnet" die Ordnungspolitik? Sind die verschiedenen Politikbereiche eindeutig als Ordnungs- bzw. Prozeßpolitik zu bezeichnen?

Begriffe: Ordnungs- und Prozeßpolitik; globale und diskretionäre Prozeßpolitik.

Als Instrument der Wirtschaftspolitik wollen wir die *Bestimmung, Kontrolle oder Veränderung ökonomischer Sachverhalte* durch die Träger der Wirtschaftspolitik (i. d. R. öffentliche Instanzen sowie gesetzlich legitimierte Verbände und Organe wie die Zentralbank, Arbeitgeberverbände und Gewerkschaften etc.) bezeichnen: Die Wettbewerbspolitik bspw. zielt zunächst auf die Bestimmung einer Wettbewerbsordnung, die Geldpolitik kann auf die Kontrolle der Geldmenge abzielen – im Rahmen der Geldpolitik kann die Zinspolitik Veränderungen der Kreditkonditionen und damit Änderungen im Investitionsverhalten herbeiführen.

Wenngleich auch hier alle Versuche der Systematisierung des Instrumentariums willkürlich sind, so hat sich dennoch eine grundsätzliche Einteilung durchgesetzt:

Es wird zwischen Ordnungspolitik und Prozeßpolitik unterschieden. Die *Ordnungspolitik* betrifft die Rahmenbedingungen des Wirtschaftens, in einer Marktwirtschaft also die Wahrung wirtschaftlichen Freiheitsspielraums. Die *Prozeß- oder Ablaufpolitik* ist auf die direkte Beeinflussung des Wirtschaftsprozesses gerichtet – entweder global oder diskretionär (fallweise).

Das zuvor genannte Ziel der Wirtschaftspolitik, die Voraussetzungen zur Funktionsfähigkeit des Marktes zu schaffen und die wirtschaftliche Freiheit durch die Aufrechterhaltung des Wettbewerbs, durch Sicherung des Geldsystems und der Währung zu schützen, fällt demnach zunächst der *Ordnungspolitik* zu. Die Ordnungspolitik umfaßt die *rechtliche Ordnung* (bspw. Handelsgesetze, Gesetz gegen Wettbewerbsbeschränkung, Mitbestimmungsregelungen) sowie die *institutionelle Ordnung* (Sozialversicherungssystem, Aufbau des Bankwesens, Finanzverfassung).

Globale Prozeßpolitik bezieht sich meist auf die Beeinflussung makroökonomischer Variablen (Fiskalpolitik: Staatseinnahmen und -ausgaben; Geldpolitik: Geldmenge, Zins); *diskretionäre Prozeßpolitik* will hingegen fallweise und selektiv auf bestimmte Regionen, Branchen usw. in eine bestimmte Richtung einwirken (bspw. selektive Kreditpolitik zur Förderung bestimmter Wirtschaftsaktivitäten, Regionalpolitik).

Die in diesem Buch behandelten Politikbereiche (wie auch andere, hier nicht angesprochene) können nicht eindeutig entweder der Ordnungs- oder der Prozeßpolitik zugeordnet werden, lediglich die Wettbewerbspolitik ist überwiegend Ordnungspolitik. In allen anderen Bereichen gibt es sowohl ordnungs- als auch prozeßpolitische Elemente, wie wir noch sehen werden : bspw. die Geldpolitik umfaßt sowohl die Aufrechterhaltung und Sicherung des Geldsystems (Ordnungspolitik) als auch die Offenmarktpolitik zur Beeinflussung des Geldumlaufs (globale Prozeßpolitik) sowie bestimmte selektive kreditpolitische Maßnahmen (diskretionäre Prozeßpolitik). Auf die jeweiligen ordnungs- und prozeßpolitischen Elemente werden wir in den einzelnen Kapiteln zu sprechen kommen.

12 Stabilisierung durch Fiskalpolitik

12.1 Die Unstetigkeit der Wirtschaftsentwicklung

Welche wirtschaftlichen Phänomene sind Objekt der Stabilisierungspolitik? Welche Phasen durchläuft ein Konjunkturzyklus? Entsprechen die Konjunkturzyklen einer Gesetzmäßigkeit? Welche Instrumente können zur Stabilisierung eingesetzt werden? Welche Zusammenhänge bestehen zwischen Konjunktur und Wachstum?

Begriffe: Konjunkturzyklen, Konjunkturschwankungen.

Wirtschaftspolitik wird – wie im vorhergehenden Kapitel festgestellt wurde – u. a. betrieben, um eine stetige Wirtschaftsentwicklung zu gewährleisten. Als Bedingung einer stetigen Wirtschaftsentwicklung hatten wir die Erreichung des Stabilitätsziels genannt, das die Ziele der Vollbeschäftigung der Produktionsfaktoren, der Geldwertstabilität sowie des Zahlungsbilanzausgleichs bzw. außenwirtschaftlichen Gleichgewichts zusammenfaßt. Die Verfolgung des Stabilitätsziels bedeutet also, wirtschaftlichen Schwankungen, die sich primär als Schwankungen im Auslastungsgrad der Produktionsfaktoren sowie des Geldwerts äußern, entgegenzuwirken – die außenwirtschaftliche Absicherung der binnenwirtschaftlichen Entwicklung sehen wir zunächst als notwendige Voraussetzung zur Erreichung der binnenwirtschaftlichen Ziele an und beschäftigen uns damit erst später (Kap. 15).

Wirtschaftliche Schwankungen und Instabilitäten werden als *Konjunkturzyklen* bezeichnet. Modellhaft läßt sich das Auf und Ab der Wirtschaft wie folgt beschreiben: Ein wirtschaftlicher *Aufschwung* bzw. eine Expansion ist dadurch gekennzeichnet, daß Nachfrage, Produktion und Absatz und damit auch der Beschäftigungsgrad und die Wachstumsrate des Bruttoinlandsprodukts ansteigen; steigende Löhne und Preise folgen dieser realen Expansion mit einer Verzögerung –

sobald reale Engpässe auftreten (zu diesen Zusammenhängen s. das Kapitel 6 des 2. Bandes).

Eine *Hochkonjunktur ("Boom")* zeigt relativ hohe Wachstumsraten, steigende Aktienkurse, Vollbeschäftigung und möglicherweise inflationäre Preisschübe. In der *Rezession* kommt es zu Nachfragerückgängen, Wachstumsverlangsamungen und rückläufiger Produktion, die schließlich in eine *Depression (Krise)* münden, in der Entlassungen vorgenommen werden, Aktienkurse fallen und Volkseinkommen, Löhne und Preise einen Tiefpunkt erreichen.

Wie der tatsächliche Verlauf einiger der genannten Größen in der Bundesrepublik zeigt, lassen sich solche Zyklen mit einer Dauer von 4 bis 5 Jahren beobachten (siehe Abb. 12.1.1. und 12.1.2.). Allerdings entspricht die Beschäftigungs-, Lohn- und Preisentwicklung heute weniger dem modellhaften Zyklus als die Produktionsentwicklung: die Beweglichkeit der Löhne und Preise nach unten ist nahezu ausgeschlossen, und eine ansteigende Produktion bedeutet nicht unbedingt auch ein höheres Beschäftigungsniveau.

Um eine Erklärung dieser zyklischen Schwankungen bemüht sich die *Konjunkturtheorie.* Da allerdings der Konjunkturverlauf die für eine Theoriebildung notwendigen Gesetzmäßigkeiten kaum aufweist – von einer bestimmten Konstellation gesamtwirtschaftlicher Daten läßt sich nicht zwingend auf die ein oder andere Konjunkturphase schließen und vor allem nicht auf die weitere Konjunkturentwicklung –, kann der dynamische Prozeß in seiner Gesamtheit bis heute nicht mit letzter Sicherheit erklärt werden. Auch die Frage, ob sich die Entwicklung ohne staatliche Eingriffe prinzipiell stabil oder instabil vollzieht, ist noch offen und läßt sich, auch angesichts der Eingriffsintensität in den meisten Wirtschaften, kaum in nächster Zukunft klären. Die Konjunkturtheorie bietet aber für einzelne Phänomene des Konjunkturverlaufs Erklärungen, wenngleich auch diese entsprechend dem zugrundeliegenden wirtschaftstheoretischen Dogma differieren.

Um uns auf relativ Eindeutiges zu beschränken, wollen wir hier die Definition des Sachverständigenrats übernehmen:

Als *Konjunkturschwankungen* werden Schwankungen im Auslastungsgrad des gesamtwirtschaftlichen Produktionspotentials bezeichnet. Diese Schwankungen treten unabhängig vom Wachstumstrend – d. h. von der Zunahme des gesamtwirtschaftlichen Produktionspotentials – auf. Ein Aufschwung ist dadurch gekennzeichnet, daß die gesamtwirtschaftliche Nachfrage schneller ansteigt, als das Produktionspotential wächst; im Abschwung sinkt die Nachfrage bzw. nimmt nicht so schnell zu wie die Produktionskapazitäten.

Die Stabilisierungsinstrumente des Staates werden üblicherweise mit den bereits eingeführten Begriffen Fiskalpolitik einerseits sowie Geldpolitik andererseits umschrieben.

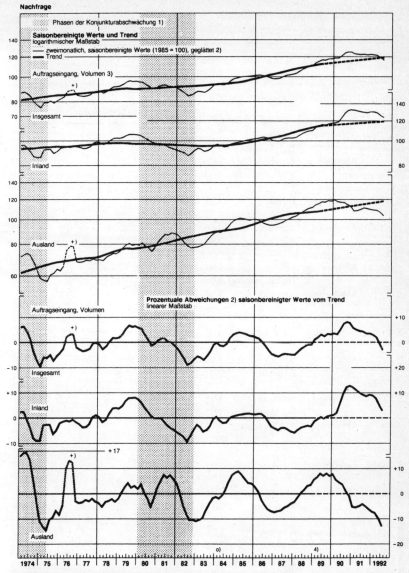

Abb. 12.1.1. Konjunkturindikatoren

Quelle: Deutsche Bundesbank, Statistische Beihefte Reihe 4, Dez. 1992 Nr. 7, S. 82

Phasenstruktur des Konjunkturverlaufs 1954–1984 (gemessen an den geglätteten Abweichungen des BSP vom gleitenden 19-Quartals-Durchschnitt in %)

Zyklus	Phasen		Datierung	Dauer	Dauer Auf-/Abschwung	Dauer Trendüber-/Trendunterschreitung
				jeweils in Quartalen		
2. Zyklus	Aufschwung	Erholung	2/54–1/55	3		
		Hochkonjunktur	1/55–1/56	4	7	
	Abschwung	Abschwächung	1/56–3/57	6		10
		Rezession	3/57–4/58	5	11	
						9
3. Zyklus	Aufschwung	Erholung	4/58–4/59	4		
		Hochkonjunktur	4/59–4/60	4	8	
	Abschwung	Abschwächung	4/60–3/62	7		11
		Rezession	3/62–1/63	2	9	
						6
4. Zyklus	Aufschwung	Erholung	1/63–1/64	4		
		Hochkonjunktur	1/64–1/66	8	12	
	Abschwung	Abschwächung	1/66–3/66	2		10
		Rezession	3/66–3/67	4	6	
						10
5. Zyklus	Aufschwung	Erholung	3/67–1/69	6		
		Hochkonjunktur	1/69–1/70	4	10	
	Abschwung	Abschwächung	1/70–2/71	5		9
		Rezession	2/71–1/71	3	8	
						4
6. Zyklus	Aufschwung	Erholung	1/72–2/72	1		
		Hochkonjunktur	2/72–3/73	5	6	
	Abschwung	Abschwächung	3/73–3/74	4		9
		Rezession	3/74–2/75	3	7	
						7
7. Zyklus	Aufschwung	Erholung	2/75–2/76	4		
		Hochkonjunktur	2/76–4/76	2	6	
	Abschwung	Abschwächung	4/76–2/77	2		4
		Rezession	2/77–1/78	3	5	
						5
8. Zyklus	Aufschwung	Erholung	1/78–3/78	2		
		Hochkonjunktur	3/78–1/80	6	8	
	Abschwung	Abschwächung	1/80–4/81	7		13
		Rezession	4/81–4/82	4	11	

Durchschnitt der Zyklen 2–5 (in Klammern: Variationskoeffizient)

Aufschwung	Erholung		4.3 (0.26)		7.3 (0.33)
	Hochkonjunktur		5.0 (0.35)	9.3 (0.21)	
Abschwung	Abschwächung		5.0 (0.37)		10.0 (0.07)
	Rezession		3.5 (0.32)	8.5 (0.21)	

Zyklus	Phasen		Datierung	Dauer	Dauer Auf-/Ab- schwung	Dauer Trendüber-/ Trendunter- schreitung
				jeweils in Quartalen		

Durchschnitt der Zyklen 2–8 (in Klammern: Variationskoeffizient)

	Aufschwung	Erholung	3.4 (0.44)		6.8 (0.32)
		Hochkonjunktur	4.7 (0.37)	8.1 (0.25)	
	Abschwung	Abschwächung	4.7 (0.42)		9.4 (0.27)
		Rezession	3.4 (0.26)	8.1 (0.27)	

Durchschnitt der Zyklen 2–5 und 8 (in Klammern: Variationskoeffizient)

	Aufschwung	Erholung	3.8 (0.35)		6.8 (0.34)
		Hochkonjunktur	5.2 (0.31)	9.0 (0.20)	
	Abschwung	Abschwächung	5.4 (0.34)		10.6 (0.13)
		Rezession	3.6 (0.28)	9.0 (0.21)	

Abb. 12.1.2. Zur Phasenstruktur des Konjunkturverlaufs
(Quelle: Rohwer, Bernd (1988): Konjunktur und Wachstum,
Theorie und Empirie der Produktionsentwicklung in der
Bundesrepublik Deutschland seit 1950, Berlin 1988, S. 76.)

Die *Fiskalpolitik* zielt darauf ab, durch Ausgaben- und Einnahmenvariationen des Staates die effektive gesamtwirtschaftliche Nachfrage und damit auch die Auslastung der Produktionsfaktoren direkt zu beeinflussen.

Hingegen ist die *Geldpolitik* darauf gerichtet, über die Steuerung der Geld- und Kreditversorgung indirekt Impulse für die Abläufe in der realen Sphäre zu setzen bzw. die monetären Rahmenbedingungen so zu gestalten, daß von der geldwirtschaftlichen Seite her keine Störungen auf güterwirtschaftliche Prozesse ausgehen. Für ein zuvor genanntes Stabilitätsziel – die Aufrechterhaltung des Geldwertes – ist in erster Linie die Geldpolitik zuständig. Wenngleich die möglicherweise gravierenden Auswirkungen der Fiskalpolitik auf den monetären Bereich nicht vernachlässigt werden dürfen (man denke nur an das Problem der Staatsausgabenfinanzierung), hat das Ziel der Preisniveaustabilität für die Fiskalpolitik zunächst den Charakter einer Nebenbedingung. Auf die Notwendigkeit einer geschickten Koordinierung von Geld- und Fiskalpolitik, die schon hier deutlich wird, ist später noch einzugehen.

12.2   Staatliche Einnahmen und Ausgaben im gesamtwirtschaftlichen Zusammenhang

> Welche Ansatzpunkte gibt es für den Staat zur Beeinflussung der gesamtwirtschaftlichen Nachfrage? Wie sollten die Staatsausgaben finanziert werden, um konjunkturell wirksam zu sein? Was ist eine „eingebaute Stabilisierung"? Welche Möglichkeiten diskretionären Eingreifens gibt es im Rahmen der Steuerpolitik?
>
> Begriffe: Deficit-Spending; prozyklische/antizyklische Politik; automatische Stabilisatoren.

Wie uns aus dem Kapitel „Volkswirtschaftliche Gesamtrechnung" bekannt ist, ist auch der Staat eine Einkommen erzielende, Ausgaben tätigende, konsumierende und auch produzierende Wirtschaftseinheit. Abgesehen von der staatlichen Unternehmertätigkeit bezieht der Staat Einnahmen aus direkten (z. B. Einkommensteuer) und indirekten Steuern (z. B. Mehrwertsteuer) und Gebühren, und tätigt Ausgaben – Übertragungen an Haushalte (Kinder-, Wohngeld), Staatsverbrauch (Konsum: unentgeltlich bereitgestellte Güter und Dienstleistungen) und Anlageinvestitionen für zivile Zwecke. Die Wissenschaft der öffentlichen Finanzen – kurz: *Finanzwissenschaft* – befaßt sich mit allen ökonomischen und institutionellen Aspekten des staatlichen Budgets; bei der *Fiskalpolitik* steht der Aspekt der konjunkturellen Wirkungen staatlicher Einnahmen und Ausgaben im Vordergrund. Die *gesamtwirtschaftliche Nachfrage* setzt sich, wie die Ermittlung des BSP entsprechend der Güterverwendung zeigt, zusammen aus

$$BSP_m = C_{St} + C_H + I_{St}^b + I_U^b + X - M$$

also aus

- Staatsverbrauch (C_{St})
- dem Konsum der privaten Haushalte (C_H)
- der Nachfrage nach Investitionsgütern seitens des Staates (I_{St}^b = Nettoinvestitionen + Ersatzinvestitionen) und seitens der Unternehmen (I_U^b)
- dem Saldo des Außenbeitrages (Exporte – Importe)(X – M)

Der Staat kann nun in einer Rezession die eigenen Ausgaben (C_{St}, I_{St}^b) , also die *öffentliche Nachfrage*, erhöhen und dies durch Kreditaufnahme bei Geschäftsbanken finanzieren; immerhin hat der Anteil des Staates (öffentl. Hände und Sozialversicherungen) am BSP 1988 mit bspw. 48,1% (*Staatsquote*) einen gravierenden Stellenwert im Rahmen der Gesamtnachfrage. Entsprechend kann (theoretisch) die öffentliche Nachfrage im Boom zurückgeschraubt werden, wobei dann die freigewordenen Mittel entweder zur Schuldentilgung bei den Banken oder als *Konjunkturausgleichsrücklage* verwendet werden sollen, um sie bei letzterem dem Wirtschaftskreislauf zu entziehen.

Mit der öffentlichen Kreditaufnahme beschäftigt sich das Kapitel 7 des 2. Bandes; allerdings soll an dieser Stelle schon erwähnt werden, warum zusätzliche Staatsausgaben durch Kredite des Finanzsektors finanziert, bzw. warum freigewordene Mittel stillgelegt und an die Notenbank zurückgegeben werden sollten, damit die Ausgabenvariation des Staates konjunkturell wirksam sein kann:

- In einer *Rezession* sinken die Staatseinnahmen. Wenn aus stabilitätspolitischen Gründen die Ausgaben erhöht werden sollen, muß also ein Haushaltsdefizit in Kauf genommen werden (*„Deficit-Spending"*). Die Finanzierung des Haushaltsdefizites über die Notenbank kann die Gefährdung der Preisstabilität bedeuten. Daher darf die Deutsche Bundesbank nur in Grenzen kurzfristige Kassenkredite gewähren (an den Bund z. Zt. 6 Mrd. DM nach § 20 Abs. 1 Ziff. a des Gesetzes über die Deutsche Bundesbank).
  Durch die Verschuldung der öffentlichen Hände gegenüber den Geschäftsbanken wird das Kreditvolumen für den privaten Sektor beschnitten, was ebenfalls Auswirkungen auf das Zinsniveau und auf private Investitionen haben kann. Aus gleichen Gründen sind auch Steuererhöhungen abzulehnen. Private Ausgaben können durch öffentliche verdrängt werden. In einer Rezession ist aber nicht mit hohen Zinssteigerungen zu rechnen.
- Im *Boom* steigen i. d. R. die Staatseinnahmen. Wenn aus stabilitätspolitischen Gründen die Ausgaben gesenkt werden sollen, muß also ein Haushaltsüberschuß angestrebt werden. Wird dieser Überschuß zur Rückzahlung von Schulden an das Bankensystem genutzt, kann durch den gewonnenen Spielraum die private Nachfrage wiederum angeheizt werden.

Auch Steuersenkungen werden nachfragefördernd wirken. Deshalb sollten im Boom Haushaltsüberschüsse bei der Bundesbank (Konjunkturausgleichsrücklage) verbleiben, damit der finanzielle Spielraum des Kreditgewerbes gesenkt wird.

Von *prozyklischer Politik* oder *Parallelpolitik* spricht man, wenn durch die staatliche Haushaltspolitik die Konjunkturausschläge verstärkt werden; eine *antizyklische Fiskalpolitik* sieht vor, daß durch expansive Wirkungen des staatlichen Haushaltsdefizits bzw. durch kontraktive Wirkungen eines Haushaltsüberschusses einer Rezession bzw. einem Boom entgegengewirkt wird.

Durch § 6 Abs. 2 StWG wird der Bundesregierung die Möglichkeit gegeben, bei einer Abschwächung der allgemeinen Wirtschaftstätigkeit Ausgabenerhöhungen vorzunehmen. Dabei soll zur Deckung der Ausgaben zunächst die Konjunkturausgleichsrücklage aufgelöst werden. Ihre Inanspruchnahme setzt Zentralbankgeld frei und vermeidet einen Rückgriff auf Kredite der Geschäftsbanken, die zinserhöhend wirken. Der § 11 des StWG besagt, daß die Ausgaben vorrangig zur Beschleunigung von geplanten Investitionen und zur Vergabe von Aufträgen an die Privatwirtschaft genutzt werden sollen. Im Falle einer „die volkswirtschaftliche Leistungsfähigkeit übersteigenden Nachfrageausweitung" können gem. § 6 Abs. 1 staatliche Ausgaben von der Zustimmung des Finanzministers abhängig gemacht werden; als kontraktiv wirkende Maßnahme ist bspw. die Streckung von öffentlichen Baumaßnahmen bei Stillegung der freiwerdenden Gelder vorgesehen.

Während die *Nachfrage des Auslands* kaum bzw. nur unter bestimmten Umständen im Rahmen der Währungspolitik beeinflußt werden kann, ist eine *Beeinflussung der privaten Nachfrage nach Konsum- und Investitionsgütern* – abgesehen von einer Erhöhung oder Senkung der *Transferausgaben* – über die *Einnahmenseite* des Staatshaushaltes möglich. Staatliche Einnahmenpolitik ist im wesentlichen *Steuerpolitik*; im konjunkturpolitischen Zusammenhang sollen Steuererhöhungen die private Nachfrage drosseln, während Steuersenkungen die Nachfrage anregen sollen.

Von einer eingebauten oder *automatischen Stabilisierung* („built in stabilizer") spricht man, wenn sich ohne wirtschaftspolitisches Eingreifen (Veränderung der Steuerbemessungsgrundlage oder der Steuersätze) das Gesamtvolumen der Steuern oder Transferzahlungen bei Schwankungen des Sozialprodukts konjunkturstabilisierend verändert. Bei konjunkturabhängiger Bemessungsgrundlage (bspw. Gewinne) und/oder progressivem Steuertarif (Einkommensteuer) steigt die Steuerschuld im Boom automatisch (bei der Einkommensteuer überproportional) stark an, was eine Dämpfung der Nachfrage bedeuten kann. Im Falle einer Rezession und sinkender Bruttoeinkommen sinkt die Einkommensteuerschuld überproportional – das verfügbare Einkommen sinkt weniger stark, was nachfragebelebend wirken kann. Auf der Ausgabenseite des Staatshaushalts haben manche Transferausgaben eine eingebaute Stabilisierungswirkung: Transfers für Arbeitslose und Sozialhilfe werden im Boom weniger in Anspruch genommen als in der Rezession.

Fallweises bzw. diskretionäres Eingreifen im Rahmen der Steuerpolitik kann sich auf Steuersatzänderungen, auf eine Gewährung bzw. Aufhebung von Abzügen bei der Steuerschuld und auf Änderungen der Steuerbemessungsgrundlagen beziehen.

Zur Rezessionsbekämpfung sind die folgenden Möglichkeiten im bundesdeutschen Stabilitätsgesetz vorgesehen:

Konsumbelebung

Herabsetzung der Einkommensteuer um bis zu 10% für höchstens ein Jahr (§ 26 (3) StWG)

Zeitliches Hinausschieben der Einkommensteuervorauszahlung (§ 26 (1, 2) StWG)

Investitionsbelebung

Herabsetzung der Körperschaftsteuer um bis zu 10% für höchstens ein Jahr (§ 26 (3) StWG)

Zeitliches Hinausschieben der Körperschaft- und Gewerbesteuervorauszahlung (§§ 27, 28 StWG)

Abzugsmöglichkeiten von der Steuerschuld (Investitionsprämien) bis zu 7,5% der Anschaffungs- oder Herstellungskosten (§ 26 (3) StWG)

Aufhebung von Beschränkungen der Abschreibungsmöglichkeiten (erhöhte Abschreibungen/ Sonderabschreibungen) mindern zu versteuernden Gewinn: (§ 26 (3) StWG)

Zur *Drosselung der privaten Nachfrage im Boom* können die folgenden steuerpolitischen Maßnahmen ergriffen werden:

Konsumdämpfung

Entsprechend der Konsumbelebung: Heraufsetzung der ESt um bis zu 10% für höchstens ein Jahr; zeitliches Vorziehen der Einkommensteuervorauszahlung (§ 26 StWG)

Investitionseinschränkung

Entsprechend der Investitionsbelebung: Steuersatzerhöhungen (§ 26 (3) StWG), Einschränkungen der Abschreibungsmöglichkeiten (§ 26 (3) StWG), zeitliches Vorziehen der Steuervorauszahlungen (KSt, GewSt, §§ 27, 28 StWG)

12.3   Zur neueren Entwicklung der Fiskalpolitik

Worin sah die vorkeynesianische Tradition die Aufgabe der staatlichen Haushaltsführung? Welche Auswirkungen muß ein unbedingter (jährlicher) Haushaltsausgleich auf den Konjunkturverlauf haben? Inwiefern kann ein zyklischer Budgetausgleich – auch ohne aktive Stabilisierungspolitik – schon eine (wenngleich geringe) Stabilisierungswirkung zeigen?

Begriffe: Haushaltsgrundsatz der Ausgeglichenheit, Bedarfsdeckungsfinanz, zyklischer Budgetausgleich.

Einnahmen und Ausgaben der öffentlichen Hand sind budgetwirksame Staatstätigkeiten. Das *öffentliche Budget* läßt sich – vereinfacht – in Form der folgenden Gleichung darstellen:

$$G + Z = T + De,$$

wobei die Staatsausgaben ($G = C_{St} + I_{St}$; Z steht für Transferausgaben) durch entsprechende Steuereinnahmen (T) gedeckt werden müssen. Eine Deckungslücke (wenn T < G + Z) wird durch Kredite (Zunahme der Staatsschuld Neuverschuldung) finanziert (De). Wenn ein Überschuß entsteht (T > G + Z), wird die Staatsschuld abgetragen.

In welchem Ausmaß – wenn überhaupt – sind nun Überschüsse und Schulden „erlaubt"? Wäre es nicht vernünftiger, einen Haushaltsausgleich – d. h. die Deckung der Ausgaben mit Hilfe der üblichen Staatseinnahmen (hier Steuern und Gebühren) anzustreben? Innerhalb welches Zeitraums sollte das Staatsbudget ausgeglichen sein?

Bis zur Weltwirtschaftskrise (1929) wurde kein Zusammenhang zwischen staatlicher Finanzpolitik einerseits und der konjunkturellen Entwicklung andererseits gesehen. Zwar konnten auch damals schon steigende (sinkende) Staatseinnahmen im Aufschwung (Abschwung) beobachtet werden; aber das theoretische Wissen hinsichtlich des bewußten wirtschaftspolitischen Einsatzes des Budgets war noch nicht entwickelt. Man strebte ein wirtschaftspolitisch neutrales Handeln des Staates an. Im Sinne der klassisch-liberalen Tradition galt der *Haushaltsgrundsatz der Ausgeglichenheit des Budgets*: der Zweck der staatlichen Einnahmenpolitik wurde darin gesehen, die Finanzmittel für die staatlichen Ausgaben bereitzustellen; Ziel war also die reine Deckung des staatlichen Finanzbedarfs (*Bedarfsdeckungsprinzip, Bedarfsdeckungsfinanz*). Das Staatsbudget sollte sich gesamtwirtschaftlich neutral verhalten; hohe Staatsausgaben sollten vermieden werden, da diese i. d. R. als unproduktiv angesehen wurden. Alle regelmäßigen Ausgaben waren mit regulären Einnahmen (Steuern, Abgaben, Vermögenserträge) zu finanzieren, nur für öffentliche, produktive Investitionen war Kreditfinanzierung vorgesehen. Während für den ersten Bereich ein „ordentlicher Haushalt" aufgestellt wurde, der jährlich ausgeglichen zu sein hatte, galt für den außerordentlichen Haushalt, daß die Kredite für produktive Investitionen (Zinsen und Tilgung) aus den Investitionserträgen finanziert werden sollten: Da auch spätere Generationen von diesen Investitionen profitieren würden, sollten sie auch finanziell daran beteiligt werden.

Die Finanzpolitik in diesem Sinne war konjunkturgebunden und also eine die Konjunkturzyklen verstärkende *Parallelpolitik*: der notwendige Haushaltsausgleich mußte in der Hochkonjunktur entweder durch Steuersenkungen (die aber auch eine Nachfragebelebung bewirkten) oder durch zusätzliche (nachfragebelebende) Staatsausgaben angestrebt werden; in der Rezession verursachten Steuerausfälle Ausgabenkürzungen bzw. Steuererhöhungen, die beide mit einem zusätzlichen gesamtwirtschaftlichen Nachfragerückgang verbunden waren.

Als der Verstärkungseffekt der staatlichen Finanzpolitik deutlich erkannt worden war, forderte man – insbesondere seitens der Keynesianer – eine *antizyklische Fiskalpolitik*. An die Stelle des unbedingten Haushaltsgleichs trat der *zyklische Budgetausgleich*: Während einer Boomphase sollte der Staat Überschüsse ansammeln (Kaufkraft abschöpfen), und während einer Rezession Defizite in Kauf nehmen (Kaufkraft erhöhen); ein Budgetausgleich sollte im Verlauf eines Konjunkturzyklus eintreten.

Diese Politik ist anfänglich allerdings als eine *passive Politik* verstanden worden, d. h. man verließ sich auf die *automatischen Stabilisatoren* (Arbeitslosenversicherung, progressive Einkommensteuer). Die rechtlichen Grundlagen für eine aktive, auf der keynesianischen Theorie beruhenden Kontrapolitik wurden für die Bundesrepublik mit dem Stabilitätsgesetz (StWG) von 1967 geschaffen. Weiterhin legen die Artikel 110 und 115 GG die Grundsätze der Haushaltsfinanzierung fest, wobei nach Art. 110 Grundgesetz (GG) das Prinzip des ausgeglichenen Haushalts gelten soll. Allerdings wurde durch die Haushaltsreform von 1969/70 der Art. 115 GG, der in der alten Fassung eine Objektbezogenheit der Verschuldung verlangte, dahingehend verändert, daß die „Einnahmen aus Krediten ... die Summe der im Haushaltsplan veranschlagten Ausgaben für Investitionen nicht überschreiten" dürfen und daß „Ausnahmen nur zur Abwehr eines gesamtwirtschaftlichen Ungleichgewichts zulässig" seien. Damit wurde ein Wechsel von der objektbezogenen zur konjunkturbezogenen Schuldenpolitik vollzogen.

Um die Probleme, die ein förderativer Staatsaufbau bei der Koordinierung der Fiskalpolitik mit sich bringt, zu minimieren, wurde ferner der Art. 109 GG erweitert: die Selbständigkeit und Unabhängigkeit der Länder in ihrer Haushaltswirtschaft wurde eingeschränkt; durch Bundesgesetz, das der Zustimmung des Bundesrats bedarf, können für Bund und Länder gemeinsam geltende Grundsätze für das Haushaltsrecht, für eine konjunkturgerechte Haushaltswirtschaft und für eine mehrjährige Finanzplanung aufgestellt werden (Abs. 3). Finanzplanungsrat und Konjunkturrat sollen die Fiskalpolitik von Bund, Ländern und Gemeinden koordinieren. § 16 StWG verpflichtet die Gemeinden, die Ziele des § 1 des StWG zu beachten.

12.4 Die Wirkungsweise einiger fiskalpolitischer Instrumente

Warum ist die marginale Konsumquote so entscheidend für die Wirkung der fiskalpolitischen Instrumente? Warum sind die Staats-, Investitions- und Konsumausgabenmultiplikatoren größer als der Steuer- bzw. der Transferausgabenmultiplikator? Unter welcher Voraussetzung ergibt sich netto ein Expansionseffekt bei steuerfinanzierten Staatsausgaben?

Begriffe: Staats-, Investitions- und Konsumausgabenmultiplikator; Steuermultiplikator; Transferausgabenmultiplikator; Haavelmo-Theorem; Akzeleratorprozesse.

Die theoretische Begründung für die stabilisierende, die gesamtwirtschaftliche Nachfrage beeinflussende staatliche Einnahmen- und Ausgabenpolitik liefert die *keynesianische makroökonomische Theorie*, die bereits im Kapitel 9.4 beschrieben wurde. Für die Fiskalpolitik sind die dort schon im Zusammenhang mit Investitionen angedeuteten *Multiplikatorwirkungen* maßgeblich. Das Prinzip soll hier noch einmal – zunächst anhand der privaten Konsumausgaben – erläutert werden.

Keynes zeigte, daß die Konsumausgaben vornehmlich einkommensabhängig sind; bei einer Einkommenssteigerung wird ein gewisser **Anteil der zusätzlichen Einkommen** nachfragewirksam. Wenn beispielsweise 90% des zusätzlichen Einkommens für zusätzliche Konsumausgaben verwendet werden (erinnert sei an die *marginale*

Konsumquote c, die dann 0,9 beträgt), fließen bei einer Erhöhung des Einkommens um 1000 DM zusätzlich 900 DM in den Konsum. Diese Nachfrage schafft wiederum 900 DM Einkommen, die dann eine zusätzliche Nachfrage von $0{,}9 \cdot 900$ DM = 810 DM implizieren, usw. Dieser Prozeß führt schließlich zu einer gesamten zusätzlichen Nachfrage von 10.000 DM; eine einmalige Injektion (hier um 1000 DM) führt damit zu einer vielfachen (hier 10-fachen) Zunahme (Multiplikation) des Volkseinkommens. Ist die Injektion permanent, erhöht sich das Gleichgewichtsvolkseinkommen um das vielfache dieser ständigen Erhöhung der autonomen Ausgaben. Das gleiche gilt auch umgekehrt: Eine Reduzierung der verfügbaren Einkommen (bspw. durch eine Steuererhöhung) und die daraus folgende Abnahme der Konsumgüternachfrage führt zu einer vielfachen Abnahme des Volkseinkommens. Zu berücksichtigen sind natürlich in beiden Fällen auch die alternativen, nun entfallenden Verwendungsmöglichkeiten (Opportunitätskosten). Entscheidend für das Ausmaß der Multiplikatorwirkung ist die marginale Konsumquote (oder *Konsumneigung*) der von der Erhöhung und/oder Senkung des verfügbaren Einkommens betroffenen Wirtschaftssubjekte.

Zur formalen Darstellung gehen wir von der gesamtwirtschaftlichen Nachfrage (hier vom Nettosozialprodukt; Abschreibungen, also Ersatzinvestitionen, werden sinnvollerweise ausgeschlossen) einer Wirtschaft ohne Außenbeziehungen aus:

$$NSP_m = Y = G + I_U + C_H \tag{1}$$

Die Investitionen I (der Index U wird im folgenden weggelassen), Staatsausgaben (G), Steuern (T) und Subventionen (Z) werden als autonom – d. h. einkommensunabhängig – betrachtet:

$$I = I^a \tag{2}$$
$$G = G^a \tag{3}$$
$$T = T^a \tag{4}$$
$$Z = Z^a, \text{ wobei } T^a > Z^a \text{ sei.} \tag{5}$$

Ferner gilt die übliche *keynesianische Konsumfunktion*

$$C = C^a + cY^v \tag{6}$$

mit Y^v als dem verfügbaren Einkommen:

$$Y^v = Y - T + Z \tag{7}$$

Wir haben damit ein Gleichungssystem mit 7 Gleichungen und den 7 endogenen (zu bestimmenden) Variablen Y, I, G, T, Z, C und Y^v.

(7), (4) und (5) in (6) eingesetzt ergibt für den Haushaltskonsum

$$C = C^a + cY - cT^a + cZ^a; \tag{6'}$$

(6'), (2) und (3) in (1) eingesetzt ergibt

$$Y = G^a + I^a + C^a + cY - cT^a + cZ^a. \tag{1'}$$

Wir formen um und lösen die Gleichung nach Y auf:

$$Y = \frac{1}{1-c}(G^a + I^a + C^a) - \frac{c}{1-c}T^a + \frac{c}{1-c}Z^a$$

Hieraus können wir nun für jede, aus Vereinfachungsgründen autonome, Ausgabenart den jeweiligen Multiplikator ableiten.

Staatsausgabenmultiplikator:

Wenn alle anderen Ausgabenarten konstant gehalten werden, erhalten wir bei Differenzenbildung

$$\Delta Y = \frac{1}{1-c}\Delta G^a$$

für eine Änderung der autonomen Staatsausgaben; d. h. bspw., daß bei einer Konsumneigung von 0,9 der Multiplikator den Wert 10 annimmt und das Volkseinkommen um das 10fache von ΔG^a erhöht.

Der gleiche Multiplikator ergibt sich für die autonomen Investitionen und für den autonomen Konsum, wir sprechen von *Investitions- bzw. Konsumausgabenmultiplikator.*

Steuermultiplikator:

$$\Delta Y = -\frac{c}{1-c}\Delta T^a$$

Eine Steuersenkung $- \Delta T^a$ ist dann negativ, womit der gesamte rechte Ausdruck positiv wird – führt zu einem Multiplikator von c/1 – c, der bei einer marginalen Konsumquote, die kleiner 1 ist, geringere Wirkung hat als die bisher genannten Multiplikatoren (bei c = 0,9 folgt bspw. eine Verneunfachung des Volkseinkommens). Dies liegt daran, daß bei den Staatsausgaben bei der Einkommenserzielung schon Volkseinkommen geschaffen wurde, während dieser Effekt der 1. Runde beim Steuermultiplikator fehlt. Eine Steuererhöhung um ΔT^a führt zu einem entsprechenden Nachfrageausfall und zur Schrumpfung von Y, wobei wiederum die Schrumpfung etwas geringer ist als bei einer Einschränkung der autonomen Konsumausgaben, weil die Steuererhöhung noch nicht sofort volkseinkommenreduzierend wirksam ist, sondern nur mit dem Konsumanteil neue Nachfrage verdrängt.

Transferausgabenmultiplikator:

$$\Delta Y = \frac{c}{1-c} KZ^a$$

Zusätzliche Transferausgaben haben die gleiche quantitative Auswirkung auf das Volkseinkommen wie eine Steuersenkung; der Multiplikator ist kleiner als der Konsumausgabenmultiplikator, Transfers erhöhen (nur) das Einkommen, das gemäß Konsumneigung Nachfrageerhöhungen bewirkt.

Bei den genannten Multiplikatoren wurde bisher angenommen, daß die zusätzlichen Staats- und Transferausgaben über Kredite finanziert und zusätzliche Steuereinnahmen „stillgelegt" werden. Was passiert nun, wenn Steuererhöhungen zur Finanzierung zusätzlicher Staatsausgaben in gleicher Höhe, also

$$\Delta G^a = \Delta T^a,$$

eingesetzt werden?

Wir erhalten

$$\Delta Y = \left(\frac{1}{1-c} - \frac{c}{1-c} \right) \Delta G^a$$

und damit einen Multiplikator von 1: $\Delta Y = \Delta G^a$. Obwohl die Steuererhöhung im privaten Bereich einen nachfragesenkenden Effekt hat, ergibt sich netto eine Nachfragesteigerung in Höhe der zusätzlichen Staatsausgaben. Die Staatsausgaben bewirken (1. Runde) eine Erhöhung des Volkseinkommens, ab der zweiten Runde gleichen sich die durch die Staatsausgaben induzierten Nachfragesteigerungen mit den nachfragesenkenden Effekten der Steuererhöhung aus (Haavelmo-Theorem). Bei einkommensabhängigen Steuern, einkommensabhängigen Investitionen, insgesamt bei Einführung realistischerer, aber komplizierter zu modellierenden Annahmen wird natürlich auch die Multiplikatorbetrachtung schwieriger. Es sind dann ferner nicht nur Multiplikator-, sondern auch verstärkende *Akzeleratorprozesse*[1] zu beachten: Konsumsteigerungen führen bspw. zu nachfrageinduzierten

---

[1]   Akzeleratorprinzip: Eine Zunahme des Volkseinkommens bewirkt eine verstärkte Investitionstätigkeit.

Investitionssteigerungen, die wiederum Einkommenssteigerungen und damit Konsumsteigerungen induzieren etc. .

12.5 Die Grenzen der diskretionären Fiskalpolitik

> Welche Verzögerungen sind mit der Durchführung der Fiskalpolitik verbunden? Inwiefern kann man von einer Durchsetzungsasymmetrie bei fiskalpolitischen Maßnahmen sprechen? Warum spielt die richtige Einschätzung wirtschaftlicher Probleme für die Fiskalpolitik ein wichtige Rolle? Warum – und wie – sollte die Fiskalpolitik verstetigt werden?
>
> Begriffe: „lags"; potentialorientierte Fiskalpolitik.

Einige der zentralen Argumente, die i. A. zur Vorsicht bei der Anwendung der diskretionären Fiskalpolitik mahnen, wurden bereits im Kap. 9.6 (monetaristische und fiskalistische Wirtschaftspolitik) angeschnitten; das Stichwort einer destabilisierenden Wirkung der „Stop-and-Go-Politik" soll deshalb hier genügen. Die dort genannte zeitliche Verzögerung im Rahmen der Durchführung der Fiskalpolitik läßt sich anhand der folgenden *„Verzögerungsphasen"* (die übrigens auch für die Geldpolitik gelten) verdeutlichen:

– Zunächst braucht es einige Zeit, bis die konjunkturelle Situation oder die sich abzeichnende Entwicklung überhaupt erkannt wird (*Erkenntnisverzögerungsphase* oder *„recognition lag"*).

– Ist die Lage erkannt, bedarf es einer häufig recht langwierigen Entscheidungsfindung über die zu ergreifenden Maßnahmen (Entscheidungsverzögerungsphase oder *„decision lag"*).

– Mit der Entscheidung darüber, daß gewisse Maßnahmen zu ergreifen sind, sind die fiskalpolitischen Maßnahmen aber noch nicht installiert: sie müssen erst parlamentarisch legitimiert werden und den administrativen Durchführungsprozeß durchlaufen (*„instrumental lag"*).

– Dann kommt es auf die Reaktionsbereitschaft der Wirtschaftssubjekte an, die – je nach „Marktstimmung" mehr oder weniger verhalten – auf die gebotenen Anreize reagieren (*Operationalisierungsverzögerung*).

Während die ersten drei Verzögerungsphasen den (wirtschafts)-politischen Entscheidungs- und Implementierungsprozeß betreffen – man spricht deshalb auch von *„inside lags"* –, geht es bei der letztgenannten Verzögerung um die Transmission der Impulse (*„outside lag"*).

Im Bereich des decision lag besteht häufig eine *Durchsetzungs-asymmetrie*: Bei der Überwindung einer Rezession liegt Interessenidentität aller Beteiligten vor, wohingegen beim Versuch der Konjunkturdämpfung (Ausgabenkürzungen!) häufig massiver Widerstand der betroffenen Gruppen besteht; zwischen sozialpolitischen Zielen einerseits und konjunkturpolitischen Zielen andererseits besteht in Boomphasen oft ein Konflikt. Abgesehen davon kann es durchaus passieren, daß die Addition der Wirkungsverzögerungen eine konjunkturpolitische Maßnahme erst dann wirksam werden läßt, wenn der Konjunkturzyklus bereits wieder eine andere Richtung genommen hat – die Maßnahme wirkt dann prozyklisch.

Weitere Probleme:

– Eine allgemeine Nachfrageanregung kann nicht über *Strukturprobleme* hinweghelfen. Zwischen strukturellen und konjunkturellen Problemen muß unterschieden werden.

– Zur Bekämpfung einer *Inflation* können nachfragedämpfende Instrumente nur dann wirksam sein, wenn die Inflation tatsächlich nachfrageinduziert ist – und nicht etwa kosteninduziert.

– Auch ein *Rückgang der Exportnachfrage* kann konjunkturpolitisch nicht ohne weiteres bekämpft werden, da es schwierig ist, mit fiskalpolitischen Maßnahmen die inländische Nachfrage genau dort zu erhöhen, wo die ausländische Nachfrage ausfällt.

– Eine Nachfrageausweitung kann auch dazu führen, daß seitens der Produzenten *nur Preissteigerungen* vorgenommen werden, und daß ein Kapazitätsausbau oder/und die Schaffung von Arbeitsplätzen unterbleibt. Dies ist insbesondere dann der Fall, wenn die Unternehmen erwarten, daß einem erhöhten Angebot langfristig keine entsprechende Nachfrage gegenübersteht (pessimistische Erwartungen).

All dies weist darauf hin, daß die Ursachen der wirtschaftlichen Probleme klar erkannt werden müssen und daß Fehleinschätzungen und Programmfehler die Fiskalpolitik unwirksam und manchmal gar schädlich machen können.

Um die erratischen Einflüsse einer diskretionären Fiskalpolitik zu mindern, um langwierige Entscheidungsprozesse abzukürzen und um die Wirtschaftspolitik verläßlicher zu gestalten, geht es bei dem Ziel der *Verstetigung der Fiskalpolitik.* Neben den automatischen Regelmechanismen (Arbeitslosenversicherung, konjunkturreagible Steuereinnahmen) ist hier das Konzept der *potentialorientierten Fiskalpolitik* zu nennen. Das Konzept des *konjunkturneutralen Haushalts* – entworfen vom Sachverständigenrat zur Begutachtung der gesamtwirtschaftlichen Lage – sieht vor, daß die Staatsausgaben im gleichen Maße wachsen wie das Produktionspotential der Wirtschaft. Soll die Staatsquote erhöht werden, muß der Staat für eine Abschöpfung der Einkommen sorgen, so daß durch steuerliche Entzugseffekte im privaten Sektor die Erhöhung der Staatsquote wieder kompensiert wird. Auch die Einnahmen sollen in Abhängigkeit vom Produktionspotential wachsen; wenn die Steuereinnahmen aufgrund des progressiven Steuertarifs schneller ansteigen als die Staatsausgaben („fiscal drag"), sind, um einen konjunkturneutralen Haushalt einzuhalten, Steuersenkungen erforderlich. Ein Wachstum der Steuereinnahmen führt damit ceteris paribus zu einem Entzug von Kaufkraft und damit zu einer Konjunkturabschwächung; der Staat muß durch eine Korrektur des Steuertarifs immer wieder versuchen, diese Entzugseffekte zu mindern bzw. seine Ausgaben erhöhen. Dieses Konzept zielt jedoch auf eine konstante Staatsquote, was nicht ohne weiteres begründet werden kann.

13 Geldpolitik

13.1 Wesen und Funktionen des Geldes

Was ist Geld? Welche Eigenschaften muß ein ‚Geldstoff' haben?
Welche Funktionen muß das Geld erfüllen? Welche Vorteile hat
eine Geldwirtschaft gegenüber einer Naturalwirtschaft? Wie unterscheiden sich die üblichen Geldmengendefinitionen?

Begriffe: Warengeld – Zeichengeld – Kreditgeld; Tausch- und
Zahlungsmittelfunktion, Wertaufbewahrungsfunktion,
Preisausdrucksfunktion; Ml, M2, M3.

Eine der umstrittensten und wichtigsten Fragen der Ökonomie ist die
nach der Bedeutung des Geldes. Geld scheint – auf den ersten Blick –
über Armut und Reichtum zu entscheiden, demnach müßte es die
wichtigste ökonomische Größe sein. Dieses Mißverständnis wird
schnell als solches erkannt, wenn man sich noch einmal die Quellen des
Wohlstands und der steigenden Güterproduktion vor Augen hält –
nämlich Arbeitsteilung, steigende Arbeitsqualität (Faktor Humankapital), eine wachsende Kapitalausstattung (Realkapital, also Produktionsgüter) und technischer Fortschritt. Dies heißt wiederum nicht, daß das
Geld, wie die Klassiker meinten, nur wie ein Schleier über den realen
Vorgängen liegt. Geld kann als wichtiges „Schmiermittel" des
Wirtschaftsprozesses verstanden werden, wobei, um in diesem Bild zu
bleiben, die Dosierung mit über die Funktionsfähigkeit entscheidet.
   Die Gelddefinition setzt weniger an den konkreten Erscheinungsformen dieses Mediums an als an den Geldfunktionen; *alles, was
Geldfunktionen ausübt, ist Geld.* Dabei ist natürlich auch die Geldfunktion historischen Wandlungen unterworfen: Während ursprünglich
bestimmte, schwer beschaffbare Gegenstände zur Dokumentation der
sozialen Stellung dienten (Schmuck-, Prestige- oder Prunkgeld) oder
sakralen Charakter hatten, führte die Zunahme des Handelsverkehrs

dazu, daß bestimmte Güter auch zusätzlich eine Tauschfunktion ausübten; so ist bspw. das lateinische Wort „pecunia" für Geld auf „pecus" = Rindvieh zurückzuführen, die indische Währungseinheit „Rupie" bedeutete ursprünglich „rupa" = Viehherde. Dieses *Warengeld* mußte mit der Handelsausweitung leichter und teilbarer werden (Perlen, Muscheln etc.) und entwickelte sich zum *Sach- oder Symbolgeld* ohne eigenen Nutzen. Daneben trat das Wägegeld auf – abgewogene Metall- oder Edelmetallmengen, die schließlich in der genormten Form (*Zeichengeld*) als Münzen in Umlauf kamen. Während bei diesen Münzen der Wert des Geldes durch den Stoffwert gedeckt war (Kurantgeld), sind die heute im Zahlungsverkehr üblichen Münzen unterwertig ausgeprägt (Scheidemünzen). Allgemein unterscheidet man entsprechend zwischen *vollwertigem Geld* und *Kreditgeld*; beim Kreditgeld ist der Wert als Zahlungsmittel höher als der Stoffwert. Die Entwicklung von Münzgeld über Papiergeld/Banknoten bis hin zum bargeldlosen Zahlungsverkehr (Buchgeld) war auch mit der Ausweitung des Kreditgeldes verbunden; wir werden hierauf im Abschnitt 13.3 zurückkommen.

In den genannten Erscheinungsformen erfüllen die verschiedenen Gegenstände Geldfunktionen – zunächst die der *Wertaufbewahrung* oder des Wertspeichers (Hortung), später hauptsächlich die eines *Tauschmittels* oder Wertüberträgers. Beide Funktionen setzen voraus, daß gleichzeitig auch die Funktion als *Wertmesser* erfüllt werden kann. Wichtig sind *Homogenität, Teilbarkeit, Haltbarkeit und Seltenheit* des Geldstoffes: die Einheiten müssen austauschbar (fungibel) und auch in möglichst kleine Mengen aufteilbar sowie möglichst ohne Wertverlust lagerfähig sein; Seltenheit oder Knappheit gewährleistet einen hohen Tauschwert (viel Kaufkraft) bei wenig Gewicht, Ausmaß etc. Im allgemeinen unterscheidet man die folgenden *Funktionen des Geldes*:

– *Tausch- und Zahlungsmittelfunktion*: In einer Naturalwirtschaft wird Ware gegen Ware getauscht. Es ist jedoch ein großer Zufall, jemanden zu finden, der genau den entsprechenden Tauschwunsch äußert (doppelte Koinzidenz der Wünsche); ist dies nicht der Fall, so erfordert die Befriedigung eines bestimmten Tauschwunsches einen umfassenden Ringtausch. Geld als allgemeines Tauschmittel reduziert die „Transaktionskosten" – d. h. die mit der Tauschpartnersuche und dem Tauschakt verbundenen Lasten, indem es die Notwendigkeit des direkten Tausches aufhebt, indirekte Tauschbeziehungen (Verkauf eines Gutes gegen Geld und Kauf eines anderen Gutes mit dem erworbenen Geld) und damit auch in größerem

Ausmaß Arbeitsteilung zuläßt. Allerdings muß Geld hierfür allgemein als Tauschmittel anerkannt sein (Massengewohnheit der Annahme). Die *Zahlungsmittelfunktion* des Geldes umfaßt – weitgehender als die Tauschmittelfunktion – auch die Rolle des Geldes bei Kreditbeziehungen, nämlich allgemeine Kaufkraft zu verleihen.

– *Wertaufbewahrungsfunktion*: Werte lassen sich in Form von Edelmetallen, Immobilien, Aktien und anderen Vermögensobjekten speichern. Hierzu tritt Geld in Konkurrenz. Wenngleich die Gefahr der Wertverschlechterung (zur Inflation wird im 2. Band Kapitel 6 zurückgekommen) bei Geld eher gegeben ist als bei Sachwerten, hat Geld als Wertaufbewahrungsmittel diesen gegenüber den *Vorteil der Liquidität*: Es kann sofort jederzeit zum Tausch verwendet werden, während andere Wertaufbewahrungsmittel vorher in Geld umgewandelt werden müssen. Durch die Wertaufbewahrungsfunktion des Geldes ergeben sich allerdings auch Konjunkturprobleme, die ohne die Existenz von Geld nicht denkbar sind; wenn Kauf- und Verkaufsakt in einem größeren Rahmen zeitlich auseinanderfallen, Verkäufer also nicht gleichzeitig kaufen, kann es zu Konjunkturschwankungen auslösenden Nachfrageschwankungen kommen.

– *Geld als Recheneinheit*: Geld ist die Rechenskala für wirtschaftliches Handeln, der gemeinsame Nenner, Wertmesser oder „numéraire", der für die Statistik, für die Buchhaltung der Unternehmen oder die Volkswirtschaftliche Gesamtrechnung unentbehrlich ist. Hiermit hängt auch die *Preisausdrucksfunktion* des Geldes zusammen. Die Preise der Güter ergeben sich durch ihre Tauschrelationen; bei 4 Gütern ergibt es im Naturaltausch bspw. 6 Tauschverhältnisse (für die Güter A, B, C, D nämlich A zu B, A zu C, A zu D, C zu B, C zu D, B zu D), bei 10 Gütern 45 Austauschrelationen, bei 1000 Gütern 499.500 Tauschverhältnisse; allgemein beträgt bei n Gütern die Zahl der Tauschverhältnisse $n(n-1)/2$. Durch die Preisausdrucksfunktion des Geldes wird die Anzahl der Preise auf höchstens die Anzahl der Güter reduziert. Natürlich sollte diese Recheneinheit wertbeständig sein.

– Ferner wird häufig noch die Funktion des Geldes als *gesetzliches Zahlungsmittel* genannt; Geld muß von den Gläubigern mit schuldenbefreiender Wirkung akzeptiert werden.

„Geld ist was gilt" – was Geldfunktionen ausübt. Geld hilft, den Wirtschaftskreislauf abzuwickeln, den Einsatz von Ressourcen bei der Abwicklung des Tausches zu minimieren und die Tauschhandlungen zu synchronisieren. Damit zählt alles das als Geld, was Tausch-, Zahlungsmittel – sowie Wertaufbewahrungsfunktionen erfüllt und als allgemeine Recheneinheit anerkannt ist; hierzu muß Geld homogen, teilbar, haltbar und selten sein. Die genannten Funktionen wurden zunächst vom Warengeld und später von eindeutig als Geld identifizierbarem Zeichengeld erfüllt; heute ist das Warengeld nahezu vollständig durch stoffwertloses Buchgeld und stoffwertarmes Zeichengeld (Banknoten, Scheidemünzen) ersetzt.

Nun gibt es allerdings Geldarten, die eine Funktion mehr, eine andere Funktion hingegen weniger erfüllen; als vollkommen liquide zählen nur solche Zahlungsmittel, über die unmittelbar verfügt werden kann, die also nicht zwecks Wertaufbewahrung mittel- bis längerfristig festgelegt werden. Hiermit wird die Abgrenzung dessen, was Geldfunktion ausübt, schwierig. Zu analytischen Zwecken werden deshalb verschiedene *Geldmengendefinitionen* herangezogen, und zwar entsprechend der jeweiligen Funktion, die für die Wirtschaftssubjekte bei der Geldhaltung entscheidend ist – als Zahlungsmittel, als temporäre Kaufkraftaufbewahrung oder als Wertaufbewahrungsmittel.

Die engste Geldmengenabgrenzung – M_1 genannt – umfaßt den gesamten Bargeldumlauf (Z) im Nichtbankensektor (Banknoten und Münzen) sowie die Sichteinlagen (D) der Nichtbanken bei den Banken (Giroguthaben):

$M_1 = D + Z$
(669,3 Mrd. DM = 468,8 Mrd. DM + 200,5 Mrd. DM)
(Daten für die Bundesrepublik Deutschland am 31. 12. 92)

Bei dieser Definition steht also die Zahlungsmittelfunktion des Geldes, die direkte Verwendbarkeit im Vordergrund. Für die Geldpolitik ist diese Geldmenge deshalb wichtig, weil sie direkt nachfragewirksam werden kann – im Gegensatz bspw. zu sogenannten Termineinlagen mit bestimmter Kündigungsfrist, die im Falle von Zahlungen erst in Zahlungsmittel umgewandelt werden müssen.

Eine weitere Geldmengenabgrenzung – M_2 – enthält ferner auch diese befristeten Bankguthaben (T, Termingelder inländischer Nichtbanken bis unter 4 Jahren), die hauptsächlich von Unternehmen und öffentlichen Haushalten zum Ausgleich *vorhersehbarer* Einnahmen- und Ausgabeschwankungen gehalten werden und also der *temporären Kaufkraftaufbewahrung* dienen:

$M_2 = M_1 + T$
(1196,3 Mrd. DM = 669,3 Mrd. DM + 527,0 Mrd. DM)
(Daten für die Bundesrepublik Deutschland am 31. 12. 92)

M_3 schließlich umfaßt außerdem noch die Spareinlagen (S) inländischer Nichtbanken mit gesetzlicher Kündigungsfrist:

$$M_3 = M_2 + S$$
$$(1718,4 \text{ Mrd. DM} = 1196,3 \text{ Mrd. DM} + 522,1 \text{ Mrd. DM})$$
(Daten für die Bundesrepublik Deutschland am 31. 12. 92)

Hiermit sind dann auch diejenigen Mittel eingeschlossen, die von den Wirtschaftssubjekten mehr aus Gründen der Ersparnisbildung gehalten werden. Diese Konzepte können sukzessive erweitert werden, wobei immer geldfernere Wertaufbewahrungsmittel (Quasigeld mit geringerer Liquidität) einbezogen werden. Diese unterschiedlichen verwendungsorientierten Konzepte der Gelddefinition spielen bei Planung, Durchführung und Wirkungsanalyse der Geldpolitik eine Rolle.

Die Struktur der Geldmenge M_3 für das Jahr 1988 können wir bspw. dem folgenden Schaubild entnehmen:

Geldmenge M3

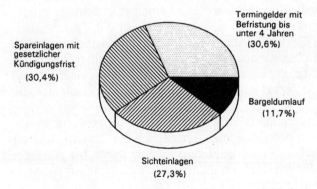

Abb. 13.1.1. Struktur der Geldmenge M3

13.2 Geldnachfrage

> Was versteht man unter ‚Geldnachfrage'? Aus welchen Gründen
> zeigen Wirtschaftssubjekte Liquiditätspräferenz? Um welche Mo-
> tive ergänzte Keynes die klassische Geldnachfrage?
>
> Begriffe: Transaktionskassen-, Vorsichtskassen-, Spekulations-
> und Finanzierungsmotiv; Portfolio-Optimierungs-Ent-
> scheidung.

Wegen der Liquiditätseigenschaften (Geld ist in nutzenstiftende Güter
umtauschbar) stiftet Geld indirekt Nutzen; der Wunsch der Wirtschaftssubjekte, aus diesem Grunde eine bestimmte Geldsumme als
Kasse zu halten (oder mit einem Begriff von Keynes: die *Liqui-
ditätspräferenz*) führt zur Geldnachfrage. Der zunächst merkwürdig
anmutende Begriff „Geldnachfrage" stellt auf die *Motive der Geldhaltung* ab. Aus der Vielzahl der geldnachfragetheoretischen Ansätze,
die sich hauptsächlich in der Gewichtung und Zahl verschiedener
Einflußgrößen sowie in den jeweiligen Annahmen bezüglich deren
Stabilität im Zeitablauf unterscheiden, soll hier die keynesianische
Geldnachfragetheorie herausgegriffen werden. Keynes grenzte folgende Motive der Geldnachfrage voneinander ab:

– Das *Transaktionskassenmotiv* stellt Geld als Tauschmittel in den
  Vordergrund; in Abhängigkeit von Einkommen (und unabhängig
  vom Zinssatz) wird Geld zur Finanzierung von Transaktionen
  gehalten. Für die Klassiker war dies das einzige Geldhaltungsmotiv.
– Das *Vorsichtskassenmotiv* stellt ebenfalls auf die Tauschmittel-
  funktion des Geldes ab. Allerdings besteht Unsicherheit bezüglich
  des Transaktionskassenbedarfs (Risiko der Illiquidität im Notfall);
  Unsicherheit bei der Planung hinsichtlich Zahlungseingängen und
  Zahlungsmittelbedarf läßt die Wirtschaftssubjekte Vorsichtskasse
  halten.
– Auch beim *Spekulationsmotiv* spielt das Risiko eine Rolle: in Ab-
  hängigkeit von den Erwartungen bezüglich der Zinsentwicklung
  (Wertpapierrendite) wird Geld gehalten, um dieses bei günstiger
  Gelegenheit für den Kauf von Wertpapieren und damit zur Wertauf-
  bewahrung einzusetzen.
– Das *Finanzierungsmotiv* schließlich wurde von Keynes selbst als
  krönender Abschlußstein (coping-stone) seiner Theorie bezeichnet.
  Hierbei geht es um die vorsorgliche Geldhaltung für zusätzliche

Investitionen. Eine (gedankliche) Unterscheidung vom Transaktionsmotiv ist deshalb sinnvoll, weil es sich bei Investitionen um zukunftsgerichtete Ausgaben handelt; bei gegebenem Einkommen und gegebenen Zinssätzen ist die Geldhaltung für Investitionszwekke abhängig von den Gewinnerwartungen. Hier lassen sich leicht Bezüge zum Konjunkturverlauf herstellen.

Neuere Geldnachfragetheorien stellen die *Portfolio-Optimierungs-Entscheidung* der Wirtschaftssubjekte in den Vordergrund:
Vorteile und Risiken der Kassenhaltung werden demnach abgewogen gegenüber den Risiken und Ertragsaussichten alternativer Anlageformen (wobei es bspw. auch um eine Minimierung des mit der Kassenhaltung verbundenen Zinsentgangs geht), bis das richtige Mischverhältnis eingerichtet ist.

13.3 Geld- und Kreditangebot

Wie kommt Geld in Umlauf? In welchem Ausmaß kann Geschäftsbankengeld geschaffen werden? Worauf beruht der ‚multiple Geldschöpfungsprozeß'? Wovon sind die Geldschöpfungsmöglichkeiten der Geschäftsbanken abhängig? Welche Zusammenhänge bestehen zwischen der monetären Basis und der Geldmenge in ihren verschiedenen Abgrenzungen?

Begriffe: Zentralbankgeld, Geschäftsbankengeld, monetäre Basis; Mindestreserve, Kreditschöpfungsmultiplikator.

Prinzipiell kommt Geld in Umlauf, wenn das Bankensystem (Zentralbank und Geschäftsbanken) *Aktiva monetarisiert*, d. h. Kredite gegen Sicherheiten gewährt, Devisen kauft oder andere Nicht-Zahlungsmittel darstellende Werte entgegennimmt; theoretisch stehen der Geldschöpfung damit reale Werte bzw. das Versprechen, diese zu schaffen, gegenüber.

Die Zentralbank hat nun die Aufgabe, die Geldversorgung des Landes zu steuern; i. d. R. gewährt sie keine Kredite an Unternehmen und private Haushalte, sondern in geringem Maße an öffentliche Haushalte (Kassenkredite), an das Ausland (internationale Organisationen) und (gegen Sicherheiten) an die Geschäftsbanken, die dadurch Unternehmen und Haushalte mit Krediten versorgen können. Es wird daher unterschieden zwischen der *Schaffung von Zentralbankgeld* seitens der

Notenbank und der *Schaffung von Giralgeld* seitens der Geschäftsbanken. Als Zentralbankgeld zählen die Guthaben der Geschäftsbanken
bei der Notenbank (Mindestreserven) sowie die Bargeldbestände der
Wirtschaft (genauer spricht man, wenn die Guthaben der öffentlichen
und privaten Nichtbanken bei der Zentralbank nicht mit einbezogen
werden, von der monetären Basis); das Zentralbankgeld betrug im
Dez. 1992 388,8 Mrd. DM. Sichtguthaben der Nichtbanken bei den
Geschäftsbanken (Giralgeld, Buchgeld) stellen das Geschäftsbankengeld dar. Die Geldmenge M_1 enthält also Zentralbankgeld und
Geschäftsbankengeld.

Neues Zentralbankgeld wird geschaffen, indem die Zentralbank
den Geschäftsbanken Kredite gewährt – bspw. aufgrund der Hinterle-
gung von Handelswechseln (Rediskontkredit), oder aufgrund der
Verpfändung börsengängiger Wertpapiere (Lombardkredit) oder Devisen, Gold und Wertpapiere zur Geldmarktpflege aufkauft. Zentralbankgeld wird vernichtet, wenn die Notenbank die genannten Aktiva verkauft.

Der Vorrat an Zentralbankgeld beschränkt den Spielraum der
Geschäftsbanken bei der Kreditvergabe – also bei der *Schaffung von
Geschäftsbankengeld*. Die Geschäftsbanken können jedoch weit über
die vorhandene Zentralbankgeldmenge hinaus Geld schaffen (also
Sichtguthaben einräumen), wobei die Beschränkung darin liegt, daß
letztlich Zahlungen von der Geschäftsbank (bspw. bei Barabhebung
vom Girokonto) mit einem Zahlungsmittel – nämlich Zentralbankgeld
– geleistet werden müssen, das die Geschäftsbank selbst nicht schaffen
kann. Außerdem haben die Geschäftsbanken auf ihre Verbindlichkeiten
(Guthaben der Nichtbanken) Guthaben bei der Zentralbank zu halten
(Mindestreserven).

Da mit einem „Run" auf die Banken, also damit, daß gleichzeitig
alle Wirtschaftssubjekte über Zentralbankgeld verfügen wollen, in
normal stabilen Zeiten nicht zu rechnen ist, genügt es für die Geschäftsbanken, wenn sie einen Teil der Einlagen als Zentralbankgeld halten,
um den Zahlungsverpflichtungen nachkommen zu können. Je wahr-
scheinlicher die Beanspruchung der Einlagen ist, umso größer muß
natürlich diese Reserve sein; die Zentralbank bestimmt den Prozentsatz
an *Mindestreserve*, die als Sichtguthaben bei der Notenbank oder Bargeld zu halten ist. Die Ausdehnung des Geldangebots um ein Vielfaches
der Zentralbankgeldmenge wird als *Prozeß der multiplen Geldschöpfung* bezeichnet. Solch ein *Multiplikatorprozeß* kann sich wie
folgt vollziehen:

Tab. 13.3.1. Der Geldschöpfungsprozeß

Bank	passive Depositen (Geld- schöpfung)	Mindest- reserve	Überschuß- reserve	aktive Depositen (Kredit- schöpfung)	Bargeld- abfluß
A	1000	200	800	800	160
B	640	128	512	512	102,40
C	409,60	81,92	327,68	327,68	65,54
D	262,14	52,43	209,71	209,71	41,94
...	...	...	...	...	...
Summen	2777,77	555,55		2222,22	444,44

Eine Auslandsüberweisung in Höhe von DM 1000 bei der Bank A, die auf dem Girokonto eines Kunden gutgeschrieben wird, bewirkt eine *passive Schaffung von Geschäftsbankengeld*; DM 1000 werden als Giralgeld geschaffen, DM 1000 stehen als Zentralbankgeld der Bank zur Verfügung. 20% dieser Sichteinlagen muß die Bank als Mindestreserve bei der Notenbank halten (Mindestreservesatz $r = 0,2$), so daß die Bank über DM 800 *Überschußreserve* (Ü) verfügen kann. Diese Überschußreserve kann für einen anderen Kunden als Kredit bereitgestellt werden. In diesem Falle liegt eine *aktive Schaffung von Geschäftsbankengeld* vor, weil sich durch den Kredit die gesamte Geldmenge erhöht hat. Nun wird davon ausgegangen, daß der Kunde den Kredit teilweise – zu 20% – als Bargeld abhebt; die restlichen DM 640,- werden zur Begleichung einer Rechnung auf ein Girokonto bei der Bank B überwiesen. Entsprechend den Zahlungssitten wird also ein bestimmter Prozentsatz, der mittelfristig als konstant angesehen werden kann – die *Barauszahlungsquote* („Versickerungsquote"), hier $c = 0,2$ –, dem Bankensystem entzogen, während 80% der Kreditschöpfung im Bankensystem verbleiben. Bei der Bank B liegt wiederum zunächst eine Schaffung von passiven Depositen vor, von denen 20% als Mindestreserve zu halten sind (DM 128,–); die Überschußreserve von DM 512,– kann nun Bank B wieder als Kredit zur Verfügung stellen. Der Prozeß läuft theoretisch über unendlich viele Perioden und läßt sich mathematisch als eine unendliche geometrische Reihe darstellen:

$$1000 + 1000 (1 - 0,2) (1 - 0,2) + 1000 (1 - 0,2)^2 (1 - 0,2)^2 \ldots$$

bzw. allgemein

$$Dp + Dp(1-r)(1-c) + Dp(1-r)^2(1-c)^2 + Dp(1-r)^3(1-c)^3 \dots$$

Eine einmalige Auslandsüberweisung (Dp) bei der Bank A führt nach Abzug der Reservehaltung und der Barauszahlung zu einer Geldschöpfung bei der Bank B in Höhe von $Dp(1-r)(1-c) = 640$; die Bank C kann unter Berücksichtigung der Mindestreserve und des Bargeldabflusses wiederum $Dp(1-r)^2(1-c)^2 = 409$ DM Geld schöpfen, usw.

Die Summe dieser unendlichen geometrischen Reihe berechnet sich als

$$1000 \cdot \frac{1}{1-(1-0,2)(1-0,2)} = 2777,77$$

bzw. allgemein

$$Dp \cdot \frac{1}{1-[(1-r)(1-c)]}$$

Der *Geldschöpfungsmultiplikator* beträgt $\quad m = \dfrac{1}{1-[(1-r)(1-c)]}$
und das *Geldschöpfungspotential*

$$Gp = \frac{Dp}{1-[(1-r)(1-c)]} \text{ bzw. } Gp = m \cdot \ddot{U}$$

Im vorliegenden Fall kann damit das *gesamte Bankensystem* den überwiesenen Betrag in Höhe von DM 1000,– theoretisch zur Geldschöpfung in Höhe von DM 2777,77 nutzen. Wird von Bargeldabflüssen abgesehen, entfällt im Nenner der Term $1-c$, d. h. wir erhalten, wenn das Bankensystem kein Zentralbankgeld an den Nichtbankensektor verliert, maximal Kreditschöpfungsmöglichkeiten von DM 5000,–. Der Geldschöpfungsspielraum erhöht sich, wenn der Mindestreservesatz r gesenkt wird: beträgt dieser bspw. 10%, kann das Bankensystem ohne Bargeldabsorption die Geldschöpfung bis zu DM 10 000,- ausdehnen.

Diese mechanistische Betrachtungsweise des Geldschöpfungsprozesses gibt nur das Maximum der potentiellen Geldschöpfung an. Wichtige Elemente der realen Kreditgewährung werden vernachlässigt.

> Das Geschäftsbankensystem kann als Ganzes im Prozeß der multiplen Giralgeldschöpfung die gesamte verfügbare Geldmenge um ein Vielfaches der von der Zentralbank bereitgestellten Zentralbankgeldmenge ausweiten. Dabei sind die Geldschöpfungsmöglichkeiten umso größer (kleiner), je geringer (höher) die verpflichtende Mindestreservehaltung ist und umso geringer (größer) die Präferenz der Nichtbanken für die Bargeldhaltung ist.

Das folgende Schaubild verdeutlicht die Zusammenhänge zwischen der Zentralbankgeldmenge (bzw. genauer der monetären Basis) und der volkswirtschaftlich verfügbaren Geldmenge in den verschiedenen Abgrenzungen:

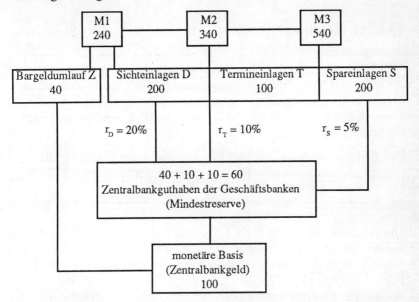

Abb. 13.3.2. Zusammenhänge zwischen den Geldmengenkonzepten

Die monetäre Basis setzt sich zusammen aus dem Bargeldumlauf und den Zentralbankguthaben der Geschäftsbanken. Letztere bestehen im wesentlichen aus den bei der Notenbank zu haltenden Pflichtreserven; im Beispiel werden, nach der Wahrscheinlichkeit der Beanspruchung gestaffelt, Mindestreservesätze von 0,2 (Sichteinlagen haben eine hohe Beanspruchungswahrscheinlichkeit), 0,1 bzw. 0,05 unterstellt – d. h. Mindestreserven von insgesamt 60 Geldeinheiten. Das Schaubild zeigt, daß – je nach Geldmengenabgrenzung – eine monetäre Basis von bspw. 100 Geldeinheiten mit einer mehrfachen Geldmenge verbunden sein kann.

Auch die folgenden beispielhaften Zusammenhänge werden hier deutlich:

– Die Gutschrift einer Bareinzahlung auf Sichtguthaben verändert die Geldmenge M1 nicht; es wird passiv Geschäftsbankengeld geschaffen. Zwar steigen aufgrund der erhöhten Mindestreserve die Zentralbankguthaben der Geschäftsbanken, jedoch um weniger als der Bargeldumlauf reduziert wird. Kommt es zu einer Senkung der Barabzugsquote, erhöht sich der Kreditschöpfungsspielraum der Banken.

– Eine Umbuchung vom Girokonto auf ein Terminkonto beeinflußt M2 nicht, aber reduziert die Geldmenge M1. Gleichzeitig sinkt netto die Mindestreserveverpflichtung der Geschäftsbanken und folglich erhöht sich die Überschußreserve; das Bankensystem kann vermehrt Kredite bereitstellen.

13.4 Geldpolitik: Geldversorgung und monetäre Steuerung

Welche Aufgaben hat die Geldpolitik bzw. die Zentralbank als Träger der Geldpolitik? Welche Instrumente werden der Zinspolitik zugerechnet, welche der Liquiditätspolitik? Wie beeinflussen Zins und Liquiditätspolitik die volkswirtschaftlich verfügbare Geldmenge?

Begriffe: Mindestreservepolitik, Refinanzierungspolitik, Offenmarktpolitik, Einlagenpolitik, Grobsteuerung, Feinsteuerung.

Die Deutsche Bundesbank als Träger der Geldpolitik hat die Aufgabe, für die Erhaltung der Geldwertstabilität zu sorgen und gleichzeitig die Verfolgung der anderen wirtschaftspolitischen Ziele (außenwirtschaftliches Gleichgewicht, Vollbeschäftigung, Wachstum) durch ihre geldpolitischen Maßnahmen zu unterstützen. Auf die Probleme, die mit dieser Einbindung in das magische Zielviereck verbunden sein können – bspw. kann zur Erhaltung der Geldwertstabilität eine Einengung des Kreditschöpfungsspielraums notwendig sein, während möglicherweise gleichzeitig auftretende Stagnationstendenzen durch „knappes Geld" verschärft werden können – wird im folgenden Abschnitt eingegangen.

Allgemein versucht die Bundesbank, die Geldversorgung den wirtschaftlichen Bedürfnissen anzupassen: wird bspw. aus konjunkturpolitischen Gründen eine Ausweitung der gesamtwirtschaftlichen Nachfrage als notwendig erachtet, sollte das geldpolitische Instrumentarium so eingesetzt werden, daß über eine Erhöhung der Bankenliquidität – d. h. der Kreditschöpfungsspielräume – potentielle Nachfrage zum Zuge kommen kann. Andererseits kann es in Boomphasen, wenn Preisanstiege auf eine überzogene Nachfrage hindeuten, notwendig werden, die „Geldbremse" zu ziehen. Zwar kann die Notenbank nicht direkt Bankkredite oder Marktzinssätze kontrollieren; es sind ihr jedoch eine Reihe von Instrumenten an die Hand gegeben, um einerseits die Geldkosten und andererseits die Geldmenge indirekt zu beeinflussen. Im ersten Fall wird von *Zinspolitik* gesprochen, im zweiten Fall von

Liquiditätspolitik, wobei sich Geldmenge und Zinssatz natürlich auch gegenseitig beeinflussen.

Die Steuerung der Geldmenge setzt bei der Beeinflussung der Bankenliquidität an, d. h. bei der Beeinflussung des Geldschöpfungspotentials der Geschäftsbanken. Zunächst ist hier die *Mindestreservepolitik* zu nennen: wie auch an der Formel des Kreditschöpfungsmultiplikators abzulesen ist, sinkt (steigt) dieser, wenn die Mindestreservesatz erhöht (gesenkt) wird. Die Bundesbank kann die Mindestreservesätze festsetzen und verändern – im gesetzlich vorgeschriebenen Rahmen von bis zu 30% für Sichteinlagen, 20% für Termineinlagen und 10% für Spareinlagen; um außenwirtschaftliche Einflüsse abwehren zu können, beträgt der entsprechende Maximalsatz für Einlagen von Ausländern 100% (Bardepot). Seit 1. März 1993 lauten die Mindestreservesätze für Sichtverbindlichkeiten bis 10 Mio. DM 6,6%, von 10–100 Mio. DM 9,9%, ab 100 Mio. DM 12,1%, für Termin- und Spareinlagen 2,0%.

Ferner kann die Bundesbank durch die *Festsetzung von Rediskontkontingenten und Lombardobergrenzen* das Ausmaß der Verschuldung der Geschäftsbanken gegenüber der Zentralbank (zwecks Refinanzierung der Kreditvergabe an den Nichtbankensektor) beeinflussen. Eine Erhöhung (Senkung) der Rediskontkontingente bedeutet eine Ausweitung (Eingrenzung) der Möglichkeiten seitens der Geschäftsbanken, sich gegen Wechselhinterlegung bei der Zentralbank zu verschulden. Ähnlich regeln die Lombardobergrenzen das Ausmaß, in dem sich Geschäftsbanken durch die Verpfändung von Wertpapieren zusätzliches Zentralbankgeld beschaffen können.

Offenmarktgeschäfte tätigt die Bundesbank, wenn sie Wertpapiere – insbesondere rediskontfähige Wechsel, Schuldverschreibungen des Bundes und der Länder sowie andere als Offenmarkttitel bezeichnete Wertpapiere – an (von) Banken und/oder Nichtbanken verkauft (kauft). Dadurch erhöht (verringert) sie die umlaufende Geldmenge und die Bankenliquidität.

Schließlich sind noch *Devisengeschäfte* der Bundesbank zu nennen, mit denen der ausländische Geldzufluß bzw. der Geldabfluß ins Ausland sowie die Wechselkurse beeinflußt werden sollen.

Während die Liquiditätspolitik auch Auswirkungen auf die Marktzinssätze hat – eine Eingrenzung der Bankenliquidität führt bspw. bei konstanter oder steigender Kreditnachfrage zu steigenden Kreditzinsen – kann die Bundesbank über die Zinspolitik relativ unmittelbar auf die Geldmarktzinssätze einwirken. Als wichtigste Politikvariable ist hier der *Diskontsatz* zu nennen: Eine Erhöhung (Senkung) des Diskontsatzes bedeutet, daß die Kreditgewährung der Bundesbank gegenüber den Geschäftsbanken gegen Wechselverkauf teurer (billiger) wird. Eine teurere (billigere) Refinanzierung der Geschäftsbanken bedeutet auch ein insgesamt steigendes (sinkendes) Zinsniveau, damit sinkende (steigende) Kreditnachfrage – wenn deren Zinsreagibilität unterstellt wird – und zusätzliche (geringere) Sparanreize, wodurch die gesamtwirtschaftliche Nachfrage gedämpft (angereizt) werden kann. Analog wirkt eine *Lombardsatzpolitik*; i. d. R. liegt der Lombardsatz über dem Diskontsatz, womit angezeigt werden soll, daß Lombardkredite nur im Notfall in Anspruch genommen werden sollen. Weitere zinspolitische Signale können von den An- und Verkaufssätzen ausgehen, die die Bundesbank bei kurzfristigen Offenmarktgeschäften anbietet.

Seit Anfang der 80er Jahre werden Offenmarktgeschäfte mit Rückkaufvereinbarungen durchgeführt (Wertpapierpensionsgeschäfte), die eine flexiblere Feinsteuerung erlauben; diese Geschäfte haben meist Laufzeiten von ein oder zwei Monaten, seit Ende 1988 sogar noch kürzer. Die Geschäftsbanken erhalten damit für einen kürzeren, festgelegten Zeitraum Zentralbankgeld; die Bundesbank ist damit in der Lage, die Geldmenge besser zu kontrollieren.

Zur Beeinflussung der volkswirtschaftlichen Geldmengenaggregate stehen der Bundesbank einerseits *Instrumente der Grobsteuerung* zur Verfügung, durch deren Einsatz für die Geschäftsbanken die Rahmenbedingungen der Kreditschöpfung abgesteckt werden sollen. Hierzu gehören

- Veränderungen der Mindestreservesätze,
- die Refinanzierungspolitik, d. h. die Festsetzung von Rediskontkontingenten und Lombardobergrenzen sowie die Variation des Diskont- und Lombardsatzes,
- Offenmarktgeschäfte mit langfristigen Wertpapieren.

Maßnahmen der *Feinsteuerung* sind solche, die flexibel und bei Bedarf zur kurzfristigen Beeinflussung eingesetzt werden können. Hierzu sind insbesondere kurzfristige Offenmarktoperationen, Devisengeschäfte sowie die Verlagerung öffentlicher Zentralbankguthaben in den Geschäftsbankenbereich (*Einlagenpolitik*) zu rechnen.

In der Regel setzt die Bundesbank die Instrumente kombiniert ein, d.h. sie betreibt gleichzeitig Liquiditäts- und Zinspolitik (*„Zangenpolitik"*), so daß sich bspw. eine Erhöhung der Mindestreservesätze und der Diskontsätze gegenseitig ergänzen.

13.5 Probleme der Geldpolitik

Welche geldpolitischen Strategien lassen sich unterscheiden? Welche geldpolitische Strategie verfolgt die Bundesbank? Welche Funktionsstörungen können die Effizienz der Geldpolitik behindern? Was spricht für eine Verstetigung der Geldpolitik? Wie läßt sich die Autonomie der Bundesbank begründen?

Konjunkturpolitisch wirken kann die Geldpolitik natürlich nur, wenn die Geschäftsbanken die Impulse der Zentralbank weiterleiten können; hierzu bedarf es wiederum entsprechender Reaktionen der Wirtschaftssubjekte – das Geld- und Kreditangebot ist eben nur eine Seite der Medaille. So geht die monetaristische Geldtheorie davon aus, daß sich das reale Volkseinkommen langfristig nicht durch die Geldpolitik beeinflussen läßt, und daß bspw. eine expansive Geldpolitik (Ausweitung des Kreditangebots) lediglich zu Preissteigerungen führe.

Eine *monetaristische geldpolitische Strategie* setzt daher auf Verstetigung des Geldmengenwachstums ohne Berücksichtigung konjunktureller Schwankungen. Für Keynes war die Höhe des Zinses entscheidend für das Investitions- und Konsumverhalten und für die Geldnachfrage; eine *post-keynesianische Strategie* unterstellt folglich eine hohe Zinsreagibilität der privaten Wirtschaft (insbesondere der Investoren) und sucht deshalb das Zinsniveau zu beeinflussen. Die Bundesbank betrieb in den 60er Jahren eine *liquiditätspolitische Strategie*; heute verfolgt sie eine *potentialorientierte Kreditpolitik*, die, angelehnt an die monetaristische Konzeption, eine mittelfristige Verstetigung des Geldmengenwachstums (Zentralbankgeldmenge) verfolgt.

Die grundlegende Kontroverse der Geldpolitik läßt sich in der Frage zusammenfassen, ob eine diskretionäre oder eine regelgebundene Geldpolitik betrieben werden soll. Während eine strikte Regelbindung bestenfalls solche Störungen ausschließen kann, die von der Geldpolitik selbst ausgehen, spricht gegen eine diskretionäre Politik, daß die Zusammenhänge zwischen Maßnahmen und Wirkungen (die geldpolitischen *Transmissionsmechanismen*) keineswegs gewiß sind: Investoren reagieren bspw. nicht auf Zinssenkungen mit zusätzlichen Investitionen, wenn ihre Zukunfterwartungen pessimistisch sind; in diesem Fall ist auch denkbar, daß Konsumenten, statt Kredite nachzufragen, die Sparneigung erhöhen. Eine restriktive Geldpolitik kann bspw. dadurch umgangen werden, daß die Wirtschaftssubjekte Kassenbestände auflösen oder daß sich aufgrund von Lieferantenkrediten die

Umlaufgeschwindigkeit des Geldes erhöht. Auch in der Geldpolitik ist ferner mit den bereits im letzten Kapitel beschriebenen *Wirkungs-verzögerungen* zu rechnen, und die jeweils notwendige *Dosierung* des Instrumenteneinsatzes ist ungewiß.

Da sich die Wirkung der Geldpolitik auf die gesamtwirtschaftlichen Schlüsselgrößen nicht von anderen Einflüssen isoliert betrachten läßt, und da ferner primäres Ziel die Sicherung der Geldwertstabilität ist, gilt die *längerfristige Preisentwicklung als wichtigstes Erfolgskriterium* der Geldpolitik. Die Bundesbank ist bezüglich der Preisstabilisierung bisher recht erfolgreich gewesen, was als eine Bestätigung der verfolgten *Verstetigungspolitik* (Vermeidung abrupter Kursänderungen, Vorankündigung der Zielvorgaben zur Erwartungsstabilisierung) interpretiert werden kann. Andererseits sieht sich die Bundesbank jedoch der Kritik ausgesetzt, mit der konsequenten Verfolgung des Zieles der Geldwertstabilität anderen wirtschaftspolitischen Zielen entgegenzuwirken; die Inflationsbekämpfung würde sich zu Lasten der Investitionen und des Vollbeschäftigungsziels auswirken, unter außenwirtschaftlichen Zwängen ergriffene Maßnahmen (Kreditverknappung zur Abwehr von Inflationsimport, s. Kapitel 15) würden den binnenwirtschaftlichen Erfordernissen nicht entsprechen.

Mit der Betonung dieser *Zielkonflikte* ist implizit auch eine Kritik an der (weitgehenden) *Autonomie der Bundesbank* verbunden. § 12 des Bundesbankgesetzes regelt die Verpflichtung der Bundesbank, „... unter Wahrung ihrer Aufgabe die allgemeine Wirtschaftspolitik der Bundesregierung zu unterstützen. Sie ist bei der Ausübung der Befugnisse ... von Weisungen der Bundesregierung unabhängig." Während die Zielkonflikte nicht geleugnet werden können, spricht andererseits für die Autonomie der Notenbank, daß dadurch eine Gegenmacht zu allzu spendablen ‚Staatsorganen', die das Ziel der Geldwertstabilität nicht so ernst nehmen, geschaffen wird. Sowohl mögliche Zielkonflikte als auch die Funktionsdefizite der Geldpolitik – insbesondere hinsichtlich der realwirtschaftlichen Ziele (Wachstum, Vollbeschäftigung) legen eine sorgfältige Abstimmung mit der Fiskalpolitik nahe.

Länder mit unabhängigen Zentralbanken waren in letzter Zeit, insbesondere bei der Inflationsbekämpfung, aber auch bei der Bekämpfung der Arbeitslosigkeit, i. a. erfolgreicher als Länder, in denen die Zentralbanken staatlichen Direktiven unterliegen; Schweiz, Österreich und Deutschland bildeten gewissermaßen Inseln der Stabilität. Bei der Schaffung einer europäischen Zentralbank müßte darauf geachtet werden, daß die Erfahrungen der Bundesrepublik Deutschland mit ihrer autonomen Zentralbank angemessen berücksichtigt werden. Eine autonome Geldpolitik wird allerdings durch Finanzinnovationen und zunehmende internationale Interdependenzen auf den Weltfinanzmärkten zunehmend erschwert. Zusammenfassend läßt sich festhalten, daß ein stabiler Geldwert langfristig auch dem Ziel der Vollbeschäftigung dient, obwohl kurzfristig ein Zielkonflikt auftreten kann.

Preisstabilität hilft also, andere wirtschaftspolitische Ziele erreichbar zu machen.

14 Sozialpolitik

14.1 Begründung der Sozialpolitik

Wie entwickelte sich die Sozialpolitik? Welche Intentionen lagen ersten sozialpolitischen Maßnahmen zugrunde? Welches Leitbild wurde der Sozialpolitik der Bundesrepublik zugrunde gelegt? Wie läßt sich die sozialpolitische Entwicklung von der Schutzpolitik zur umfassenden Gesellschaftspolitik erklären? Welche Zielrichtung läßt sich für die Sozialpolitik ausmachen? Warum müssen sozialpolitische Korrekturen des Marktergebnisses vorgenommen werden?

Ausgangspunkt der sozialpolitischen Entwicklung war die *soziale Frage des 19. Jahrhunderts*: Während die Industrialisierung einerseits den Grundstein für die Beseitigung der Massenarmut und für steigenden Wohlstand legte, waren damit andererseits zunächst Lebens- und Arbeitsumstände verbunden, die die Arbeiterschaft aus gewachsenen Strukturen, Verbänden und Abhängigkeiten (bspw. Zünfte, Feudalsystem) herauslösten und vorindustrielle Massenarmut durch proletarisches, städtisches Elend ersetzten. Der einzige Besitz der Arbeiter – die Arbeitskraft – war im Gegensatz zum Sachkapital nicht rechtlich geschützt; die absolute Vertragsfreiheit ließ bei einem Überangebot an Arbeitskraft und Angebotszwang seitens der Arbeiter Raum für menschenunwürdige, ausbeuterische Arbeitsverhältnisse. *Erste, heute als sozialpolitisch bezeichnete gesetzgeberische Maßnahmen* waren jedoch weniger auf die Linderung des Elends und auf den Schutz der Arbeiterschaft gerichtet als darauf, die bestehende Staats- und Gesellschaftsordnung zu erhalten: So war die Motivation des ersten preußischen Kinderschutzgesetzes (1839), das die Arbeit von Kindern unter neun Jahren verbot und ferner Jugendlichen unter 16 Jahren neben dem Verbot der Nacht- und Sonntagsarbeit eine Tagesarbeitszeit von höchstens 10 Stunden vorschrieb, wehrpolitischer Art. In seiner Thronrede versprach Kaiser Wilhelm I. (1881) mit Rechtsanspruch versehene Sozialleistungen; dieses Versprechen wurde als Komplement für das „Gesetz gegen die gemeingefährlichen Bestrebungen der Sozialdemokratie" (Sozialistengesetz) gegeben.

Dessenungeachtet bedeuteten die *ersten Maßnahmen des Arbeitnehmerschutzes* (Krankenversicherungsgesetz: 1883; Unfallversicherungsgesetz: 1884; Invaliditäts- und Alterssicherungsgesetz: 1889) natürlich einen beachtlichen Fortschritt. Wilhelm II. bemühte sich um die Weiterentwicklung des Arbeitnehmerschutzes und der Sozialversicherung und legte den Grundstein für die Arbeitsgerichtsbarkeit; betriebliche Mitspracherechte sollten zunächst der Aufrechterhaltung der Kriegsproduktion dienen. Während der Weimarer Republik wurden schließlich wichtige arbeitnehmerschutzpolitische Ergänzungen vorgenommen (Mutterschutz, Kündigungsschutz, Arbeitszeitregelungen), das soziale Sicherungssystem ausgebaut (Arbeitslosenversicherung: 1927), arbeitsmarkt- und betriebsverfassungspolitisch wichtige Gesetze erlassen (Betriebsrätegesetz: 1920) und die Wohnungspolitik ins Leben gerufen; insgesamt vollzog sich – auch durch die Aufwertung der Gewerkschaften – eine Demokratisierung der Sozialpolitik. Insbesondere hier brachte der Nationalsozialismus schlimme Rückschläge mit sich.

Die sozialpolitische Herausforderung des ersten deutschen Bundestages lag zunächst in der Beseitigung der Kriegsfolgen; ferner galt es, die totalitäre Sozialordnung des Nationalsozialismus durch *sozialpolitische Regelungen entsprechend der im Grundgesetz festgelegten Prinzipien* (Persönlichkeits- und Gleichbehandlungsrechte, Versammlungs- und Koalitionsfreiheit sowie das *Sozialstaatsprinzip* – Art. 20) zu ersetzen, wobei teilweise auf die Weimarer Gesetzgebung zurückgegriffen wurde. In diese Zeit fielen bspw. die Bestätigung der Tarifautonomie sowie das Betriebsverfassungsgesetz (1952), das Kündigungsschutzgesetz (1951) und das Mutterschutzgesetz.

Während bis zu den Zwanziger Jahren die Sozialpolitik hauptsächlich *Schutzpolitik* war, mit deren Hilfe die Arbeitnehmer in erster Linie vor Gesundheits- und Unfallgefährdung sowie vor den wirtschaftlichen Risiken der Krankheit, des Unfalls, der Invalidität, des Alters und der Arbeitslosigkeit geschützt wurden, wurde in der Sozialpolitik nach dem ersten Weltkrieg mit der Entwicklung der Familienpolitik, der sozialen Wohnungspolitik, der Vermögens- und Bildungspolitik sowie mit dem Ausbau der gruppenbezogenen Politik (Mittelstands-, Jugend-, Altenhilfe-, Randgruppen-, Landwirtschaftspolitik) eine *gesellschaftspolitische Ausrichtung* begonnen, die zu einer fast alle sozialen Gruppen erfassenden Politik des tendenziellen Ausgleichs von Start-, Einkommens-, Vermögens- und Belastungsunterschieden gekennzeichnet ist.

Bei ständiger Wohlstandssteigerung sind damit immer neue Bereiche zum Gegenstand der Sozialpolitik gemacht worden; die quantitative Ausweitung (bzw. die seit Ende der 70er Jahre verfolgte relative Eindämmung) des Sozialbudgets sowie die Aufteilung ist der Tabelle 14.1.1. zu entnehmen. Eine wertfreie Aussage über das „optimale Ausmaß" an Sozialleistungen läßt sich nicht treffen. Das Dilemma besteht darin, daß sich Sozialleistungen nur schwer abbauen lassen, ohne den sozialen Frieden zu gefährden – und daß andererseits mit der Ausweitung der Leistungen die Hoffnung auf zusätzliche Wählerstimmen verbunden ist. Auch ändern sich mit zunehmendem Wohlstand die Normen dessen, was als sozial erwünscht bzw. andererseits als untragbar angesehen wird.

Jahr	Leistungen (in Mrd. DM)	Anteil am Bruttosozialprodukt in % (Sozialleistungsquote)	Sozialbudget nach Funktionen (Anteil am BSP in %)			
			Ehe und Familie	Gesundheit	Beschäftigung	Wohnen
1965	114,6	25,01	5,11	6,74	0,52	1,08
1970	180,1	26,67	4,56	7,86	0,86	0,88
1975	346,5	33,67	4,66	10,44	2,15	0,8
1980	475,7	32,02	4,17	10,62	2,07	0,7
1985	572,2	31,15	3,69	10,44	2,51	0,67
1990	688,6	29,43	3,78	9,94	2,44	0,5

Jahr	Sozialbudget nach Funktionen (Anteil am BSP in %)			
	Alter und Hinterbliebene	Folgen politischer Ereignisse	Sparförderung	Allgemeine Lebenshilfen
1965	9,9	0,84	0,58	0,24
1970	10,71	0,7	0,89	0,21
1975	13,12	0,74	1,56	0,20
1980	12,47	0,61	1,16	0,22
1985	12,18	0,53	0,88	0,25
1990	11,42	0,44	0,73	0,18

Abb. 14.1.1. Sozialleistungen ausgewählter Jahre

Quelle: Bundesministerium für Arbeit und Sozialordung: Arbeits- und Sozialstatistiken (laufende Jahre, Werte für 1990 geschätzt) Frerich, J., Sozialpolitik, München, Wien, Oldenburg 1987, S. 49 ff.

Aus diesem Grunde sind *allgemeine Zielformulierungen* bezüglich der Sozialpolitik wie bspw. *Gewährleistung sozialer Gerechtigkeit, sozialer Sicherheit und des sozialen Friedens* immer nur im Zusammenhang der jeweiligen gesellschaftlichen und wirtschaftlichen Situation zu sehen und erst anhand der daraus folgenden sozialpolitischen Folgerungen einzuordnen. Selbst Ziele wie der Schutz und die Wiederherstellung der Gesundheit oder die Sicherung und Verbesserung der Berufs- und Erwerbsfähigkeit sind relativer Art und im konkreten Forderungskatalog zu spezifizieren.

Als *Zielrichtung* der Sozialpolitik – die hier definiert werden soll als die Menge jener staatlichen Maßnahmen, die zur Korrektur von ökonomischen marktlichen Ergebnissen aus humanitären und sozialethischen Gründen ergriffen werden – kann gelten:

- die Stellung solcher Personengruppen aufzuwerten, die (aus welchen Gründen auch immer) als wirtschaftlich und/oder sozial schwach gelten;
- existenzgefährdende Risiken zu mildern, d. h. akute, durch das Eintreten existenzgefährdender Tatbestände bedingte Notlagen zu beheben und bei kalkulierbaren Risiken prophylaktisch einzugreifen.

Sozialpolitische Korrekturen des Marktergebnisses sind angebracht, weil

- das wirtschaftliche Ergebnis einer Marktwirtschaft entscheidend von der Vermögensverteilung abhängt. Der Markt ist nicht in der Lage, Ungleichheiten, die sich aus ungleichen Startchancen ergeben, auszugleichen. Auch eine Chancengleichheit beim Zugang zu Bildung, zur Einkommenserzielung und zur Vermögensbildung kann der Markt nicht gewährleisten;
- im Marktsystem die Existenz des Arbeitnehmers nur durch den Verkauf seiner Arbeitskraft gesichert werden kann. Diese ist jedoch durch Krankheit, Alter, Arbeitslosigkeit etc. gefährdet;
- ein rein marktliches System durch reine Leistungsentlohnung gekennzeichnet ist. Die Leistungsfähigkeit kann jedoch bspw. durch Behinderungen, dauerhafte Krankheit etc. eingeschränkt sein; im Extremfall würde die marktwirtschaftliche Lösung das Ausscheiden eines Wirtschaftssubjektes aus dem Markt (durch Tod) verlangen, was ethisch nicht akzeptabel wäre.

14.2 Sozialpolitische Aktionsfelder

Welche Instrumente werden im Rahmen der Sozialpolitik eingesetzt ? Gibt es allein für die Sozialpolitik reservierte Instrumente?
Welche verschiedenen Aktionsfelder der Sozialpolitik lassen sich
ausmachen ? Welche Bereiche sind als direkte, welche als indirekte
Umverteilungspolitik zu verstehen? Welche Bereiche der Sozialpolitik sind als Schutzpolitik, welche als Ausgleichs- und/oder
Gesellschaftspolitik zu bezeichnen?

Die Sozialpolitik verfügt über ein reichhaltiges Arsenal von *Instrumenten*:

Einerseits rechtspolitisch zwingende Mittel, wie Verbote und Ge-
bote – bspw. bezüglich des Arbeitnehmerschutzes, und andererseits
Anreize wie z. B. Ausbildungsbeihilfen; qualitative Regelungen wie
den Kündigungsschutz und quantitative Zuwendungen in Form von
Geld- und Sachleistungen. Viele im Rahmen der allgemeinen Wirtschaftspolitik mit Mitteln der Fiskal- oder Geldpolitik verfolgte Ziele
berühren auch sozialpolitische Bereiche – wie die Vollbeschäftigungs-
und die Stabilisierungspolitik, und allgemeine wirtschaftspolitische
Instrumente insbesondere finanzpolitischer Art (Steuern, Transferzahlungen) werden gezielt auch sozialpolitisch eingesetzt. Folglich ist eine
klare Trennung in Mittel der allgemeinen Wirtschaftspolitik und solche
der Sozialpolitik häufig nicht möglich. Auch hieraus ergibt sich die
Notwendigkeit einer ökonomischen Analyse der Sozialpolitik.

Zuvor sollen die *Aktionsfelder der Sozialpolitik* kurz aufgelistet
werden, wobei die hier vorgenommene Einteilung und Benennung der
Bereiche keineswegs zwingend ist.

– Die *Arbeitnehmerschutzpolitik* umfaßt insbesondere gesetzliche
   Regelungen wie bspw. zur Arbeitszeit, den Kündigungsschutz,
   Urlaubs-, Mutterschutzregelungen etc. Hingegen will die *Arbeits-
   marktpolitik*, die jüngeren Datums ist, die Funktionsprobleme des
   Arbeitsmarktes, die durch das Institut der Tarifautonomie hervorgerufen werden, durch Maßnahmen im Rahmen des Arbeitsförde-
   rungsgesetzes (Arbeitsvermittlungsmonopol der Bundesanstalt für
   Arbeit, Ausbildungs- und Mobilitätsförderung) verringern. *Be-
   triebs- und Unternehmensverfassungspolitik* schließlich betrifft
   Fragen der Arbeitnehmer-Mitbestimmung (Betriebsverfassungsgesetz, Mitbestimmungsgesetz etc.).

- Zur *Sozialversicherung* zählen heute die Gesetzliche Krankenversicherung, die Gesetzliche Unfallversicherung, Rentenversicherung und Beamtenversorgung sowie die Arbeitslosenversicherung.

- Die *Sozialhilfe und Fürsorgepolitik* – die frühere Armenpflege – stellt Hilfe für solche Personengruppen bereit, die ihren Lebensunterhalt nicht selbst aus Arbeitseinkommen, Vermögen oder aus Ansprüchen gegen die Sozialversicherung bestreiten können oder die in besonderen Notlagen sind.

- Zur staatlichen *Ausgleichspolitik* zählt die *Familienpolitik*: Diese soll der Institution der Familie ermöglichen, ihre gesellschaftlich wichtigen Funktionen (Reproduktions-, Sozialisations- und Regenerationsfunktion) mit möglichst geringen Beeinträchtigungen erfüllen zu können. Sie umfaßt bspw. steuerliche Entlastungen und Kindergeldzahlungen, Mutterschaftsurlaub, Wohngeldzahlungen und Erziehungshilfen (Ausbildungsförderung). Die beiden letztgenannten Instrumente sind jedoch auch der Wohnungs- bzw. der Bildungspolitik zuzuordnen. Die *Wohnungspolitik* sieht im Rahmen der Förderung von Wohnraum*schaffung* bspw. Bauprämien und Steuervergünstigungen vor, während die Wohnungs*bestands*politik neben dem Wohngeld auch den Mieterschutz umfaßt.

- Während die Sozialversicherung und die geschilderte Ausgleichspolitik als direkte (Transfers, Wohngeld) oder indirekte (Krankenversicherung) Umverteilungspolitik zu verstehen sind, wird die *Bildungspolitik* häufig als Korrektur der Primärverteilung verstanden. Durch eine Angleichung der Chancen im Bildungsbereich (unentgeltliche Bereitstellung von Bildungsgütern, Ausbildungsdarlehen) können die Startchancen zur Einkommenserzielung nivelliert werden; ähnlich will die *Vermögenspolitik* bspw. durch Sparprämien die Chancen zum Vermögenserwerb auch für Bezieher niedriger Einkommen verbessern.

14.3   Sozialpolitik als ökonomische Disziplin?

Welche Berührungspunkte lassen sich zwischen der „reinen" Ökonomie und sozialen Belangen ausmachen? Welche Nebenwirkungen -positiver und negativer Art – ergeben sich aus der Sozialpolitik für die Wirtschaft? Welche Bedingungen ergeben sich daraus für die Gestaltung sozialpolitischer Maßnahmen? Welche Kosten können, neben den direkten Budgetkosten, mit einer Sozialpolitik verbunden sein, die den Bedingungen der Zielkonformität, der Systemkonformität und der Wirtschaftlichkeit nicht genügt?

Begriff: Rationalitätenfalle

Die Sozialpolitik ist nicht nur geschichtlich mit der Entwicklung der Industriegesellschaft verbunden, die einerseits aufgrund der damit verbundenen Arbeitsteilung und infolge der gesellschaftlichen Wandlungen den Bedarf nach staatlichen Sozialmaßnahmen wachsen ließ, und andererseits mit der wachsenden ökonomischen Leistungsfähigkeit die Möglichkeiten verbesserte, Mittel für die Sozialpolitik einzusetzen. Auch inhaltlich ergeben sich zahlreiche Berührungen, Überschneidungen und Wechselwirkungen, die Ziele und Mittel der politischen Gestaltung betreffend, aus denen sich die *Notwendigkeit des Einbezugs der Sozialpolitik in die ökonomische Analyse* ergibt.

Sozialpolitischer Handlungsbedarf ergibt sich aus dem Prozeß des Wirtschaftens – Korrektur der Marktergebnisse, Schutz der Arbeitskraft, Linderung der mit Arbeitslosigkeit verbundenen Probleme, Wohnungsmarktprobleme; sozialpolitisches Handeln wirkt andererseits auf den Wirtschaftsprozeß zurück: Zu nennen sind bspw. im positiven Sinne die verbesserten produktiven menschlichen Fähigkeiten aufgrund der Bildungs- und Gesundheitspolitik, im negativen Sinne möglicherweise Einschränkungen der unternehmerischen Freiheit bei allzu rigiden Arbeitnehmerschutz- und Arbeitsmarktregelungen. Folglich sind beim Einsatz wirtschaftspolitischer Instrumente im Rahmen der Sozialpolitik immer die *Neben- und Fernwirkungen* zu beachten. **Insbesondere ist zu bedenken,**

– *daß eine überzogene Sozialpolitik leistungshemmend wirken kann*; d. h. daß die Bereitschaft, eigene Marktleistung zu erbringen und selbstverantwortlich vorzusorgen, bei einer wachsenden Anspruchshaltung gegenüber dem Staat untergraben werden kann;

– *daß eine gutgemeinte Sozialpolitik letztlich die Probleme verschärfen kann*, nämlich bspw. im Falle des Kündigungsschutzes für bestimmte Personenkreise, deren Einstellungschancen dadurch sinken, und allgemein dann, wenn durch eine Erhöhung der unternehmerischen Belastung mit Arbeitnehmerbeiträgen ceteris paribus die Produktionskosten steigen, was im schlimmsten Falle zu Beschäftigungsrückgang und Preissteigerungen führen kann; dem sind jedoch die positiven Effekte einer durch die Sozialpolitik stabilisierten Gesamtnachfrage, des leistungsfähigeren Arbeitskräftepotentials und des sozialen Friedens entgegenzustellen;

– *daß sich aufgrund der erwähnten Anspruchshaltung die Sozialpolitik kostentreibend verselbständigen kann*: Steigende Beiträge – bspw. in der gesetzlichen Krankenversicherung – führen zu einer steigenden Inanspruchnahme der Leistungen, weil sich jeder einzelne in einer *„Rationalitätenfalle"* befindet: Er durchschaut zwar die ökonomischen Zusammenhänge, reduziert seine Ansprüche jedoch nicht, weil er nicht davon ausgehen kann, daß andere ihm folgen.

Auch in der Sozialpolitik muß mit knappen Mitteln gewirtschaftet werden, wobei nicht nur die direkten Budgetbelastungen als direkte Kosten, sondern auch die genannten negativen Nebenwirkungen als indirekte Kosten dem Nutzen der Sozialpolitik entgegenzustellen sind. Eine vernünftige Sozialpolitik muß daher wie alle anderen wirtschaftspolitischen Maßnahmen auf Entscheidungskriterien beruhen, die neben der Zielkonformität und der Systemkonformität auch die Wirtschaftlichkeit der jeweiligen Maßnahme einbeziehen.

– Als *zielkonform* kann eine Maßnahme dann gelten, wenn aus der Gesamtheit der zur Verfügung stehenden Mittel jenes ausgewählt wird, das unter Beachtung aller möglichen Nebenwirkungen eine optimale Zielverwirklichung gewährleistet.
– *Systemkonformität* liegt – wenn von einem marktwirtschaftlichen System ausgegangen wird – vor, sofern Einschränkungen der persönlichen Freiheit und Eingriffe in den Preismechanismus vermieden werden. Anreize sind also Geboten und Verboten, direkte Transfers sind Preisbindungen vorzuziehen.
– Dem *ökonomischen Prinzip* genügen bei festliegendem Ziel solche Maßnahmen, die mit den geringsten – auch indirekten! – Kosten verbunden sind.

Als Richtschnur für eine rationale Sozialpolitik kann damit formuliert werden:

> Bei der Entscheidung über sozialpolitische Maßnahmen ist zu bedenken, daß aufgrund deren Verknüpfung mit der allgemeinen Wirtschaftspolitik und aufgrund der Anbindung sozialer Belange an die Ökonomie die Instrumente so zu wählen sind, daß die gesamtwirtschaftlichen Kosten minimiert werden. Dazu gehört, daß die Bereitschaft zur Eigenverantwortung nicht untergraben wird, daß die wirtschaftlichen Allokationsmechanismen nicht gestört werden und daß „Trittbrettfahren" möglichst vermieden wird.

14.4 Sicherungsprinzipien

> Welche extremen Ordnungsprinzipien der Daseinsvorsorge lassen sich unterscheiden? Warum sollte der Staat in die Milderung existenzgefährdender Risiken einbezogen werden? In welchem Verhältnis stehen das Subsidiaritäts- und das Solidaritätsprinzip? Wie kann die gesetzlich verfügte Vorsorge gestaltet werden?
>
> Begriffe: Individualprinzip, Äquivalenzprinzip, Solidaritätsprinzip, Subsidiaritätsprinzip, Sozialprinzip, Versicherungs-, Versorgungs- und Fürsorgeprinzip.

In welchem Ausmaß der Staat in die Milderung existenzgefährdender Risiken einzubeziehen ist, ist eine ordnungspolitische (und auch normative) Frage; allerdings kann eine Durchleuchtung verschiedener theoretisch möglicher Sicherungssysteme Entscheidungshilfen dafür geben, welches System eine gegebene Gesellschafts- und Wirtschaftsordnung am wenigsten gefährdet und somit als systemkonform gelten kann.

Möglich wäre einerseits ein reines *Versicherungssystem*, andererseits ein *Steuer-Transfer-System*:

– Im ersten Fall wird das *Individualprinzip* betont; private Vorsorge erfolgt selbstverantwortlich durch freiwilliges Sparen oder durch Versicherungsabschluß. Bei einem individuellen Versicherungsabschluß erfolgt ein Risikoausgleich zwischen den Mitgliedern der Versichertengruppe.

– Die Leistungen werden nach dem *Äquivalenzprinzip* gewährt – d. h. die Leistungen der Versicherung sind gekopppelt an die zuvor entrichteten *risikoproportionalen Prämien*. Damit ist das System durch eine *intertemporale Einkommensumverteilung* gekennzeichnet.

– Das Steuer-Transfer-System am anderen Ende der Skala betont das *Solidaritätsprinzip* in der Form der kollektiven Verantwortung der Gesellschaft. Eine solche Staatsbürgerversorgung zielt ab auf eine *interpersonelle Einkommensumverteilung*, indem bspw. Steuern nach dem Prinzip der (einkommensmäßigen) Leistungsfähigkeit erhoben und *Transfers unter Bedarfsgesichtspunkten* gewährt werden.

Viele Argumente sprechen dafür, ein Sicherungssystem zwischen diesen beiden Extremen zu konstruieren. Die Daseinsvorsorge kann nicht völlig der privaten Initiative überlassen bleiben: Nicht alle Risiken sind versicherbar, nicht jeder ist zur individuellen Vorsorge bereit, und nicht alle sind zur individuellen Vorsorge in der Lage. Auch die Gemeinschaft profitiert in Form von positiven externen Effekten von einer gesunden, erwerbsfähigen Bevölkerung – und nicht individuell verschuldete Risiken (bspw. des Arbeitslebens) hat die Gesellschaft zu tragen. Andererseits sollte die große Gemeinschaft (der Staat) erst dann belastet und einbezogen werden, wenn ein kleinerer Verband (Familie, Gemeinde) nicht mehr helfen kann: Die Qualität und Leistungsfähigkeit einer Gemeinschaft hängt von deren solidarischem Verhalten ab, und dieses sinkt erfahrungsgemäß mit der Größe der Gemeinschaft. Wenn **der individuelle Nutzen von Abgaben u. ä. nicht mehr klar erkennbar ist,** wie beim Steuer-Transfer-System, sinkt die Akzeptanz des Systems; einerseits treten Leistungswiderstände, andererseits Trittbrettfahrerverhalten auf.

Die katholische Sozialllehre hat eine Lösung dieser Probleme in der Formulierung des *Subsidiaritätsprinzips* zusammengefaßt. In der engen Auslegung bedeutet dies, daß immer eine Rangordnung der Hilfeleistung einzelner Sozialkörper einzuhalten ist: Zunächst soll sich der einzelne selbst helfen; wenn er dazu nicht in der Lage ist, muß der Familienverband einspringen, dann die nächsthöhere Sozialkörperschaft (Kommune) etc. Aufgrund vielfältiger gesellschaftlicher Veränderungen können heute aber viele Aufgaben, die früher leicht von kleineren Gemeinwesen bewältigt wurden, von diesen nicht mehr wahrgenommen werden; folglich verlangt das Subsidiaritätsprinzip in einer angepaßten Auslegung, daß die Gemeinschaft die Individuen und **kleineren Gemeinden instandsetzt, sich möglichst weitgehend selbstver-antwortlich zu schützen und zu entwickeln.** Das Subsidiaritätsprinzip legt die Zuordnung von Solidarität und Eigenverantwortlichkeit fest.

Zwischen dem Subsidiaritätsprinzip und dem *Solidaritätsprinzip* besteht daher kein Widerspruch. Das Subsidiaritätsprinzip ist als

Zuordungsregel dem Solidaritätsprinzip übergeordnet. Solidarität meint auch nicht notwendigerweise die der gesamten Gesellschaft, sondern allgemein die gruppenbildende gegenseitige Verbundenheit des Schicksals, die aus einer Übereinstimmung der Lebenslagen resultiert und durch Interessenkonvergenz und Zusammengehörigkeitsgefühl verstärkt wird. In der Selbsthilfebewegung (Genossenschaften, Gewerkschaften), in der Fürsorge und in der Sozialpolitik hat das Solidaritätsprinzip immer eine große Rolle gespielt: Sowohl die Bildung von Solidargemeinschaften zur Abwehr von Risiken und zum Ausgleich wirtschaftlicher und sozialer Schwächen (wie in kleinen berufsständischen Organisationen früherer Zeit und in den Versicherungsgemeinschaften der Arbeiter und Angestellten) als auch der Gedanke der Staatsbürgerversorgung gehen von der Existenz einer Solidarität aus. Die Chance der intensiven solidarischen Zuordnung der Glieder zueinander ist umso größer, je kleiner die Gemeinschaft ist. Mit fortschreitender Größe der Gemeinschaft sinkt der Wille zur Solidarität, die Gefahr der Ausnutzung der solidaren Versicherungsgemeinschaft durch einzelne steigt (Rationalitätenfalle).

Ordnungspolitisch betrachtet muß für solche Fälle, in denen die Daseinsvorsorge nicht der privaten Vorsorge überlassen bleiben kann, ein staatlicher Zwang vorgesehen werden. Wenn die generelle Anerkennung eines sozialen Bedürfnisses zur gesetzlich verfügten Vorsorge führt, wird vom *Sozialprinzip* gesprochen. Damit ist jedoch noch nicht entschieden, wie diese staatliche Vorsorge ausgestaltet wird. Grundsätzlich unterscheidet man zwischen dem Versicherungsprinzip, dem Versorgungsprinzip und dem Fürsorgeprinzip:

– das *Versicherungsprinzip* richtet sich nach dem Äquivalenzprinzip. Gegenüber diesem unterscheidet sich das (Sozial-)Versicherungsprinzip jedoch durch eine Versicherung*pflicht*, Kassenzwang (nicht jeder Schutzsuchende kann jeder Versicherung beitreten), durch die Bemessung der Beiträge anhand der finanziellen Leistungsfähigkeit (also nicht anhand des individuellen Risikos) und dadurch, daß die unabhängig von der Beitragshöhe erbrachten Leistungen teilweise auch vom Staat aus allgemeinen Steuermitteln finanziert werden. Je nach Versicherungsart wird das Äquivalenzprinzip gegenüber dem Solidarprinzip mehr oder weniger verdrängt; im Bereich der Rentenversicherung ist es in der Bundesrepublik noch stärker erhalten als im Bereich der Krankenversicherung, wo es fast völlig verdrängt wurde.

– Das *Versorgungsprinzip* enthält keine Äquivalenzgedanken: Die

Leistungen werden durch besondere Nachteile oder besonderen Bedarf begründet und aus allgemeinen Haushaltsmitteln erbracht. Für die BRD sind bspw. Entschädigungsleistungen (Kriegsopferversorgung), Lastenausgleichsleistungen (Vertriebene), Wohngeld, Kindergeld etc. zu nennen, aber auch die Beamtenversorgung.

– Das *Fürsorgeprinzip* schließlich soll im Einzelfall individueller Notlage zum Tragen kommen. Dabei wird – bspw. im Falle der Sozialhilfe der BRD – das Subsidiaritätsprinzip angewandt: Hilfe wird erst nach Ausschöpfung aller anderen Möglichkeiten (insbesondere der Unterhaltspflicht von Verwandten) gewährt, und zwar durch allgemeine Deckungsmittel der Gemeinden.

Schematisch können die Zusammenhänge zwischen den geschilderten Sicherungsprinzipien wie in Abb.14.4.1. dargestellt werden.

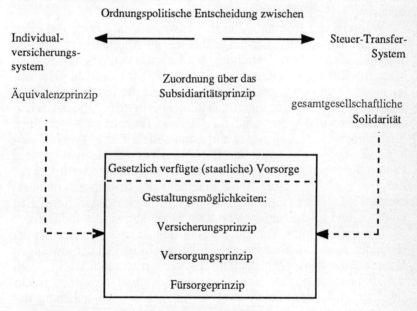

Abb. 14.4.1. Sozialpolitische Sicherungsprinzipien

14.5 Soziale Sicherungssysteme der BRD: Alterssicherung ...

Welche Zielsetzung liegt unserem Rentensystem zugrunde? Welchem Sicherungsprinzip wird dabei gefolgt? Warum wird zwischen anrechnungsfähigen Versicherungsjahren und der Versicherungszeit unterschieden? Welche Faktoren werden bei der Berechnung der individuellen Rente berücksichtigt? Wer „bezahlt" schließlich die Renten?

Begriffe: Rentenformel, „dynamische Rente", Generationenvertrag, Umlage- und Kapitaldeckungsverfahren.

Ohne an dieser Stelle auf die aktuellen Probleme der Rentenversicherung einzugehen – diese werden, wie auch die Probleme des im folgenden Abschnitt beschriebenen Gesundheitswesens – ausführlicher im 2. Band behandelt – sollen hier nur die Grundzüge der Alterssicherung in der BRD dargestellt werden.

Während die Bismarcksche Rentenversicherung noch von einer lediglich verminderten Leistungsfähigkeit im Alter ausging und von einer grundsätzlichen Bestreitung des Lebensunterhalts aus eigenen Mitteln – Zuschüsse sollten den Eintritt völliger Erwerbsunfähigkeit hinausschieben und keinesfalls höher sein als die Invaliditätsrente – wird heute davon ausgegangen, daß Rentenbezüge das Arbeitseinkommen ersetzen und zudem auch im Alter die Teilhabe an allgemeinen Einkommenssteigerungen gewährleisten sollen. Die *einkommensabhängige Alterssicherung* (Berufs- bzw. Erwerbsunfähigkeits- und Hinterbliebenenrenten werden hier nicht behandelt) unterstellt, daß der Lebensstandard bei einer Rente unterhalb des Erwerbseinkommens erhalten bleibt; durch die Erwerbstätigkeit bedingte Ausgaben entfallen im Alter, und solche für langlebige Konsumgüter werden reduziert.

Die individuellen Versicherungsleistungen sind orientiert an der Höhe des zuvor erzielten Erwerbseinkommens und an der jeweiligen Versicherungsdauer (Zahl der Beitragsjahre); grundsätzlich folgt damit die Alterssicherung dem *Versicherungs- bzw. Äquivalenzprinzip.* Zur gesetzlichen Rentenversicherung verpflichtet sind alle abhängig Beschäftigten; selbst Selbständige und freiberuflich Tätige können, sofern hier nicht gesetzliche Sonderregelungen gelten (Rentenversicherung der Handwerker und Landwirte), der Pflichtversicherung beitreten. Die Alterssicherung der Beamten wird entsprechend dem Versorgungsprinzip von öffentlichen Körperschaften getragen.

Nach dem Äquivalenzprinzip hat jeder Versicherte über den Arbeitgeber einen bestimmten Prozentsatz des Arbeitsentgelts an die entsprechende Landesversicherungsanstalt bzw. an die Bundesversicherungsanstalt (1993 = 17,5%) zu zahlen, wobei die Hälfte vom Arbeitgeber getragen wird. Hieraus ergibt sich nach einer bestimmten Anzahl anrechnungsfähiger Versicherungsjahre und nach einer bestimmten Versicherungszeit mit Erreichung der gesetzlichen Altersgrenze Anspruch auf Altersruhegeld.

Mit der Unterscheidung zwischen *anrechnungsfähigen Versicherungsjahren* und der *Versicherungszeit* werden bei der Rentenberechnung entsprechend dem *Solidaritätsprinzip* auch soziale Faktoren berücksichtigt. Anrechnungsfähige Versicherungsjahre umfassen neben der Versicherungszeit (Beitragszeiten, Kindererziehungszeiten und sog. Ersatzzeiten – insbesondere Militärdienst) auch durch Krankheit, Ausbildung, Arbeitslosigkeit und Mutterschaft bedingte Ausfallzeiten sowie – bei Frühinvalidität – sog. Zurechnungszeiten.

Das individuelle Jahresruhegeld (R_t) wird mit Hilfe einer *Rentenformel* ermittelt. Diese erhält zunächst die *persönliche Bemessungsgrundlage* (P) – den Äquivalenzfaktor, der als prozentualer Punktewert den Anteil des individuellen Arbeitsentgelts für jedes Beitragsjahr an dem durchschnittlichen Bruttoarbeitsentgelt aller Versicherten, bezogen auf die Zahl der Beitragsjahre, ausdrückt. Die Stellung des einzelnen im Einkommensgefüge wird also für das Rentengefüge fortgeschrieben, die relative Einkommensposition bleibt erhalten. Die absolute Höhe der Rente wird durch die Multiplikation dieser relativen Größe mit der *allgemeinen Bemessungsgrundlage (B_t)* ermittelt. B ist ein DM-Betrag, der dem durchschnittlichen Bruttoarbeitsentgelt aller Versicherten entspricht und jährlich mit der jeweiligen Veränderungsrate angepaßt wird. Durch die Berücksichtigung dieses Faktors werden die Renten der allgemeinen Lohnentwicklung und damit dem allgemeinen Lebensstandard angepaßt („*dynamische Rente*"). Seit kurzem wird dieser Satz politisch festgelegt. Neben der *Zahl der Versicherungsjahre* (J) wird schließlich noch ein *prozentualer Steigerungssatz* (St) in der Rentenformel berücksichtigt, der die Versicherungsjahre gewichtet. Die Höhe dieses Steigerungssatzes beträgt 1,5% für Alters- und Erwerbsunfähigkeitsrenten und 1% für Berufsunfähigkeitsrenten.

Die Rentenformel ergibt sich damit als

$$R_t = P \cdot B_t \cdot J \cdot St$$

Berechnungsbeispiel:

Das durchschnittliche Bruttojahresentgelt aller Versicherten betrug im Jahr 1989 39.985 DM. Wird angenommen, daß ein Versicherter, der ab 1990 Rente bezieht, 1989 ein persönliches Einkommen von DM 43.983 bezog, ergibt sich damit für dieses Jahr ein persönlicher Prozentsatz von 1,1. Für alle Beitragsjahre wird dieser Prozentsatz ermittelt, addiert und schließlich durch die Zahl der Beitragsjahre dividiert. Annahmegemäß ist $P = 1,1$.
Die allgemeine Bemessungsgrundlage (B_{89}) wurde 1989 administrativ in Höhe von 30.709 DM festgelegt. Als Zahl der Versicherungsjahre J wird 45 angenommen: Der Versicherte hat vier Jahre studiert (Ausfallzeit), zwei Jahre Kriegsdienst geleistet (Ersatzzeit), war ein Jahr arbeitslos (Ausfallzeit) und hat 38 Jahre gearbeitet und Beiträge geleistet. Bei Anwendung eines Steigerungssatzes von 1,5% ergibt sich somit für 1990 eine Jahresrente von

$$R_{90} = 1,1 \times 30.709 \times 45 \times 0,015 = 22.801,43 \text{ DM}.$$

d. h. ein monatliches Ruhegeld in Höhe von 1.900,11 DM.

Häufig wird unser Alterssicherungssystem als *„Vertrag zwischen den Generationen"* bezeichnet. Damit ist gemeint, daß die Finanzierung aktuell anfallender Renten durch die laufend anfallenden Beitragszahlungen der versicherten Erwerbstätigen erfolgt – die allerdings durch Bundeszuschüsse ergänzt werden. Die jüngeren Generationen finanzieren die Renten der Älteren. Im Gegensatz zu diesem *Umlageverfahren* ist auch die Anwendung des *Kapitaldeckungsverfahrens* möglich – was ursprünglich auch in der deutschen Rentenversicherung praktiziert wurde. Dabei werden Beiträge angesammelt und zinsbringend in Wertpapieren, Immobilien etc. angelegt, so daß die Erträge schließlich die Ansprüche der Versicherten abdecken. Eine Anspruchsbefriedigung kann langfristig bei diesem Verfahren jedoch nur bei ökonomisch stabilen Rahmenbedingungen erfolgen. Da die Renten immer nur aus dem erwirtschafteten Volkseinkommen finanziert werden können, wurde auf das Umlageverfahren umgestellt. Hierbei gilt nun, daß für jede Periode die Rentenausgaben (A_R) durch die Beitragseinnahmen (E_B) begrenzt sind:

$$E_B = A_R$$

Die Einnahmen werden durch die Zahl der Versicherungspflichtigen (V), durch den durchschnittlichen Lohnsatz (L_V) und durch den Versicherungsbeitragssatz (b) – als Prozentsatz des Lohnes – bestimmt; die Ausgaben durch die Zahl der Rentner (ZR) und die durchschnittliche Rentenhöhe (r). Somit muß gelten:

$$E_B \qquad\quad = V \cdot L_V \cdot b$$
$$A_R \qquad\quad = ZR \cdot r$$
$$V \cdot L_V \cdot b = ZR \cdot r$$

Wird diese Gleichung umgeformt zu

$$\frac{ZR}{V} = \frac{L_V \cdot B}{r}$$

ist ablesbar, daß bei einem steigenden *Altenlastquotienten* (ZR/V) und als konstant angenommenen Renten- und Lohnsätzen auch die Beitragssätze der aktiven Versicherten steigen müssen. Anpassungen sind über Rentenkürzungen, Beitragserhöhungen und Lebensarbeitszeitverlängerungen möglich. Auf die damit zusammenhängenden Probleme werden wir im 2. Band zurückkommen.

14.6 ...und Gesundheitswesen

Welchem Sicherungsprinzip folgt das Gesundheitswesen der BRD? Welche Umverteilungseffekte sind damit verbunden? Wie erfolgt die Leistungsverrechnung im deutschen Gesundheitssystem? Welche Vorteile hat ein Kostenerstattungsprinzip gegenüber dem Sachleistungsprinzip? Wie werden Nachfrage und Angebot im deutschen Gesundheitssystem bestimmt?

Zum Beitritt zur Gesetzlichen Krankenversicherung (GKV) verpflichtet sind grundsätzlich alle Arbeiter, Rentner, Studenten, Arbeitslose, Landwirte, Künstler, Publizisten und Angestellte bis zu einem bestimmten Einkommen. Angestellte mit einem Einkommen oberhalb der Beitragsbemessungsgrenze der Reichsversicherungsordnung (RVO) (1993: 64.800 DM Jahreseinkommen) sowie Selbständige sind versicherungsfrei und können den Versicherungsschutz der Privatkrankenversicherung (PKV) in Anspruch nehmen.

Während in der PKV die Beiträge in Abhängigkeit vom individuellen Risiko erhoben werden (Äquivalenzprinzip), folgt die Beitragsfixierung der GKV nach der individuellen Leistungsfähigkeit – ein bestimmter Prozentsatz des Einkommens ist, wie bei der Rentenversicherung, zu entrichten. Dieser wird von der jeweiligen Kasse festgelegt. Da die Leistungen jedoch unabhängig von dem entrichteten Beitrag in Anspruch genommen werden können und Familienmitglieder mitversichert sind, sind hiermit Umverteilungswirkungen verbunden; das Gesundheitswesen entspricht damit tendenziell dem *Solidaritätsprinzip*. Umverteilt wird zwischen verschiedenen Einkommensklassen (Einkommensstarke haben bei gleichen Leistungen höhere Beiträge zu entrichten als Einkommensschwache), zwischen Jungen und Alten (bei gleichen Beiträgen nehmen Junge weniger Leistungen in Anspruch als Alte), zwischen chronisch Kranken und normalen Risiken sowie im Rahmen des Familienlastenausgleichs, da Familienangehörige der Versicherten beitragsfrei mitversichert sind.

Die Leistungen der GKV umfassen neben den Leistungen im Krankheitsfall (ärztliche Behandlung, Versorgung mit Arznei- und Heilmitteln etc., Krankenhauspflege) auch solche zur Krankheitsverhütung (bspw. Vorsorgeuntersuchungen), Mutterschaftshilfe und Mutterschaftsgeld, Krankengeld von der siebten Woche einer Krankheit an sowie in bestimmten Fällen Leistungen zur Beschaffung einer Ersatzkraft zur Haushaltsführung beim Ausfall der Hausfrau. Durch das Gesundheitsreformgesetz wurden die Sterbegeldleistungen (mit Übergangsfristen) ausgeklammert und Pflegefälle neu aufgenommen.

Im Gegensatz zu den meisten Tarifen der PKV trägt die GKV die Kosten der Leistungen nahezu vollständig (Vollversicherung). Die Leistungsverrechnung erfolgt zum großen Teil nach dem *Sachleistungsprinzip*, d. h. die Abrechnung des Verbrauchs an Gesundheitsleistungen erfolgt nicht monetär, sondern über Scheine (Ausnahme: Zahnersatz). Demgegenüber erstattet die PKV den Versicherten nach der Inanspruchnahme von Gesundheitsleistungen die daraus entstandenen, zunächst selbst getragenen Kosten (Kostenerstattungsprinzip). Für viele Pflichtversicherte (Ausnahme: Angestellte) ist eine Wahlmöglichkeit zwischen den verschiedenen Trägern der GKV (Orts-, Betriebs-, Innungs- und Ersatzkassen) nur bedingt gegeben.

Zur Veranschaulichung der Funktionsweise unseres Gesundheitssystems soll die folgende Übersicht dienen (s. Abb. 14.6.1.).

Akteure in diesem System sind die Versicherten bzw. Patienten (P), Krankenkassen (KK), Ärzte (Ä), Apotheken (Ap), Krankenhäuser (KH) sowie die kassenärztlichen Vereinigungen (KV), die die Ansprüche der Ärzte gegenüber den Versicherungen vertreten. Zwischen diesen Polen fließen Geldströme (g), Sach- und Dienstleistungsströme (l) sowie bestimmte Vereinbarungen bzw. diese Vereinbarungen ausdrückende Scheine (s). Der Patient versichert sich durch einen bestimmten Betrag (g_1); sein Anspruch auf die Leistungen des Systems wird ihm durch die Ausstellung des Krankenscheins (s_1) gesichert. Gegen Vorlage des Krankenscheins beim Arzt (s_2) bezieht der Patient neben den

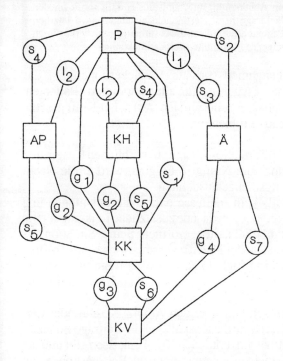

Abb. 14.6.1. Funktionsweise des Gesundheitssystems

Dienstleistungen des Arztes (l_1) Krankenhauseinweisungen, Facharzt-
überweisungen und Rezepte (s_3), die wiederum gegen Vorlage (s_4) zu
entsprechenden Leistungsbezügen (l_2) führen. Krankenhäuser (deren
Investitionskosten übrigens vom Land getragen werden) und Apotheken lassen sich durch Vorlage ihrer verbrieften Ansprüche (s_5) ihre
Leistungen vergüten (g_2: Pflegesätze bzw. Preisentgelte). Die kassenärztlichen Vereinigungen handeln mit den Krankenkassen eine
Gesamtvergütung (g_3) gegen ein Leistungsversprechen (s_6) aus; gegen
Nachweis der Leistungen (s_7: Zur Abrechnung vorgelegte Kranken-
scheine) bezieht der Arzt seine Vergütung (g_4).

Kennzeichnend für dieses System sind damit die folgenden Merkmale:

Das Gesundheitssystem der BRD entspricht tendenziell einem Steuer-Transfersystem, da Beiträge einkommensabhängig und Leistungen mit einer interpersonellen Umverteilung verbunden sind. Die Leistungserstellung erfolgt für den Patienten weitgehend entgeltlos – ein Abstimmungsmechanismus entfällt somit für den Gesundheitsmarkt. Die Nachfrage nach Gesundheitsleistungen wird letztlich mangels Sachkenntnis der Patienten durch die Ärzte bestimmt, die wiederum durch Leistungssteigerungen ihr eigenes Einkommen verbessern können.

Bis auf wenige Ausnahmen (private Versicherungen) ist das Regulativ der marktlichen Steuerung für alle Beteiligten (Patienten, Anbieter (Ärzte, Krankenhäuser) und Versicherer) außer Kraft gesetzt. Daraus resultieren folgende Probleme:

- Der Patient hat keine Information über die tatsächlichen Kosten und empfängt die Leistung zum Nulltarif. Folglich wird er die Nachfrage bis zur Sättigungsmenge ausdehnen.
- Der Arzt hat ebenfalls kein Interesse daran, die Leistungen und damit die Kosten zu reduzieren, da jede zusätzliche Leistung für ihn zusätzliche Gewinnmöglichkeiten eröffnet. Seine Situation als „Experte", auf dessen Rat der Nachfrager angewiesen ist, eröffnet ihm darüber hinaus die Möglichkeit, die Nachfrage nach seinen eigenen Leistungen zu erhöhen. Ähnliches gilt auch für die anderen Anbieter.
- Auch die Krankenkassen haben keinen Anreiz, Kosten oder Leistungen zu begrenzen, da sie die Kosten über die Beiträge finanzieren. Da es kaum Wettbewerb unter den Krankenkassen gibt und die freie Tarifgestaltung nicht möglich ist, kann die Beitragshöhe nicht als Wettbewerbsparameter eingesetzt werden.

Durch die nichtmarktliche Gestaltung des Gesundheitssystems hervorgerufene überzogene Beanspruchung von Gesundheitsleistungen führte zu steigenden Kosten und damit zu steigenden Versicherungsbeiträgen, die einen politischen Handlungsbedarf schaffen.

In den Gesundheitsreformgesetzen (1988, 1992) versuchte man, die Kosten- und Leistungssteigerungen zu begrenzen. Allerdings wurden auch in diesen Gesetzen keine marktlichen Steuerungsmechanismen eingebaut, sondern man setzte auf neue, nicht marktkonforme Reglementierungen. Die Folgen davon sowie Vorschläge für eine effiziente Gestaltung des Gesundheitswesens werden im 2. Band behandelt werden.

15 Internationaler Handel

15.1 Vorteilhaftigkeit (und Risiken) des internationalen Handels

Warum ist internationaler Handel für alle Handelspartner sinnvoll? Warum lohnt sich Handel auch dann, wenn einer von zwei Handelspartnern in allen Bereichen kostenmäßig überlegen ist? Welche Güter wird dann das „unterlegene" Land exportieren? Welche Risiken sind mit Freihandel verbunden?

Begriffe: absolute und komparative Kostenunterschiede (Theorie der komparativen Kosten).

Der internationale Handel ist in den 29 Jahren zwischen 1962 und 1991 um nahezu das sechsundzwanzigfache gestiegen – gemessen am gesamten Exportvolumen (siehe Schaubild).

Während vor etwa 150 Jahren die Welthandelsflotte ca. 5 Mio. Tonnen Güter verschiffte, betrug im Jahre 1975 die gesamte Tonnage 290 Mio. Bruttoregistertonnen. Für den einzelnen Verbraucher bedeutet der Welthandel mehr Wohlstand aufgrund der Verfügbarkeit einer breiteren Güterpalette, die zudem in weiten Teilen auch für den Durchschnitts-Konsumenten „erschwinglich" ist, da prinzipiell für den Ausgleich von *Welt*angebot und *Welt*nachfrage die gleichen Preismechanismen gelten wie für das nationale Güterangebot. Der Südfrüchteverzehr betrug so bspw. um 1800 in Preußen 70 gr pro Kopf und Jahr. 1975 verzehrte jeder Bundesbürger p. a. mehr als 50 Pfund. Die arabischen Ölvorkommen verwandeln sich erst durch Handel in Wohlstand und die Vorteile der Massenproduktion lassen sich häufig erst durch den Export von Industrieprodukten nutzen.

Bei der wirtschaftlichen Analyse eines Landes geht es primär um Faktorwanderungen – Kapital und Arbeit sind national mobil und werden in jenen Bereichen eingesetzt, die hohe Gewinnaussichten

Welthandel
Ausfuhr

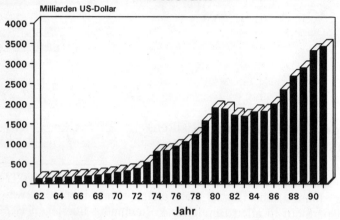

Quelle: IMF, IFS, Yearbook 1992, S.108

Abb. 15.1.1 Welthandelswachstum (Exportvolumen in Mrd. US $)

anzeigen. Demgegenüber nimmt die Außenhandelstheorie zu einem großen Teil die Immobilität der Produktionsfaktoren an und befaßt sich mit den Fragen, warum internationale „Güterwanderungen" stattfinden und worin die Spezialisierung auf bestimmte Produktionszweige begründet ist.

Das *Verfügbarkeitsargument* als Begründung für internationalen Handel wurde bereits angeschnitten. Ein Land wird zunächst jene Güter importieren, die aufgrund der natürlichen Umweltbedingungen in einem anderen Land bereitgestellt oder erzeugt werden können, wie Rohstoffe, bestimmte Agrarprodukte, Fischerei-Erzeugnisse und vieles mehr. Darüber hinaus werden manche Bedürfnisse erst durch die Möglichkeit des internationalen Handels geweckt. Dies gilt zum einen für Industrieprodukte, die bspw. aufgrund eines geringeren Entwicklungsstandes noch nicht im Lande hergestellt werden können, zum anderen aber auch für Geschmackspräferenzen (Italienische Sportwagen, Schweizer Uhren). Das Verfügbarkeitsargument stellt auf die übliche Angebots-Nachfragetheorie ab.

Wichtiger – auch für die Begründung der Spezialisierung – sind jedoch *Kostenargumente,* die teilweise auf dem Verfügbarkeitsargument beruhen. Demnach werden jene Güter exportiert (importiert), die billiger (teurer) als im Ausland hergestellt werden können. Handel und Spezialisierung auf die Produktion solcher Güter ergibt sich aus Kostenunterschieden, die auf unterschiedlichen *Mengen und Qualitäten der verfügbaren Produktionsfaktoren* beruhen. Dies gilt für alle Produktionsfaktoren: Umwelt und Boden, Arbeitskraft (Ausbildungsstand und Leistungsbereitschaft) und Kapital (bspw. technischer Stand der Produktionsanlagen). Zudem und teilweise mengen- und qualitätsbedingt bestehen erhebliche Unterschiede in der *Faktorentlohnung* (= Preise für die Produktionsfaktoren: Mieten, Löhne, Zinsen).

Bei den Kostenunterschieden ist nun zu differenzieren zwischen *absoluten* und *relativen (= komparativen) Kosten*. Der Klassiker Adam Smith (1723 bis 1790) ging davon aus, daß sich Handel dann lohnt, wenn ein Gut in einem Land kostengünstiger hergestellt werden kann als im Ausland. Darüber hinaus hat David Ricardo, ein englischer Nationalökonom und Politiker (1772 bis 1823), auf ein Phänomen hingewiesen, das zunächst weniger einleuchtet: Handel ist auch dann vorteilhaft, wenn eines der beiden betrachteten Länder alle Produkte billiger anbieten kann (= Theorie der komparativen Kosten). Er argumentiert anhand von realen Tauschverhältnissen (an den klassischen Geldschleier sei hier erinnert!). Noch heute wird daher zwischen der „*reinen*" und der „*monetären*" *Außenwirtschaftstheorie* unterschieden.

Anhand eines einfachen Beispiels kann dieses Phänomen verdeutlicht werden. Zwei Länder (I und A) produzieren Weizen (W) und Tuch (T), wobei das Inland (I) pro Zeiteinheit und unter Einsatz aller Produktionsfaktoren maximal 50 Einheiten Weizen oder 100 Einheiten Tuch herstellen kann; das Ausland (A) hingegen 100 Einheiten Weizen bzw. 120 Einheiten Tuch (s. Abb. 15.1.2.)

In der ersten Spalte sind die absoluten Arbeitskosten eingetragen: I braucht zur Produktion einer Einheit Tuch bspw. 1/100 Zeiteinheiten. Hier zeigen sich die *absoluten Vorteile* von A: Für beide Güter wird hier ein geringerer Arbeitszeiteinsatz benötigt als bei I. Aus der zweiten Spalte ist ersichtlich, daß der Vorsprung von A nicht bei beiden Gütern **gleich groß ist, sondern größer (geringer) bei der Weizen- (Tuch-) produktion. D.h. A** hat in der Weizenproduktion einen *komparativen Vorteil*, in der Tuchproduktion hingegen einen *komparativen Nachteil*. Betrachten wir in der dritten Spalte die Opportunitätskosten bei der Produktion beider Güter in beiden Ländern (auf wieviel Einheiten eines Gutes muß jeweils verzichtet werden bei der Produktion des anderen Gutes?), zeigt sich, daß im Inland bei der Tuchproduktion (eine Einheit) auf 1/2 Einheit Weizen verzichtet werden muß; im Ausland „kostet" die

	absolute Arbeitskosten		Verhältnis der absoluten Arbeitskosten		Opportunitätskosten von T, ausgedrückt in W	von W, ausgedrückt in T
	T	W	T_I/T_A	W_I/W_A	T/W	W/T
I	1/100	1/50			$\dfrac{1/100}{1/50}=0,5$	$\dfrac{1/50}{1/100}=2$
			$\dfrac{1/100}{1/120}$	$\dfrac{1/50}{1/100}$		
A	1/120	1/100	$=1,2$	$=2$	$\dfrac{1/120}{1/100}=5/6$	$\dfrac{1/100}{1/120}=1,2$
	A hat absolute Vorteile: Bei beiden Produkten geringere Arbeitskosten, d. h. weniger Zeiteinsatz.		A bietet pro Zeiteinheit die doppelte Menge Weizen an, aber „nur" die 1,2-fache Menge an Tuch. Seine Überlegenheit ist bei Weizen am größten!		I hat niedrigere Opportunitätskosten bei Tuch (ausgedrückt in Weizeneinheiten) –> Spezialisierung auf Tuch. A hat niedrigere Opportunitätskosten bei Weizen (ausgedrückt in Tucheinheiten) –>Spezialisierung auf Weizen	

Abb. 15.1.2. Absolute und relative (komparative) Kostenunterschiede

Tuchproduktion mehr, nämlich 5/6 Einheiten Weizen. Das Inland hat also in der Tuchproduktion die geringeren Verzichtkosten (Ausland: bei Weizen, 6/5 < 2) und wird sich darauf spezialisieren.

Nehmen wir an, I bekommt von einem dritten Land einen Auftrag zur Lieferung von 500 Einheiten Weizen. Die Bereitstellung bedeutet Verzicht auf 1000 Einheiten Tuch. I wird Tuch produzieren, wenn es dafür mehr als 500 Einheiten Weizen bei A eintauschen kann – bspw. 700. I könnte dann den Auftrag erfüllen und zusätzlich 200 Einheiten Weizen verbrauchen. A braucht für 700 Einheiten Weizen sieben Zeiteinheiten (500 Einheiten Weizen würden I zehn Zeiteinheiten kosten!), in denen es „nur" 840 Einheiten Tuch herstellen kann. Der Handel lohnt sich also für beide!

Allgemein gilt:

> Ein Land wird immer jenes Gut exportieren (importieren), dessen komparative Kosten niedriger (größer) sind als die der Produktion des Gutes im anderen Land. Bestehen keine komparativen Kostenunterschiede, besteht bei gleichen Nachfragepräferenzen auch kein Anreiz zum Handel.

Der *Nutzen der internationalen Arbeitsteilung* liegt darin, daß bei quantitativ gleichem, aber insgesamt effizienterem Faktoreinsatz *Tausch- und Spezialisierungsgewinne* ermöglicht werden, die ein erhöhtes Weltsozialprodukt zur Folge haben.

Auch diese Handelsgewinne lassen sich anhand des bekannten Beispiels verdeutlichen.

	Erzeugte Einheiten vor Handelsaufnahme		Kosten in Arbeitszeiteinheiten	Erzeugte Einheiten nach Handelsaufnahme	
	T	W		T	W
I	100	50	1 + 1 = 2	200	–
A	120	100	1 + 1 = 2	50	150
ges.	220	150		250	150

Abb. 15.1.3. Handelsgewinne

Die beiden Länder produzieren vor Handelsaufnahme zusammen 220 Einheiten Tuch bzw. 150 Einheiten Weizen während jeweils zwei Arbeitszeiteinheiten. Spezialisiert sich A nun auf Weizen entsprechend seinen komparativen Vorteilen, kann es die gesamte Weizenproduktion von 150 Einheiten in 3/2 Zeiteinheiten bewerkstelligen und zusätzlich noch die restliche Arbeitszeit (1/2 Zeiteinheiten) nutzen zur Produktion von 50 Einheiten Tuch. I spezialisiert sich auf Tuch und erstellt 200 Einheiten in der vorgegebenen Zeit. In Tucheinheiten ausgedrückt ergibt sich somit ein *Handelsgewinn* von 30 Einheiten.

Warum gibt es dennoch Handelsbeschränkungen, wo der Nutzen der internationalen Arbeitsteilung so offensichtlich ist? Die Risiken des internationalen Handels liegen darin, daß sich die nationalen Wirtschaften in *Abhängigkeiten* begeben, wenn sich ein freier Welthandel entsprechend den jeweiligen komparativen Kostenvorteilen durchsetzen würde. Als wesentliche Argumente sind hier zu nennen:

– Der Verzicht auf die eigene Produktion bestimmter Branchen zugunsten von Importen aus Ländern, die komparative Kostenvorteile in diesem Bereich aufweisen, bedeutet gleichzeitig Verzicht auf Arbeitsplätze in bestimmten Branchen. Als Beispiel zu nennen ist hier die bundesdeutsche Werftindustrie, auch die durch das Welttextilabkommen geschützte Textilbranche. Zwar würden bei Freihandel und Außenhandelsgleichgewicht in anderen Bereichen Arbeitsplätze durch den Export geschaffen; aber die notwendigen Anpassungen sind *politisch* nicht durchsetzbar.

– Die einseitige Spezialisierung auf bestimmte Produktions- und Exportstrukturen kann dazu führen, daß sich das exportierende Land in die Unsicherheit schwankender Weltmarktpreise und damit schwankender Exporterlöse begibt. Hier sind manche Entwicklungsländer zu nennen, deren Wirtschaften stark abhängig sind von einigen wenigen exportierten Primärprodukten.

– Kein Land wird sich in die völlige Importabhängigkeit von bestimmten „sensiblen" Gütern wie Nahrungsmittel oder Energieträger begeben. Um ein gewisses Maß an Autarkie zu bewahren, werden solche Branchen – auch wenn dies ökonomisch nicht immer sinnvoll ist –, falls notwendig, auch mit Hilfe von Subventionen aufrechterhalten. Als Beispiel können für die Bundesrepublik Deutschland die Bereiche Kohle und Stahl genannt werden. Die Frage, wie ein ökonomisch vertretbarer Kompromiß zwischen Freihandel einerseits und auf Sicherheitsüberlegungen beruhende Handelsbeschränkungen andererseits aussehen könnten, wird im zweiten Band behandelt.

15.2 Außenwirtschaftliches Gleichgewicht

Warum werden alle internationalen Transaktionen in der Zahlungsbilanz doppelt verbucht? Welche Transaktionen führen zu einer
Zunahme (Abnahme) des Devisenbestandes? Warum ist die gesamte Zahlungsbilanz rechnerisch immer ausgeglichen? Wie läßt sich
kurzfristiges (langfristiges) außenwirtschaftliches Gleichgewicht
definieren?

Begriffe: Zahlungsbilanz (Leistungsbilanz, Handels-, Dienstlei-
stungs- und Übertragungsbilanz, Kapitalbilanz, Devisenbilanz, Außenbeitrag).

Das Ziel „außenwirtschaftliches Gleichgewicht" kennen wir als Element des „magischen Vierecks" der Wirtschaftspolitik. Um seine
Bedeutung zu ergründen, soll zunächst auf das Konzept der Zahlungsbilanz eingegangen werden.

Die Zahlungbilanz – ein Element der Volkswirtschaftlichen Gesamtrechnung – ist
die wertmäßige Aufstellung aller ökonomischen Transaktionen, die zwischen
Inländern und Ausländern innerhalb einer bestimmten Periode vorgenommen
worden sind. Es handelt sich dabei um eine Stromgrößen-, d. h. Veränderungsrech-
nung – nicht um eine Bestandsrechnung.

Die *Zahlungsbilanz* besteht aus sog. Aktiv- und Passivposten, wobei all jene Transaktionen, die zu Zahlungseingängen führen, grundsätzlich auf der Aktivseite verbucht werden – Transaktionen, die mit
Zahlungsausgängen verbunden sind, stehen auf der Passivseite.

Die *Leistungsbilanz* umfaßt die Handelsbilanz, die Dienstleistungsbilanz und die Übertragungsbilanz, wobei Handels- und Dienstleistungsbilanz zusammen den *Außenbeitrag* darstellen. In der *Han-
dels- und Dienstleistungsbilanz* werden auf der Aktivseite die Exporte
erfaßt, d. h. Einnahmen für eigene Waren, Importe (auf der Passivseite)
sind mit Ausgaben für fremde Waren verbunden. Werden die durch
Exporte erzielten Devisen in DM umgewechselt, erhöht sich der
Devisenbestand der Bundesbank, andererseits vermindert der Devisen-
bedarf für Importe die Bestände. Die *Dienstleistungsbilanz* („unsicht-
bare" Exporte und Importe) enthält einerseits bspw. Einnahmen aus
dem Reiseverkehr, aus Transportleistungen und Kapitalerträgen (die als
Entgelt für die Dienstleistung der Bereitstellung von ausländischen
Kapitalanlagen gedeutet werden), die gleichzeitig Deviseneinnahmen
bedeuten, die analogen Leistungen des Auslands (bspw. für bundes-

deutsche Touristen) führen zu Ausgaben und zur Verringerung des Devisenbestandes. Die Übertragungsbilanz, auch Schenkungsbilanz genannt, erfaßt schließlich einseitige Güter- oder Geldleistungen an das (vom) Ausland, entsprechende Abflüsse sind bspw. Überweisungen ausländischer Arbeitnehmer in ihre Heimatländer, Leistungen an Entwicklungsländer, Beiträge zu internationalen Organisationen und Wiedergutmachungsleistungen. Werden die genannten Teilbilanzen miteinander verrechnet, ergibt sich als Saldo ein *Leistungsbilanzüberschuß*, sofern die Summe der Zahlungseingänge größer ist als die der Zahlungsausgänge; im umgekehrten Fall spricht man von einem Leistungsbilanzdefizit. Auf die Aussagefähigkeit dieser Größe wird im folgenden noch einzugehen sein.

Die *Kapitalbilanz* (besser: Kapitalverkehrsbilanz) erfaßt die Veränderungen der Forderungen und Verbindlichkeiten zwischen In- und Ausland, außerdem Forderungen und Verbindlichkeiten der Zentralbank, die in der Devisenbilanz erfaßt werden. Als *langfristiger Kapitalverkehr* gelten Direktinvestitionen, Finanzinvestitionen und längerfristige Kredite, der *kurzfristige Kapitalverkehr* enthält bspw. Handelskredite und alle Forderungen und Verbindlichkeiten mit einer Laufzeit unter einem Jahr. Daß Kapitalimporte (-exporte) auf der Aktivseite (Passivseite) verbucht werden, erklärt sich dadurch, daß Kapitalimporte (-exporte) mit Zahlungen aus dem (an das) Ausland verbunden sind. Eine insgesamt positive Kapitalbilanz liegt vor, wenn die Nettozunahme der Verbindlichkeiten gegenüber dem Ausland insgesamt größer ist als die Zunahme der Forderungen an das Ausland. Im umgekehrten Fall weist die Kapitalbilanz ein Defizit auf. Eine Zunahme der Verbindlichkeiten (Forderungen) bedeutet eine Verminderung (Erhöhung) des Nettoauslandsvermögens.

Als *Grundbilanz* wird die Zusammenfassung von Leistungsbilanz und langfristiger Kapitalverkehrsbilanz bezeichnet, d. h. alle relativ stabilen Transaktionen. Der kurzfristige Kapitalverkehr unterliegt starken Schwankungen, u. a. auch deshalb, weil hierbei häufig Spekulationsmotive eine Rolle spielen.

Die *Veränderung der Nettoauslandsposition der Bundesbank* enthält neben den Veränderungen der Devisenbestände (*Devisenbilanz*) – genauer: alle Auslandsaktiva der Bundesbank – noch eine Position *Ausgleichs- und Restposten*, in der Wertberichtigungen der Währungsreserven aufgrund von Auf- und Abwertungen vorgenommen werden; auch die Verbuchung von Sonderziehungsrechten des Internationalen Währungsfonds erfolgt hier.

Da alle in der Leistungs- und in der Kapitalbilanz erfaßten Transaktionen gleichzeitig auf der Gegenseite der Devisenbilanz verbucht werden, muß die *gesamte Zahlungsbilanz* damit *rechnerisch immer ausgeglichen* sein: Der Überschuß der Einnahmen über die Ausgaben bzw. der Ausgaben über die Einnahmen wird durch die Zunahme bzw. Abnahme der Devisenbestände abgedeckt. So wurden bspw. in der Bundesrepublik 1992 (siehe Abbildung 15.2.1) die Nettoausgaben des Leistungsverkehrs in Höhe von 39,1 Mrd. DM durch Kapitalimporte von 134,8 Mrd. DM kompensiert; zuzüglich der Abflüsse an statistisch nicht aufgliederbaren Transaktionen in Höhe von 33,3 Mrd. DM nahmen die Auslandsaktiva der Bundesbank damit um 62,4 Mrd. DM zu.

Zur Analyse der Zahlungsbilanzsituation empfiehlt es sich, einzelne Teilbilanzen zu betrachten. Die bundesdeutsche *Leistungsbilanz* (Auslandsposition) ist seit den 50er Jahren mit Ausnahme der Jahre 1962, 1965, 1979–1981 und der letzten beiden Jahre 1991, 1992 positiv. Der Einbruch 1979 bis 1981 ist bspw. darauf zurückzuführen, daß neben stagnierenden Ausfuhren die internationalen Preise vor allem für Öl und andere Rohstoffe erheblich stärker anstiegen als die Preise eigener Exporte; zudem sorgte ein ab 1980 steigender Dollarkurs für eine in DM noch höher ausfallende Einfuhrrechnung. Die noch verbleibenden Überschüsse der Handelsbilanz reichten nicht aus, um die steigenden Defizite der Dienstleistungs- und Übertragungsbilanz auszugleichen: Ersteres rührte vor allem von den steigenden Ausgaben für Auslandsreisen deutscher Touristen her, die negative Übertragungsbilanz hängt mit den Überweisungen ausländischer Arbeitnehmer in ihre Heimat und mit Zahlungen an internationale Organisationen zusammen. Die Devisenbestände der Bundesbank nahmen folglich stark ab (siehe die Tabelle für das Jahr 1980), wobei langfristige Kapitalimporte den Trend noch bremsten. Während die langfristige Kapitalbilanz noch relativ aussagefähig hinsichtlich der Kapitalrendite im internationalen Vergleich ist (der Nettokapitalimport in die Bundesrepublik war bspw. 1971 bis 1973 aufgrund der relativ günstigen Ertragslage recht hoch), gilt dies für die kurzfristige Kapitalbilanz aufgrund der starken Schwankungen nicht.

Entspricht der Saldo der Leistungsbilanz dem der Kapitalbilanz mit umgekehrtem Vorzeichen – d. h. werden Leistungsbilanzüberschüsse für Kapitalexporte genutzt bzw. Leistungsbilanzdefizite durch Kapitalimporte „finanziert" –, bleiben die Währungsreserven der Bundesbank konstant; Devisenzuflüsse und -abflüsse sind gleich hoch. Es gilt daher *kurzfristig*:

Von kurzfristigem außenwirtschaftlichem Gleichgewicht wird gesprochen, wenn der Saldo der Devisenbilanz gleich null ist. Langfristig läßt sich ein Leistungsbilanzdefizit jedoch nicht über Kapitalimporte finanzieren (Überschuldung des Landes – vgl. Kapitel 16).

	1950	1960	1970	1975	1980	1985	1992
I. Leistungsbilanz	−0,3	+5,6	+4,8	+10,7	−25,2	+48,4	−39,1
1. Handelsbilanz	−3,0	+5,2	+15,7	+37,3	+8,9	+73,4	+33,5
2. Dienstleistungsbilanz	+0,6	+3,9	−1,1	−9,3	−10,6	+3,9	−23,6
3. Übertragungsbilanz	+2,1	−3,5	−9,8	−17,3	−23,5	−28,9	−49,0
II. Kapitalbilanz	+0,6	+2,3	+16,7	−12,5	−0,4	−55,1	+134,8
1. langfristiger Kapitalverkehr	+0,5	−0,1	−0,9	−18,2	+5,8	−13,4	+45,4
2. kurzfristiger Kapitalverkehr	+0,1	+2,4	+17,6	+5,7	−6,2	−41,7	+89,4
III. Statistisch nicht aufgeführte Transaktionen	−0,9	+0,1	+0,4	−0,3	−2,4	+8,6	−33,3
IV. Veränderung der Netto-Auslandsposition der Bundesbank	−0,6	+8,0	+22,6	+3,4	−25,8	−1,2	+62,4

Abb. 15.2.1. Die Zahlungsbilanzsalden der Bundesrepublik Deutschland

Ein langfristig positiver Außenbeitrag suggeriert zwar wirtschaftliche Stärke eines Landes, bedeutet aber auch, daß den Überschüssen im Inland Defizite im Ausland mit entsprechenden Zahlungs- und Währungsproblemen gegenüberstehen – möglicherweise folgen daraus im Ausland Importbeschränkungen. Andererseits ist ein positiver Außenbeitrag notwendig, wenn ein negativer Saldo der Übertragungsbilanz (bspw. aufgrund von Entwicklungshilfe) besteht. Auch kann ein positiver Außenbeitrag (und ein Leistungsbilanzüberschuß) dann sinnvoll sein, wenn höhere Kapitalerträge im Ausland Kapitalexporte zur optimalen Allokation des Weltkapitalstocks erfordern. *Langfristiges außenwirtschaftliches Gleichgewicht* impliziert einen *Saldo der*

Leistungsbilanz von null, d. h. die inländischen Ausgaben in fremder Währung (für Importe, Übertragungen) entsprechen den inländischen Einnahmen in fremder Währung (aus Exporten, Übertragungen). Für den Ausgleich zuständig ist auch hier wieder ein Preismechanismus. Im Laufe des Entwicklungsprozesses wird ein Land sich, wegen des Importes notwendiger Investitionsgüter, verschulden müssen und einen Ausgleich der Devisenbilanz über Kapitalimporte anstreben; im Reifestadium wird sich der Trend umkehren (Leistungsbilanzüberschüsse und positive Kapitalexporte wegen der Rückzahlung der Kredite).

15.3 Feste oder flexible Wechselkurse?

Wie kommt es bei flexiblen Wechselkursen „automatisch" zu einem Ausgleich der Devisenbilanz? Welcher Vorteil (Nachteil) ist mit festen Wechselkursen verbunden? Wie wird ein fester Wechselkurs aufrechterhalten? Wie vollziehen sich außenwirtschaftliche Anpassungen bei flexiblen (festen) Wechselkursen? Warum gelten feste Wechselkurse als integrationsfördernd?

Begriffe: Fester und flexibler Wechselkurs; ‚importierte Inflation'.

Den in inländischer Währung ausgedrückten Preis, der für eine fremde Währung bezahlt werden muß, bezeichnet man als Wechselkurs.

Bildet sich der Wechselkurs marktlich aus dem Angebot von und der Nachfrage nach ausländischer Währung, führt dieser Marktmechanismus zu einer ausgeglichenen Devisenbilanz. Man spricht in diesem Fall der marktlichen Wechselkursbildung von *flexiblen Wechselkursen*; wird der Wechselkurs durch die währungspolitischen Instanzen festgelegt und entsprechend festgehalten, liegen *feste Wechselkurse* vor.

Anhand der bekannten Angebots- und Nachfragekurven läßt sich zeigen, wie es zu einem gleichgewichtigen Wechselkurs, damit zum Ausgleich von Angebot und Nachfrage nach Devisen (bspw. US-$) und zu einer ausgeglichenen Devisenbilanz kommt (s. Abb. 15.3.1.).

Die Nachfragekurve stellt die Nachfrage nach US-$ bspw. dar; diese ergibt sich aus geplanten Warenimporten, Dienstleistungsimporten (Tourismus), Kapitalausfuhren (bspw. Kredite an das Ausland) und Übertragungen. Je niedriger der Wechselkurs (im Bsp: $-Kurs), desto größer c. p. die Nachfrage, die zudem natürlich auch durch andere Faktoren wie Güterpreise im Ausland und relatives ausländi-

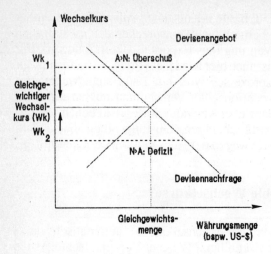

Abb. 15.3.1. Flexible Wechselkurse

sches Zinsniveau bestimmt wird. Das Dollar-Angebot rührt von Einnahmen aus Waren und Dienstleistungsexporten, Kapitaleinfuhren und Übertragungszuflüssen her.

– Ist das Angebot größer als die Dollar-Nachfrage (bei WK₁) weist die Devisenbilanz einen Überschuß auf. Der Preis für die ausländische Währung – der *Wechselkurs* – *sinkt*, sofern die Marktkräfte wirken können; gegenüber dem Dollar wird die *heimische Währung* dadurch *aufgewertet* (für eine Einheit heimischer Währung erhält man mehr Einheiten fremder Währung).

– Ist die Nachfrage größer als das Dollar-Angebot (bei WK₂), weist die *Devisenbilanz* ein *Defizit* auf. Der *Wechselkurs steigt* (d. h. der Dollar wird teurer); die *heimische Währung* wird dadurch *abgewertet* (für eine Einheit heimischer Währung erhält man weniger Einheiten fremder Währung).

> Bei flexiblen Wechselkursen wird ein Devisenbilanzüberschuß-(defizit) dadurch abgebaut, daß der Wechselkurs sinkt (steigt) und die heimische Währung aufgewertet (abgewertet) wird. Angebot und Nachfrage passen sich an, so daß es automatisch zu einem Devisenbilanzausgleich kommt.

Das Niveau der Wechselkurse wird bei Wechselkursflexibilität indirekt auch durch die nationale Politiken (z. B. Zinspolitik) beeinflußt. Ein hohes Zinsniveau im Ausland führt zu einer starken Nachfrage nach ausländischer Währung zwecks Kapitalexport. Aufwertung der ausländischen Währung bzw. Abwertung der heimischen Währung ist die Folge. Die hohen Zahlungsbilanzdefizite der USA und das Defizit des amerikanischen Haushalts wurden bspw. vom Ausland finanziert, indem das amerikanische Schatzamt ausländischen Anliegern hohe Zinsen bot. Um die Wechselkurse annähernd konstant zu halten, mußten in der Folge auch die Zinsen im Rest der Welt ansteigen.

Ein *Nachteil flexibler Wechselkurse* wird vor allem von der im Außenhandel engagierten Wirtschaft darin gesehen, daß Kursschwankungen und -risiken längerfristige Planungen auf einen unsicheren Boden stellen. Demgegenüber bieten *feste Wechselkurse* eine sichere Kalkulationsgrundlage für Importeure und Exporteure; fehlende Kursrisiken wirken sich positiv auf den internationalen Waren-, Dienstleistungs- und Kapitalverkehr aus.

> In einem System fester Wechselkurse verpflichten sich die Zentralbanken der beteiligten Länder, die Devisenpreise auf einer vereinbarten Höhe bzw. in einer vereinbarten Bandbreite „festzuhalten". Dies geschieht dadurch, daß die Zentralbanken als zusätzliche Anbieter oder Nachfrager auf dem Devisenmarkt auftreten, indem sie eigene Währung anbieten oder kaufen.

Soll der Wechselkurs innerhalb der durch die gestrichelten Linien bei Wk_1 und Wk_3 angegebenen Bandbreite gehalten werden und bildet sich ohne Interventionen bei den Angebots- und Nachfragekurven A_0 und N_0 der Wechselkurs WK_0, so wird die Zentralbank durch zusätzliche Nachfrage (Interventionsmenge AB) dafür sorgen, daß sich bei einer Gesamtnachfrage von N_1 ein Wechselkurs von WK_1 einstellt.

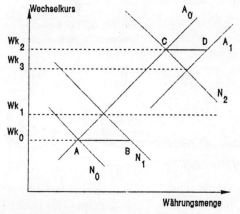

Abb. 15.3.2. Interventionen im System fester Wechselkurse

Bildet sich andererseits durch A_O und N_2 ein als zu hoch empfundener Wechselkurs WK_2, so muß die Zentralbank durch zusätzliches Devisenangebot (CD) das Gesamtangebot auf A_1 steigern, so daß sich ein niedrigerer Wechselkurs (WK_3) ergibt.

> Bei festen Wechselkursen erfolgt der Devisenbilanzausgleich nicht automatisch. Das Ziel „außenwirtschaftliches Gleichgewicht" muß mit interventionistischen Maßnahmen verfolgt werden, die möglicherweise binnenwirtschaftlichen Zielen entgegenwirken. Eine eigenständige Wirtschaftspolitik wird damit erschwert.

Zur Verdeutlichung sollen zwei Länder betrachtet und notwendige Anpassungsprozesse bei flexiblen bzw. festen Wechselkursen gegenübergestellt werden.

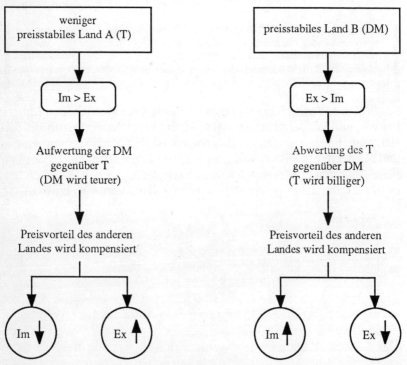

Abb. 15.3.3. Anpassungsprozesse bei flexiblen Wechselkursen

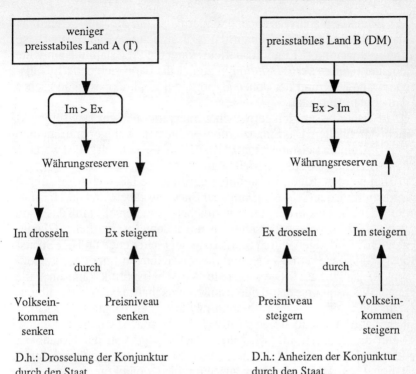

Abb. 15.3.4. Anpassungsprozesse bei festen Wechselkursen

Jenes Land (B), dessen Wirtschaftspolitik auf Preisstabilität ausgerichtet ist, hat gegenüber dem anderen Land mit Inflationsproblemen (A) einen Preisvorteil, der zu einem Handelsbilanzüberschuß (Land A: Defizit) führt. Durch die hohen Exporte steigt im Land B das Angebot an der Währung des Landes A, was zu einer Abwertung der A-Währung führt. Dadurch, daß die Währung billiger wird, kann der Preisnachteil des Landes A kompensiert werden, dessen Exporte nach B dann ansteigen. Umgekehrt werden die Importe des Landes A aus dem Land B dadurch gebremst, daß die Verteuerung der B-Währung Preisvorteile der B-Waren kompensiert. Der Zahlungsbilanzausgleich erfolgt also automatisch. Bei festen Wechselkursen müßte die Zentralbank des preisstabilen Landes B, um einer Abwertung der A-Währung entgegenzuwirken, die Nachfrage nach T steigern und, um die „überschüssige" Menge T vom Markt zu nehmen, dafür zusätzliche DM ausgeben. Diese „Geldschwemme" (Liquiditätseffekt) kann die Preisstabilität zunichte machen („*importierte Inflation*"), zumal die dann steigende Inlandsnachfrage aufgrund der hohen Exporte auf ein knappes inländisches Angebot treffen kann.

Auf Dauer lassen sich permanente Interventionen am Devisenmarkt nicht durchhalten. Das Finanzierungsproblem im weniger preisstabilen Land mit einem Leistungsbilanzdefizit kann nur dadurch gelöst werden, daß wirtschaftspolitische Maßnahmen zur Konjunkturdrosselung ergriffen werden. Eine Eindämmung der Importe läßt sich bspw. durch Reduzierung der Geldmenge und der Staatsausgaben, und durch Erhöhung der Zinsen und der Steuern erreichen. Andererseits muß das Land B mit Leistungsbilanzüberschüssen, um außenwirtschaftliches Gleichgewicht zu erlangen, durch Steigerung der Geldmenge und der Staatsausgaben sowie durch Zins- und Steuersenkungen Importe und Konjunktur „ankurbeln". Die nationale Wirtschaftspolitik kann im Falle fester Wechselkurse damit durch außenwirtschaftliche Zwänge diktiert sein; die internationale Konjunkturabhängigkeit ist groß. Das Überschußland kann jedoch eine positive Leistungsbilanz lange hinnehmen, wenn die dadurch angeschwollene Geldmenge von der Notenbank durch geldpolitische Maßnahmen vom Markt genommen wird. International wird politisch Druck ausgeübt, die Konjunktur anzukurbeln.

> Wichtige Bedingung dafür, daß ein System fester Wechselkurse mit dem Vorteil berechenbarer Planungsgrundlage für grenzüberschreitenden Handel funktioniert, ist die Abstimmung der nationalen Wirtschaftspolitiken. Dies gilt vor allem hinsichtlich der Preisniveaustabilität: Ein Land, das isoliert das Ziel der Preisniveaustabilität verfolgt, kann bei festen Wechselkursen leicht Inflation von außen „aufgedrängt" bekommen, was die nationale Geldpolitik verhindern sollte.

Da feste Wechselkurse als integrationsfördernd gelten, weil sie Druck auf die Koordination der nationalen Wirtschaftspolitiken ausüben, sind Währungsverbunde wie das Europäische Währungssystem (EWS) wichtiger Bestandteil von Integrationsbemühungen, auf die im zweiten Band noch zurückzukommen ist.

15.4 Außenwirtschaftspolitik

> Welchen Zielkonflikten ist die Außenwirtschaftspolitik ausgesetzt?

Ähnlich dem „magischen Viereck" der allgemeinen Wirtschaftspolitik läßt sich ein „magisches Dreieck" der Außenwirtschaftspolitik konstruieren:

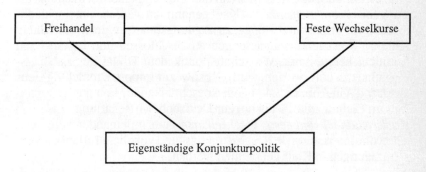

Abb. 15.4.1. Das magische Dreieck der Außenwirtschaftspolitik

- Das *Ziel des Freihandels* zu verfolgen, würde aufgrund der geschilderten Vorteile einer marktlichen internationalen Arbeitsteilung entsprechend den komparativen Vorteilen der verschiedenen Länder Nutzen für alle Beteiligten bringen.
- *Feste Wechselkurse* anzustreben, kann zur Ausweitung des internationalen Handels von Vorteil sein, da für die längerfristige Planung der Wirtschaft ein fester, berechenbarer Rahmen größere Sicherheit bietet als sich ständig verändernde Rahmendaten.
- Eine *eigenständige Konjunkturpolitik* betreiben zu können, ist aufgrund unterschiedlicher wirtschaftspolitischer Prioritäten für jedes einzelne Land wichtig, unterschiedliche Auffassungen der Handelspartner hinsichtlich der Wertigkeit bspw. der Ziele Vollbeschäftigung und Preisniveaustabilität sind die Regel. Im europäischen Zusammenhang ist bspw. die Bundesrepublik Deutschland dasjenige Land, das dem Ziel der Preisniveaustabilität größte Bedeutung beimißt.

Diese Ziele lassen sich nun nicht leicht gleichzeitig verwirklichen:

- Auf feste Wechselkurse muß verzichtet werden, wenn einem Land *Freihandel und eigenständige Konjunkturpolitik* wichtig sind: So bedarf es, um Freihandel aufrechterhalten zu können, einer Anpassung der Wechselkurse bei unterschiedlichen Preisniveauentwicklungen, feste Wechselkurse können eine Anti-Inflationspolitik konterkarieren.

- Eine *eigenständige Konjunkturpolitik* kann *bei festen Wechselkursen* nur verfolgt werden, wenn die Nachteile einer Freihandelsaufgabe (*Protektionismus*) in Kauf genommen werden. Unterschiedliche Inflationsraten führen zu Zahlungsbilanzungleichgewichten; sind Wechselkursanpassungen ausgeschlossen und ist ein Land nicht bereit, seine Wirtschaftspolitik dem Diktat der Zahlungsbilanz zu unterwerfen, wird es (bspw. zur Import-Drosselung siehe Land A in Abb. 15.3.4.) handelsbeschränkende Maßnahmen ergreifen (Schutzzölle) – bis hin zur Devisenbewirtschaftung.

- *Freihandel und feste Wechselkurse* sind miteinander vereinbar, wenn internationale Beschäftigungs- und vor allem Inflationsübertragungen in Kauf genommen werden.

Die Realität der westlichen Industrieländer ist durch *Kompromisse* gekennzeichnet: Weder gibt es Freihandel – eher wachsenden Protektionismus – noch gänzlich feste Wechselkurse, und auch im Rahmen der Konjunkturpolitik betreibt wohl keines der wichtigen Welthandelsländer einen völligen Alleingang. Wie mit solchen Kompromissen zu leben ist, wird im korrespondierenden Kapitel des zweiten Bandes thematisiert.

16 Entwicklungspolitik

16.1 Merkmale der Unterentwicklung

Welche Indikatoren können zur Beschreibung des Entwicklungsstandes eines Landes herangezogen werden? Wie aussagefähig sind
diese Entwicklungsindikatoren? Welche gesellschaftlichen und
wirtschaftlichen Disparitäten sind typisch für Entwicklungsländer

Begriffe: Relative und absolute Armut, Subsistenzproduktion,
Dualismus.

In den „Entwicklungsländern" leben etwa drei Viertel der Weltbevölkerung, die aber insgesamt nur über ein Viertel des Welteinkommens
verfügen. Üblicherweise wird als erster Anhaltspunkt zur Definition
des Zustands ‚Unterentwicklung' das durchschnittliche Pro-Kopf-Einkommen eines Landes herangezogen. Entsprechend werden Länder mit
niedrigstem Einkommen (bis etwa 600 US-$), Länder mit niedrigem
Einkommen (bis etwa 2.500 US-$) und Schwellenländer (bis etwa 7.000
US-$) unterschieden. Das durchschnittliche Pro-Kopf-Einkommen in
den 19 marktwirtschaftlichen Industrieländern betrug demgegenüber
1990 20.170 US-$; das eine Siebtel der Weltbevölkerung, das in diesen
Staaten lebt, beansprucht über zwei Drittel des Welteinkommens für
sich. Über fünfzig Prozent der Weltbevölkerung leben in den ärmsten 43
Staaten – und erwirtschaften nur 4% des Welteinkommens.
   Ein Merkmal wirtschaftlicher Unterentwicklung ist also ein niedri-
ges *Pro-Kopf-Einkommen*. Ermittlung und Vergleichbarkeit dieses
Indikators sind jedoch nicht unproblematisch (siehe das Kapitel zur
Volkswirtschaftlichen Gesamtrechnung); hier sei nur daran erinnert,
daß der in armen Ländern recht große Selbstversorgungsanteil
(Subsistenzproduktion) darin nicht erfaßt werden kann und daß dieser
Durchschnittswert über die Einkommensverteilung innerhalb eines

Landes nichts aussagt. Auch die qualitativen Dimensionen der Unterentwicklung bleiben unberücksichtigt.

Zusätzlich heranzuziehende *Verteilungsindikatoren* geben bspw. an, welcher Anteil des gesamten Einkommens auf die reichsten (ärmsten) Haushalte entfällt. Während in Kenia 1976 (Brasilien 1972) die 20% ärmsten Haushalte 2,6% (2%) des Einkommens und die 10% reichsten Haushalte 45,8% (50,6%) für sich beanspruchen können, ist die Verteilung in den marktwirtschaftlichen Industrieländern tendenziell gleicher; für die Bundesrepublik lauteten die entsprechenden Werte 1978 bspw. 7,9% (unterste 20%) und 24% (höchste 10%).

Sozialindikatoren geben schließlich Auskunft über die Ernährungslage (bspw. durchschnittliche Kalorienaufnahme pro Tag), den Gesundheitszustand (Lebenserwartung bei Geburt, Kindersterblichkeitsrate bis zum vierten Lebensjahr, Säuglinge mit Untergewicht bei der Geburt) und den Ausbildungsstand (Prozentsatz der jeweiligen Altersgruppe an Grundschulen, an weiterführenden Schulen und an höheren Schulen/Universitäten, Anteil des Analphabetismus unter der erwachsenen Bevölkerung). Zusammen mit Indikatoren zur Beschäftigungslage (Arbeitslosenquote), zum Produktionswachstum, zum Bevölkerungswachstum, zur sektoralen Verteilung des Bruttoinlandsprodukts, zum Investitions- und Sparverhalten, zur Struktur des Warenhandels (Ein- und Ausfuhren) u. v. m. ergibt sich erst ein relativ aussagefähiges Bild eines Landes oder einer Ländergruppe, das zu Vergleichen herangezogen werden kann.

Ein typisches Entwicklungsland ist demnach durch die folgenden Merkmale gekennzeichnet:

– Niedriges Pro-Kopf-Einkommen,
– geringer Ausbildungsstand und mangelndes technisches Knowhow,
– Vorherrschaft des primären Sektors, gemessen an dem Anteil der Beschäftigten in diesem Sektor, am Anteil an der Erstellung des Inlandsprodukts und an der Ausfuhr – wohingegen Industriegüter überwiegend importiert werden,
– allgemein geringer Lebensstandard – gemessen mit Hilfe von Sozialindikatoren,
– große Wohlstandsdisparitäten, die sich vor allem in einem starken Stadt-Land-Gefälle hinsichtlich Einkommen, Infrastruktur und allgemeinen Lebensbedingungen bemerkbar machen.

In der entwicklungspolitischen Diskussion unterscheidet man relative und absolute Armut. Die *relative Armut* charakterisiert den Entwicklungsrückstand der Entwicklungsländer gegenüber den Industrieländern, sowie das Wohlstandsgefälle innerhalb der Entwicklungsländer zwischen den Regionen und sozialen Schichten. Unter *absoluter Armut* versteht man einen Zustand entwürdigender Lebensbedingungen (Unterernährung, Krankheiten, Analphabetentum, u. a. m.) in den unterentwickelten Ländern. Dort ist des weiteren oft eine Spaltung des Wirtschafts- und Gesellschaftssystems in unterentwickelte, sogenannte traditionelle, und entwickelte, sogenannte moderne Bereiche festzustellen, was in der entwicklungspolitischen Debatte als *Dualismus* bezeichnet wird.

> Entwicklungsländer sind gekennzeichnet durch ein niedriges Pro-Kopf-Einkommen, geringes Ausbildungsniveau, mangelndes technisches Know-how, und einen geringen Lebensstandard, sowie durch große Wohlstandsdisparitäten.

16.2 Ursachen der Unterentwicklung

> Welchen Erklärungsgehalt hat die ‚Dualismusthese‘ für den Fortbestand der Unterentwicklung? Aufgrund welcher Mechanismen kann Kapitalmangel als Ursache und auch Folge der Unterentwicklung angesehen werden? In welchem Zusammenhang stehen Bevölkerungswachstum und Armut? Welche außenhandelsbedingten Faktoren hemmen die Entwicklung?
>
> Begriff: „Teufelskreise"

Häufig werden Dualismen als eine Ursache der Unterentwicklung angeführt: Da die geringen vorhandenen Ressourcen (Sach- und Humankapital, technisches Wissen etc.) im modernen Bereich eingesetzt werden und deren Prosperität weitere Faktorwanderungen vom traditionellen in den modernen Bereich hervorruft, kommt es zu einer sich selbst verstärkenden Scherenentwicklung. Im modernen Bereich kommt es zu immer mehr Wohlstand, der sich auf eine kleine Oberschicht konzentriert; der größere traditionelle Bereich wird ‚ausgeblutet‘ und verarmt immer mehr.

Während einige Entwicklungstheoretiker von der Unumkehrbarkeit dieses Prozesses ausgehen, wird andererseits die These vertreten, daß solche Entwicklungs- und Verteilungsungleichgewichte Übergangsstadien auf dem Wege hin zur Entwicklung seien; langfristig würde der Wohlstand des modernen Wachstumssektors auch in den traditionellen Bereich ‚durchsickern'.

Solche Sickereffekte sind umstritten. Dennoch kann man das Wohlergehen des einen Bereiches nicht für die Unterentwicklung des anderen verantwortlich machen, sondern allenfalls nationale Wirtschaftspolitiken, die die rückständigen Bereiche vernachlässigen und den Industriesektor weiter unverhältnismäßig fördern.

Kapitalmangel ist unbestritten eine wichtige Ursache für die Unterentwicklung – aber auch eine Folge der Unterentwicklung, was sowohl für die *Sachkapitalausstattung* als auch für die Ausstattung mit *Humankapital* gilt. Solche Ursache-Wirkungs-Zusammenhänge, die sich als geschlossene Kreisläufe darstellen, werden als *Teufelskreise* (oder circuli viciosi) bezeichnet.

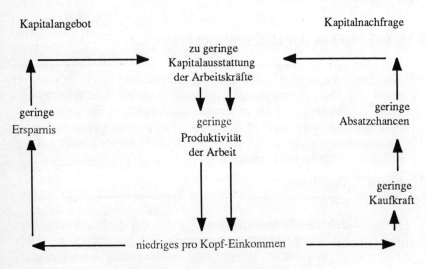

Abb. 16.2.1. Teufelskreis der Kapitalknappheit

Der Teufelskreis der (Sach-)Kapitalknappheit (Abbildung 16.2.1.) beginnt und endet mit niedrigem Einkommen, das aufgrund zu geringer Nachfrage und Sparfähigkeit auch nur ein geringes Investitionsniveau und folglich ein niedriges Sachkapitalniveau zuläßt. Wird dieses geringe Sachkapital mit dem (hinreichend vorhandenen) Faktor Arbeit kombiniert, ist das Arbeitsergebnis (die Arbeitsproduktivität), verglichen mit dem möglichen Ergebnis bei besserer Sach- und/oder Humankapitalausstattung, dürftig. Der Teufelskreis schließt sich mit folglich niedrigem Einkommen.

Der geringe Humankapitalbestand ist Ursache der Unterentwicklung, weil zu geringes Motivations- und Fähigkeitsniveau die Initiative für Neuerungen und Produktivitätssteigerungen jeder Art lähmt und damit viele Möglichkeiten zur Einkommenssteigerung ungenutzt läßt. Andererseits folgt ein geringer Humankapitalbestand auch aus der Unterentwicklung: Niedrige Einkommen sind zum einen verbunden mit Hunger und Krankheit und führen via geringer Antriebskraft mit geringer Lern- und Arbeitsleistung wiederum zur Einkommensstagnation; zum anderen ist das Besteuerungspotential bei niedrigem Einkommen gering, so daß auch seitens des Staates die Möglichkeit zur Erhöhung des Humankapitalbestandes (Erziehungs- und Bildungssystem, Gesundheitssystem) beschränkt ist.

Auch das Bevölkerungswachstum kann Ursache und Folge der Unterentwicklung sein. Selbst wenn das Bruttosozialprodukt steigt, sinkt das Pro-Kopf-Einkommen, so lange die Wachstumsrate des Sozialprodukts geringer ist als die Wachstumsrate der Bevölkerung. Letztere kann vorübergehend sogar ansteigen, da die Geburtenrate erst mit größerer Zeitverzögerung auf Wohlstandssteigerungen reagiert, während die Sterberate als Folge besserer Ernährung und des Imports des medizinischen Fortschritts relativ schnell sinken kann. Eine steigende oder konstant hohe Wachstumsrate der Bevölkerung wirkt damit als Entwicklungshemmnis auch bei an sich befriedigenden Wachstumsraten des Sozialprodukts. Stagniert das Pro-Kopf-Einkommen auf niedrigem Niveau oder sinkt es gar, belassen sozialpsychologische Ursachen die Geburtenziffer auf hohem Niveau. In manchen Teilen der Welt (z. B. in weiten Teilen Afrikas) ist allerdings die Bevölkerung noch nicht ausreichend groß genug, um die vorhandenen Landflächen effizient zu nutzen. Eine optimale Bevölkerungsdichte zu erreichen, ist eine wichtige Voraussetzung, damit eine arbeitsteilige Wirtschaft funktionieren kann. So verwundert es nicht, daß sich insbesondere in Stadtstaaten (bspw. Hongkong, Singapur) arbeitsteilige Volkswirtschaften entwickeln, die zu wirtschaftlichem Aufschwung verhalfen.

Auch *außenhandelsbedingte Probleme* sind als Ursache (und Folge!) der Unterentwicklung zu nennen. Ein geringer Entwicklungs- und Industrialisierungsstand geht einher mit einem hohen Primärgüteranteil an den Exporten. Entsprechend verletzlich sind die Länder hinsichtlich Preis- und Nachfrageschwankungen in den Industrieländern. Bei großen Exporterlösschwankungen, andererseits aber hohem Industriegüterimportbedarf leiden die Entwicklungsländer an chronischer Devisenknappheit; wachsende Auslandsverschuldung und sinkende Importkapazität sind die Folge. Da ohne den Import von Kapitalgütern auch nicht industrialisiert werden kann, kann auch die Exportstruktur nicht diversifiziert werden, die Abhängigkeit von den (unsicheren) Primärgüterexporten bleibt bestehen.

In diesem Zusammenhang wird häufig die Schuld der Industrieländer an der Unterentwicklung angeführt, die sich vom Kolonialismus über die Aktivitäten der transnationalen Unternehmen bis hin zum Protektionismus erstrecke und quasi einen sich selbst verstärkenden Dualismus auf internationaler Ebene zur Folge habe. Ohne die damit zusammenhängenden Probleme verniedlichen zu wollen, sei hier zu einer differenzierten Sichtweise ermahnt. Weder läßt sich heute klären, welche Entwicklung die Länder ohne den Kolonialismus genommen hätten, noch lassen sich auch positive Effekte ausländischer Direktinvestitionen (Kapitalbildung, Arbeitsplatzschaffung u. v. m.) leugnen.[1] Schließlich sei auch erwähnt, daß häufig die *nationale Wirtschafts- und Entwicklungspolitik* nicht gerade entwicklungsförderlich ist: Die Bevorzugung des Industriesektors, u. a. durch künstlich verbilligte Kredite (trotz Kapitalknappheit) und folglich eine unangemessene Kapitalintensität, falsche Anreize durch festgesetzte Nahrungsmittelpreise[2] und die konsumptive Verwendung der Auslandskredite sind hier als Beispiele zu nennen.

> Die Ursachen der Unterentwicklung sind binnenwirtschaftlicher (z. B. falsche Wirtschaftspolitik, Kapitalmangel, Bevölkerungswachstum) und außenwirtschaftlicher Art (Protektionismus der Industrieländer).

---

[1] Zum Protektionismus siehe ausführlich das Kap. 10 des zweiten Bandes.
[2] Siehe hierzu ausführlich Kap. 3 des zweiten Bandes.

16.3 Entwicklungspolitische Strategien

> Welche Ziele verfolgt die Entwicklungspolitik? Wie lassen sich Wachstumsstrategien zur Entwicklungsförderung begründen? Welche Wachstumsstrategien können unterschieden werden? Welche Vor- und Nachteile sind mit den Strategien der Importsubstitution und der Exportförderung bzw. -diversifizierung jeweils verbunden? Welche ‚optimale' Industrialisierungssequenz folgt daraus? Welche Bedeutung kommt der ‚Grundbedürfnisstrategie' und der Ordnungspolitik zu?
>
> Begriffe: Ausgewogenes und unausgewogenes Wachstum, Importsubstitution, Exportförderung und Exportdiversifizierung, ‚Grundbedürfnisstrategie'.

Die angeschnittenen Probleme deuten darauf hin, daß es im Rahmen der Entwicklungspolitik um

- die *Beseitigung der absoluten Armut* – durch die Schaffung und Verbesserung der Möglichkeiten zur Einkommenserzielung und durch angemessene sozialpolitische Maßnahmen (vor allem im Bildungs- und Gesundheitsbereich),
- die *Beseitigung der Dualismen* – vor allem durch ‚Aufholhilfen' für rückständige Bereiche, um Faktorabwanderungen zu verhindern und auch dort die Grundlage für produktiven Faktoreinsatz zu schaffen (Agrarpolitik, Regionalpolitik),
- die *Beseitigung des Sachkapitalmangels* – durch die Erhöhung des Investitionsniveaus; dies ist möglich durch die Steigerung der Kapitalimporte, aber vor allem auch durch eine Erhöhung der Sparquote, was allerdings auch Einkommenssteigerungen und die Entwicklung von Finanzmärkten bzw. attraktiver Finanzaktiva voraussetzt,
- die *Beseitigung des Humankapitalmangels* – durch staatliche und private Initiativen zur Investition in Humankapital, was allerdings sowohl auf der Angebotsseite (Staat) als auch auf der Nachfrageseite in der Regel auch ein gewisses Einkommensniveau voraussetzt,
- die *Reduzierung des Bevölkerungswachstums* – oder aber sehr hoher Wachstumsraten, die das Bevölkerungswachstum tragbar machen könnten,

gehen muß.

Entwicklungsstrategisch stellt sich die Frage, wie die äußerst knapp bemessenen Mittel nutzenmaximal eingesetzt werden sollten. Soll primär das Wachstum gefördert oder sollen zunächst die wichtigsten Grundbedürfnisse befriedigt werden (*Wachstums- versus Grundbedürfnisstrategie*)? Welcher Sektor sollte besondere Förderung erfahren (*Agrar- oder Industriesektor*)? Ist es sinnvoller, die Abhängigkeit von den Industrieländern zu reduzieren oder aber die Integration in den Weltmarkt zu suchen (*Autozentrierte Entwicklung oder Integration*)?

Die meisten Entwicklungsländer präferieren Wachstumsstrategien, weil davon ausgegangen wird, daß eine Erhöhung des Sozialprodukts letztlich auch zur Verwirklichung der anderen genannten Ziele beiträgt. Hiervon ging übrigens auch die Entwicklungshilfepolitik der Industrieländer in den 50er Jahren, begründet auf *wachstumstheoretischen* Überlegungen, aus. Demnach wird die Kapitalakkumulation als Motor der Entwicklung angesehen, da Kapital gegenüber Arbeit und Boden der knappe Produktionsfaktor ist und das niedrige Volkseinkommen aus zu geringem Sparen und Investieren resultiert. Da die Einkommen der Bauern und Lohnarbeiter meistens nahezu vollständig konsumiert werden, bestehe die einzige Möglichkeit zur Kapitalbildung, neben Kapitalimporten und ausländischen Direktinvestitionen, in einer Steigerung des Anteils der Gewinne am Volkseinkommen, die wieder zur Kapitalbildung verwendet würden.

Wachstum vollzieht sich demnach im *industriellen Sektor*, der gefördert werden muß. Die Strategie des *ausgewogenen Wachstums* (balanced growth) geht davon aus, daß die Marktenge in den Entwicklungsländern der Grund für die fehlende Investitionsbereitschaft der Unternehmer ist. Sie soll dadurch durchbrochen werden, daß sich durch die gleichzeitige horizontale und vertikale Expansion aller Branchen Arbeitsproduktivität und Realeinkommen erhöhen. Die so initiierte größere Nachfrage ist Anreiz für die Schaffung eines ausgedehnten Konsumgütermarkts. Demgegenüber steht die Strategie des *unausgewogenen Wachstums* (unbalanced growth) von der Leitfunktion einer oder mehrerer Schlüsselindustrien aus, die durch starke intersektorale Interdependenzen geprägt sind. Große Ungleichgewichte, d. h. Angebots- und Nachfrageüberschüsse, sollen die vor- und nachgelagerten Produktionsstufen zu weiteren Investitionen anreizen, Überschuß- und Knappheitsanreize sollen brachliegende Ressourcen und schlummerndes Unternehmerpotential mobilisieren. Die Beseitigung des Ungleichgewichts führt ihrerseits wieder zu einem Ungleichgewicht in einem anderen Sektor, was wiederum neue Investitionen nach sich zieht.

Da der gleichzeitige Aufbau aller Industriezweige unrealistisch ist (hohe Mindestgrößen der Produktion, häufig begrenzte Inlandsnachfrage und riesiger Kapitalaufwand) und einen großen staatlichen Planungsaufwand impliziert, konzentriert sich die Entwicklungspolitik zumeist auf *Schlüsselindustrien*, wobei deren Auswahl allerdings ein ‚spill-over' auf andere Bereiche (bspw. Zulieferungsindustrien) – so bei kapitalintensiven und stark importabhängigen Industrien – nicht immer zuläßt.

Die Berücksichtigung des internationalen Handels führt zur Unterscheidung zwischen den *Strategien der Importsubstitution* (tendenziell eher bei Bestrebungen zur Reduzierung der außenwirtschaftlichen Abhängigkeit) *und der Exportförderung*.

Die *Importsubstitutionspolitik* zielt darauf ab, bisher importierte Güter im Land selbst zu produzieren, dadurch Devisen einzusparen und außenwirtschaftliche Abhängigkeiten zu reduzieren. Das Instrumentarium hierfür sind Subventionen jeder Art, Importzölle und -beschränkungen und die Wechselkurspolitik (unterschiedlich festgelegte Wechselkurse für verschiedene Importgüter). Zunächst wird es dabei um die Substitution von Konsumgüterimporten gehen. Der Vorteil besteht darin, daß der Markt für diese Güter bereits besteht und die Nachfrage bekannt ist. Allerdings ist eine solche Strategie auf längere Sicht nicht unproblematisch. Abgesehen davon, daß häufig zusätzliche Importe von Kapitalgütern dafür notwendig werden, ist nicht immer gewährleistet, daß das Land wirklich komparative Vorteile bei der Produktion der substituierten Güter hat oder entwickeln kann; ist dies nicht der Fall, so wäre der Import der Güter langfristig sinnvoller. Daß in der geförderten Industrie ineffizient produziert wird, ist nicht unwahrscheinlich. Wenn kein Konkurrenzdruck besteht, etwa weil prohibitive Importzölle ausländische Produkte vom Markt fernhalten, wird die Industrie kaum konkurrenzfähig und ist auf andauernden Schutz angewiesen.

Andererseits ist es jedoch notwendig, daß ein Land, bevor es seine Produkte auf dem Weltmarkt anbietet, Erfahrungen auf dem Inlandsmarkt gesammelt hat. Als Vorstufe für eine erfolgreiche *Exportdiversifizierungsstrategie* hat die Importsubstitution daher durchaus ihre Berechtigung (siehe bspw. Israel, Brasilien, Korea, Indien). Während **Exportförderung auch kurzfristig allein auf eine Erhöhung der Deviseneinnahmen** abzielen kann, bedeutet Exportdiversifizierung die Weiterentwicklung und Veränderung der Exportstruktur im Hinblick auf die langfristige Einbindung in die internationale Arbeitsteilung mit allen ihren Vorteilen. Verharrt ein Land beim Export von Primärprodukten, muß es mit stark schwankenden und langfristig sinkenden

Exporterlösen rechnen; Exportdiversifizierung wird hingegen, wie viele Ländererfahrungen gezeigt haben, die eigene industrielle Entwicklung und das Wachstum vorantreiben. Instrumente hierfür sind wiederum vor allem Subventionen sowie die Wechselkurspolitik. Als am günstigsten hat sich dabei erwiesen, sich zunächst auf rohstoff- und arbeitsintensive Industrieprodukte zu spezialisieren (bspw. Lederwaren, Textilien), und dann, sobald auch die Arbeitskräfte ein höheres Qualifikationsniveau erreicht haben, Produkte mit einfachen, aber ausgereiften Techniken herzustellen und zu exportieren. Solche Produkte (bspw. der Elektrotechnik) weisen in der Regel auch höhere Einkommenselastizitäten der Nachfrage auf als jene Produkte der ersten Kategorie, so daß der Absatz längerfristig gesichert ist. Beschäftigungs- und Wachstumsmöglichkeiten steigen damit ebenso wie die Importkapazität. Eine Strategie der Importsubstitution darf nicht zu lange verfolgt werden, um die geschützte heimische Industrie wettbewerbsfähig zu halten.

Gemäß einer Studie von 1976 wären bei einer reinen Wachstumsstrategie jährlich Wachstumsraten von 9–11% notwendig, um die Grundbedürfnisse der ärmsten 20% zu befriedigen – d. h. um von einem Durchsickern der Wachstumseffekte ausgehen zu können. Da dies nicht erwartet werden kann, wandte sich die Entwicklungstheorie und die Entwicklungshilfepolitik – weniger die Entwicklungspolitik der betroffenen Länder selbst – in den 70er Jahren dem *Grundbedürfnisansatz* zu. Grundlagen für eine nachhaltige, eigenständige Entwicklung sei es, die Armen direkt in die Lage zu versetzen, Einkommen zu erzielen und am Entwicklungsprozeß zu partizipieren. Neben einer unmittelbaren Befriedigung der Grundbedürfnisse mit Hilfe von sozialpolitischen Maßnahmen gelten vor allem der landwirtschaftliche Bereich sowie Kleinindustrie und Handwerk als Förderungsschwerpunkte. Das Wachstumsziel wird dadurch langfristig angestrebt; zunächst steht das Verteilungsziel im Vordergrund. Vor allem die internationale Entwicklungshilfepolitik hat sich diesem Ansatz verschrieben. Die Entwicklungsländer selbst sind hingegen eher skeptisch. Sie befürchten, daß die Industrieländer versuchen, die Industrialisierung der Entwicklungsländer zu behindern bzw. Entwicklungshilfe für Industrialisierungsmaßnahmen verweigern wollen. Die Befriedigung der Grundbedürfnisse ist u. E. keine Entwicklungsstrategie an sich, (der Außenhandelsaspekt wird bei dieser ‚Strategie' übrigens völlig vernachlässigt), sondern ein Ziel, das mit den verschiedensten Entwicklungsstrategien zu erreichen ist. Die Exportdiversifizierung scheint dabei die größten Erfolgschancen zu haben.

Auch zeigt sich, daß der *ordnungspolitische Rahmen* große Bedeutung hat: Gegenüber zentraler Entwicklungsplanung, die unternehmerische Initiative tendenziell lähmt, und häufig lediglich zur Bereicherung der herrschenden Klasse führt, scheinen Preisanreize und die Beschränkung der Staatstätigkeit auf wachstumsfördernde Infrastrukturmaßnahmen, auf Stabilisierungspolitik, Sozialpolitik und Außenwirtschaftspolitik bessere Entwicklungsergebnisse zu bringen. Eine Ordnungspolitik, die Anreize zur Entfaltung der unternehmerischen Fähigkeiten in allen Bereichen (auch in der Landwirtschaft) setzt, und die durch eine angemessene, möglicherweise extern finanzierte Sozialpolitik flankiert wird, birgt, nach allen Erfahrungen, wohl die besten Chancen zur Ausrottung der weltweiten Armut.

16.4 Entwicklungshilfe

Welche Vorteile hat die private Entwicklungshilfe gegenüber der öffentlichen Hilfe? Wodurch ist öffentliche Entwicklungshilfe gekennzeichnet? Welche Vor- und Nachteile sind mit Lieferbindung, Bilateralität bzw. Multilateralität, Projekt- bzw. Programmhilfe verbunden?

Begriffe: Bilaterale und multilaterale Entwicklungshilfe, technische und finanzielle Zusammenarbeit, Lieferbindung, Projekt- und Programmhilfe.

Ein Ressourcentransfer durch ein Geberland oder durch eine multinationale Organisation in ein Entwicklungsland, der zu Sonderkonditionen (d. h. nicht zu Marktkonditionen) erfolgt, wird als Entwicklungshilfe bezeichnet. Im ersten Fall spricht man von *bilateraler Hilfe,* im zweiten Fall von *multilateraler Entwicklungshilfe* (bspw. durch die Weltbankgruppe oder die Vereinten Nationen). Humanitäre, soziale, politische und wirtschaftliche Motive spielen dabei eine Rolle; vor allem die Sicherung des Weltfriedens sowie die Hoffnung auf das ‚Heranwachsen' der Entwicklungsländer zu Absatzmärkten und Handelspartnern stehen im Vordergrund.

Private Entwicklungshilfe wird durch eine Vielzahl von nichtstaatlichen Institutionen (*NGOs – Non-Governmental Organisations*), zumeist in Form von Schenkungen und auf humanitärer Basis, geleistet. Träger sind vor allem die Kirchen, die sich im Landwirtschafts-, Bildungs- und Gesundheitsbereich engagieren, politische Stiftungen, die bspw. Selbsthilfebewegungen und ähnliches fördern, sowie andere freie Träger mit unterschiedlichen Arbeitsschwerpunkten. Wichtig ist die private Entwicklungshilfe deshalb, weil sie unbelastet von politischen Zwängen und unter Umgehung der offiziellen Wege direkte Hilfe leisten kann, während die öffentliche Entwicklungshilfe (*ODA – Official Development Assistance*) oft langwierige Dienstwege einhalten muß.

Die steuerfinanzierte ODA wird als solche erst dann bezeichnet, wenn sie ein sog. Zuschußelement von mindestens 25% enthält, das sich aus dem Wert eines Kredites, seiner Laufzeit, dem Zinssatz u. ä. ermitteln läßt. Je größer die Abweichung von den Marktkonditionen, desto größer ist auch das Zuschußelement. 1991 betrug die ODA der Bundesrepublik etwa 11,4 Mrd. DM (private Entwicklungshilfe: 1,3 Mrd. DM), wovon etwa 66% bilateral vergeben wurden. 67% der bilateralen und 70% der multilateralen öffentlichen Leistungen waren Zuschüsse. Während die sog. technische *Zusammenarbeit oder technische Hilfe*, die personelle Maßnahmen wie die Entsendung von Fachkräften, aber auch die Lieferung von Ausrüstungen und Material, technische Unterstützung, Beratungsdienste und vieles mehr umfaßt, normalerweise als Zuschuß gestaltet wird, besteht die *finanzielle Zusammenarbeit* oder *Kapitalhilfe* in der Regel aus vergünstigten Darlehen, aber auch aus reinen Zuschüssen. In der Bundesrepublik ist für die Abwicklung der technischen Zusammenarbeit (1991: 37,9% der bilateralen Mittel) die deutsche Gesellschaft für technische Zusammenarbeit (GTZ) zuständig, für die finanzielle Zusammenarbeit die Kreditanstalt für Wiederaufbau (KfW).

Häufig, in der Bundesrepublik allerdings nur sehr beschränkt, wird die finanzielle bilaterale Hilfe mit einer *Lieferbindung* verknüpft. Dies bedeutet, daß sich das entsprechende Entwicklungsland verpflichten muß, die Kredite für den Bezug von Waren und Dienstleistungen aus dem Geberland zu nutzen. Das Geberland kann durch solche Abnahmegarantien eigene, auch unrentable Branchen und Arbeitskräfte aufrechterhalten. Insgesamt ist die Lieferbindung allerdings negativ zu beurteilen, da die Nehmerländer dadurch gezwungen werden, ‚zu teuer' zu importieren. Eine solche Handelsumlenkung zugunsten der Geberländer (möglicherweise wurden die Güter zuvor woanders billiger bezogen) bedeutet nichts anderes als eine Verzerrung internationaler Handelsströme.

Was spricht ohne die Lieferbindung für bilaterale Hilfe? Vor allem Argumente aus der Sicht des Gebers. Eigene Interessen können stärker berücksichtigt werden, sei es auf wirtschaftlicher Ebene, die das entsprechende Land als Handelspartner in den Vordergrund stellt, oder auf politischer Ebene. Gegenüber dem Steuerzahler ist bilaterale Hilfe leichter durchzusetzen, da Empfänger und Verwendung der Mittel selbst festgelegt werden können und da der Verwaltungsaufwand normalerweise geringer ist als im Rahmen der multilateralen Hilfe. Aus Sicht der Entwicklungsländer spricht jedoch die Mehrzahl dieser Vorteile gegen bilaterale und für multilaterale Hilfe: Sie haben ein Interesse an einer Kontinuität der Leistungen, die seitens der multilateralen Organisationen eher geleistet werden kann als seitens einzelner Partnerländer, deren Budgetverwendung häufig politischen, kurzfristigen Entscheidungen unterworfen ist. Ferner wird die Abhängigkeit gegenüber einer multilateralen Organisation als weniger drückend empfunden als die Abhängigkeit von direkten Geberländern, denen größere Einmischung und Kontrolle unterstellt wird.

Ferner haben die Nehmerländer natürlich auch ein Interesse daran, die Mittel möglichst selbständig zu verplanen. Dazu läßt ihnen die *Programmhilfe* größeren Spielraum als die *Projekthilfe*. Letztere legt den Einsatz der (bilateralen oder multilateralen) Entwicklungshilfe relativ eng auf ein abgegrenztes Investitionsvorhaben fest (Musterfarm, Straße von A nach B, Düngemittelfabrik o. ä.), während Programmhilfe größere Förderungsbereiche (bspw. Agrar- und Kleinindustrieförderung in einer bestimmten Region, was als *integrierte ländliche Entwicklung* bezeichnet wird) umfaßt. Wird Projekthilfe gegeben, kann es sein, daß bspw. ein Staudamm nur deshalb gebaut wird, weil es dafür Projekthilfe gibt. Andererseits spricht das Kontrollierbarkeitsargument seitens der Geber für Projekthilfe. Da die Programmhilfe jedoch den Vorteil hat, die Förderungsmittel koordinierter einzusetzen, wird sie auch von den Geberländern in letzter Zeit wieder verstärkt eingesetzt. Eine Form der Programmhilfe ist die Nahrungsmittelhilfe, auf die im 2. Band noch zurückzukommen ist.

Summa summarum ist der große Entwicklungsenthusiasmus der 50er Jahre, man ging damals von der Möglichkeit einer schnellen Entwicklung innerhalb eines kurzen Zeitraums aus, einem derzeitigen Entwicklungspessimismus gewichen. So verfaßte der amerikanische Nationalökonom Hirschman in jüngster Zeit einen „Nachruf auf die Entwicklungspolitik". Unseres Erachtens trifft diese Sichtweise nicht zu. Die Entwicklungspolitik ist keinesfalls zu „beerdigen"; im **Gegenteil, sie ist reifer geworden. Die Probleme werden heute** differenzierter gesehen und analysiert, was auch in die Politikberatung (insbesondere internationaler Institutionen wie des IWF) eingeflossen ist. Das Scheitern entwicklungspolitischer Bemühungen ist nicht nur den wirtschaftspolitischen Maßnahmen der Ratgeber, sondern auch den Entwicklungsländern selbst und politischen Faktoren zuzuschreiben. Auf einige Ursachen von Fehlentwicklungen, wie z. B. das Verschuldungsproblem, und die dafür notwendigen Maßnahmen kommen wir im zweiten Band zurück.

Sachverzeichnis

Ablaufpolitik 194
absolute Kostenvorteile 251
Aggregation 91
Akzeleratorprinzip 209
Angebotsfunktion, gesamt-
    wirtschaftliche 109
Angebotskurve 65
Angebotsüberschuß 67
Arbeitnehmerschutz 231, 234
Arbeitsangebot 134
Arbeitslosenquote 160, 184
Arbeitslosigkeit 135, 161, 162
Arbeitsmarkt, neoklassisch 134
Arbeitsnachfrage 134
Arbeitsteilung, 7
    internationale 8
Armut,
    absolute 269
    relative 269
Auslandsposition 257
Außenbeitrag 255
Außenwirtschaftliches Gleichge-
    wicht 184, 255
Außenwirtschaftstheorie,
    monetare 251
    reine 251
Äquivalenzprinzip 238

Bargaining-Theorie 191
Bedarfsdeckungsfinanz 204
Besitzindividualismus 57
Bevölkerungswachstum 271
Bildungspolitik 235
Boom 196, 201, 224
Bruttoinvestitionen 119
Bruttoproduktionswert 119
Bruttosozialprodukt 121

Buchgeld 214
Budgetausgleich, zyklisch 205
Budgetgerade 80
Budgetrestriktion 80

ceteris paribus-Bedingung 22, 63
Cobweb-Theorem 7 0
Crowding-Out-These 171

Deficit-Spending 201
Depression 196
Devisenbilanz 184
Devisenpolitik 225
Dienstleistungsbilanz 255
Dualismus 269
dynamische Rente 243

Einkommenselastizitat der Nachfrage
    89
Einkommensverteilung, 118
    funktional 189
    personal 189
Einkommensverwendung 118
Entwicklung,
    autozentriert 274
    integrative 274
Entwicklungshilfe, 277
    bilaterale 277
    multilaterale 277
    öffentliche 278
Erhard, L. 177
Ertragsgesetz 100
Ethik 40
Ethos 40
Eucken, W. 62
Exportdiversifizierung 275
Exporte 256

Exportförderung 275
externe Effekte 127

Faktorallokation, optimale 179
Faktormärkte 32
Familienpolitik 235
Feinsteuerung 226
Finanzwissenschaft 25, 200
fiscal drag 212
Fiskalpolitik,
    antizyklisch 202
    prozyklisch 202
Fourier, F.M. 59
Friedman, M. 132
Fürsorgeprinzip 241

Geldfunktionen 213
Geldkreislauf 12
Geldmengendefinitionen 216f.
Geldpolitische Strategien,
    liquiditatspolitisch 227
    potentialorientiert 227
Geldschöpfungsmultiplikator 223
Generationenvertrag 244
Giersch, H. 176
Gini-Koeffizient 185ff.
Giralgeld 220
Gleichgewicht,
    instabiles 71
    stabiles 70
Gleichgewichtsanalyse 61
Gleichgewichtsmenge 66
Gleichgewichtspreis 66
Gossen, H.H. 76
Gossensche Gesetze 60, 76f.
Grenzertrag 100
Grenznutzen 60
Grenznutzenschule 60
Grenzrate der Substitution 79
Grobsteuerung 226
Grundbedürfnisstrategie 274, 276
Güter,
    freie 6
    öffentliche 36
Güterentstehung 118
Güterkreislauf 12
Güterverteilung 118

Haavelmo-Theorem 209

Handelsbilanz 256
Haushalt 10
Haushaltskonsolidierung 171
Hirschman, A. 279
Historische Schule 60
Hobbes, T. 53
Humankapital 15f

Imperialismustheorie 59
Importe 256
Importsubstitution 275
Indifferenzkurve 7 8
Individualprinzip 238
Inflation, importierte 264

Jevons, W. S. 60

Kameralismus 55
Kapitalbilanz 256
Kapitaldeckungsverfahren 244
Kapitalverkehrsbilanz 256
Keynes, J. M. 61
Keynesianische Revolution 61
Klassische Dichotomie 140
komparative Kostenvorteile 251
Konjunkturausgleichsrücklage 201
konjunkturneutraler Haushalt 212
Konjunkturtheorie 196
Konjunkturzyklus 195
Konkurrenz, vollständige 63
Konsumentensouveräntät 31
Konsumgütermärkte 32
Konsumquote, marginale 141, 207
Konsumverhalten 141
Kosten,
    fixe 102
    variable 102
Kostenerstattungsprinzip 246
Kreditgeld 214
Kreislaufaxiom 13
Kreuzpreiselastizität 88

lags, fiskalpolitische 210f.
Längsschnittanalyse 124
Leistungsbilanz 255
Leistungsbilanzdefizit 256
Leistungsbilanzüberschuß 256
Lief erbindung 278
Liquiditätspolitik 225

Liquiditatspräferenz 218
List, F. 60
Locke, J. 54
Lohnquote 189
Lombardkredit 220, 225f.
Lorenz-Kurve 186

Makrotheorie 10, 24
Markt, 49
    vollkommener 64
Marktpreis 30
Marktstruktur 74
Marktverhalten 74 43
Marktwirtschaft 31f
Marshall, A. 61
Marx, R. 59
Max-Weber-These 45
Menger, C. 60
Merkantilismus 54
Mikrotheorie 10, 24
Mill, J. 58
Mill, J. S. 58
Mindestreserve 220, 225
monetare Basis 223
Monopol 74, 110ff.
Monopson 74
Multiplikatoreffekt 143
Multiplikatoren, fiskalische 208ff.
Müller-Armack, A. 62, 177

Nachfrage 6
Nachfragefunktion,
    generelle 87f.
    spezielle 84f.
Nachfragekurve 65
Nachfrageüberschuß 67
Naturrechtsphilosophie 56
Neoklassik 61
Neoliberalismus 62
Neomarxisten 59
Nettosozialprodukt 121f.
Neutralität des Geldes 137
normative Ökonomik 174
Nutzen 6

Offenmarktpolitik 225f.
Oligopol 74, 114
Oligopson 74
Opportunitätskosten 19, 79

Ordnungspolitik 194
Ordoliberalismus 62
Owen, R. 59
Ökonometrie 25
okonomisches Prinzip 6

Phillips, A. N. 191
Phillips-Kurve 191
Physiokratie 56
Polypol 74
positive Ökonomik 174
potentialorientierte Fiskalpolitik 212
Preiselastizitat der Nachfrage 66, 82, 85
Preiselastizitat des Angebots 66
Preisfestsetzung, staatliche 30
Preisfunktionen 72
Preisniveaustabilität 183
Produktion 15f.
Produktionsfaktoren 15f.
Produktionsfunktionen 15, 97, 99, 103
Produktionsprozeß 15
Produzentenfreiheit 31
Programmhilfe 279
Projekthilfe 279
Prozeßpolitik 194

Quantitätsgleichung 138
Quantitätstheorie 138
Querschnittsanalyse 124
Quesnay, F. 11f, 55f.

Raiffeisen, F. N. 59
Rationalitätenfalle 43, 237
Rediskontkredit 220, 225
Rentenformel 243
Rezession 196, 201
Ricardo, D. 58

Sachleistungsprinzip 246
Say'sches Theorem 136, 139
Say, J.B. 58
Schlafmützenkonkurrenz 75
Schmoller, G 60
Skalenerträge 98
Smith, A. 57
Solidaritätsprinzip 239, 243, 246

Soziale Frage 230
Soziale Marktwirtschaft 47f., 178ff.
Sozialhilfe 235
Sozialindikatoren 128, 268
Sozialismus,
    utopischer 59
    wissenschaftlicher 59
Sozialprinzip 240
Sozialprodukt 15
Sozialstaatsprinzip 231
Sparfunktion 141
Sparquote, marginale 141
Spekulationskasse 144, 218
Spezialisierung 8
Spill-over 275
Staat 11
Staatserrichtungsvertrag 54
Stabilitätsgesetz 183
Stabilitätsoptimismus 151
Stackelberg, H. v. 73
Steuer-Transfersystem 238
Subjektivistische Wertlehre 60
Subsidiaritätsprinzip 50, 239
Subsistenzproduktion 267
Symbolgeld 214

Technische Zusammenarbeit 278
Teufelskreise der Kapitalknappheit
    270
Theorie der rationalen Erwartungen
    156
Transaktionskasse 144, 218
Transformationskurve 18
Transmissionsmechanismus, 133,
    227
    monetaristischer 153f.

Umlageverfahren 244
Umlaufgeschwindigkeit des Geldes
    138
Unternehmen 11
Unterwerfungsvertrag 53
Übertragungsbilanz 256

Vermögenspolitik 235
Versicherungsprinzip 240

Versicherungssystem 238
Versorgungsprinzip 241
Verteilung 183
Verteilungsgerechtigkeit 179
Verteilungsindikatoren 268
Volkseinkommen 122ff.
Vorleistungen 120f.
Vorsichtskasse 218

Wachstum, 21
    ausgewogenes 274
    extensiv 21
    intensiv 21
    unausgewogenes 274
Wachstumsstrategie 274
Walras, L. 60
Warengeld 214
Wechselkurse, 125
    flexible 259
    feste 259
Wertlehre,
    objektivistische 76
    subjektivistische 76
Wettbewerb,
    ökonomischer 57f.
    vollständiger 63
Wirtschaften 5, 8
Wirtschaftsordnung 27
Wirtschaftspolitik 24, 174
Wirtschaftsprozeß 10
Wirtschaftssubjekt 10
Wirtschaftssystem 26f.
Wirtschaftstheorie 10, 24
Wirtschaftsverfassung 27
Wohlfahrtsökonomie 179
Wohungspolitik 235

Zahlungsbilanz 255
Zeichengeld 214
Zentralbankgeld 220
Zentralverwaltungswirtschaft 30,
    33ff.
Zinspolitik 224

Springer-Lehrbücher

H. Hanusch, T. Kuhn

Einführung in die Volkswirtschaftslehre

Unter Mitarbeit von A. Greiner, F. Kugler

2., aktual. Aufl. 1992. XVI, 467 S. 167 Abb.
(Springer-Lehrbuch)
Brosch. DM 45,– ISBN 3-540-55757-1

Das vorliegende Buch präsentiert eine leicht verständliche und moderne Einführung in die Volkswirtschaftslehre. Es richtet sich an die Studierenden der Anfangssemester an Universitäten, Technischen Hochschulen, Fachhochschulen und Wirtschaftsakademien und setzt keinerlei Vorkenntnisse voraus.
Der gesamte Lehrstoff wird durch zahlreiche Graphiken und Zahlenbeispiele, die teilweise auch der Praxis entnommen sind, sowie durch ausführliche Querverweise ergänzt.

G. Schmitt-Rink, D. Bender

Makroökonomie geschlossener und offener Volkswirtschaften

2., vollst. überarb. u. erw. Aufl. 1992. XII, 407 S. 128 Abb. (Springer-Lehrbuch)
Brosch. DM 36,– ISBN 3-540-55905-1

Dieses Buch bietet eine systematische Darstellung der modernen makroökonomischen Theorie unter Einbeziehung internationaler Wirtschaftsbeziehungen und ihrer gesamtwirtschaftlichen Auswirkungen. Es zeigt die klassische und keynesianische Makrotheorie sowie die Ansätze zur Verknüpfung von neo-klassischer und keynesianischer Theorie auf.

J. Weimann

Umweltökonomik

Eine theorieorientierte Einführung

2., verb. Aufl. 1991. X, 245 S. 13 Abb.
(Springer-Lehrbuch) Brosch. DM 36,–
ISBN 3-540-54320-1

Aus den Besprechungen: „Ein frisches und klares Buch, das ökonomisch kompetent analysiert und sein ökologisches Engagement nicht verhehlt." *Frankfurter Allgemeine Zeitung*

S. Wied-Nebbeling

Markt- und Preistheorie

1993. X, 239 S. 65 Abb. (Springer-Lehrbuch)
Brosch. DM 36,– ISBN 3-540-56472-1

Das vorliegende Lehrbuch für das Hauptstudium umfaßt Modelle der Preisbildung bei Monopol, Monopson, bilateralem Monopol, monopolitischer Konkurrenz und Oligopol. Es werden sowohl Standardmodelle der Preistheorie behandelt als auch neuere Ergebnisse der industrieökonomischen Literatur einschließlich der Spieltheorie einbezogen.

Springer

B3.05.062

Springer-Lehrbücher

J. Schumann

Grundzüge der mikro-ökonomischen Theorie

6., überarb. u. erw. Aufl. 1992. XVII, 486 S.
217 Abb. (Springer-Lehrbuch)
Brosch. DM 36,– ISBN 3-540-55600-1

Dieses im deutschen Sprachgebiet weit verbreitete Buch ist für das wirtschaftswissenschaftliche Grund- und Hauptstudium gedacht. Es vermittelt solide Kenntnisse der mikroökonomischen Theorie und schafft Verständnis für das Funktionieren einer Marktwirtschaft.

U. Meyer, J. Diekmann

Arbeitsbuch zu den Grundzügen der mikro-ökonomischen Theorie

3., verb. Aufl. 1988. X, 250 S. 132 Abb.
Brosch. DM 27,50 ISBN 3-540-50046-4

B. Felderer, S. Homburg

Makroökonomik und neue Makroökonomik

5., verb. Aufl. 1991. XV, 455 S. 97 Abb.
(Springer-Lehrbuch) Brosch. DM 36,–
ISBN 3-540-53415-6

Aus einer Besprechung:
„…die Autoren bieten eine längst überfällige, übersichtliche Einführung in die verschiedenen makroökonomischen Schulen, die sich in den vergangenen 200 Jahren entwickelt haben und früher oder später jedem Studenten im VWL-Studium begegnen… eine willkomene Orientierungshilfe im „Dichicht" der widerstreitenden Makroschulen… ein komplexes Standardwerk, das über das gesamte Studium hinweg einen guten Wegbegleiter abgibt." *WISU*

B. Felderer, S. Homburg

Übungsbuch Makro-ökonomik

3., verb. Aufl. 1993. VIII, 145 S. 38 Abb.
(Springer-Lehrbuch) Brosch. DM 19,80
ISBN 3-540-56701-1

A. Pfingsten

Mikroökonomik

Eine Einführung

1989. XIV, 240 S. 56 Abb.
Brosch. DM 29,80 ISBN 3-540-50971-2

Dieses Lehrbuch der Mikroökonomik vermittelt einen Einblick in grundlegende Fragestellungen, Methoden und Modelle mikroökonomischer Theorie. Nach kurzen Abschnitten über die Stellung der Mikroökonomik in den Wirtschaftswissenschaften, Grundprobleme des Wirtschaftens und wirtschaftswissenschaftliche Modellbildung folgen mehrere ausführliche Kapitel zur Haushaltstheorie, zur Gleichgewichts- und Wohlfahrtstheorie, sowie zur Produktionstheorie. Elastizitäten und ein kurzer Abstecher in die Preistheorie bilden den Abschluß.

Springer